스튜디오 지브리
애니메이션 작품집

들 어 가 며

『스튜디오 지브리 애니메이션 작품집』은 《바람계곡의 나우시카》부터 최신작 《아야와 마녀》까지, 스튜디오 지브리의 모든 작품(P.3 오른쪽 아래의 ※표시를 참조하세요.)을 자세하게 소개합니다. 특히 《아야와 마녀》는 미야자키 고로 감독의 인터뷰를 비롯하여 영화 내용과 캐릭터 소개, 영화가 만들어진 과정까지 소개합니다. 또 스튜디오 지브리의 역사 및 주요 사건 등과 더불어, 스즈키 도시오 프로듀서가 말하는 《아야와 마녀》와 지브리의 미래에 관한 이야기도 실었습니다. 나아가 영화 속 장면을 '비행', '음식' 등으로 설명하는 페이지도 있으니 새로운 관점으로 볼 수 있을 것입니다. 감독들의 프로필, 개봉 당시 감독들의 제작에 관한 이야기 등도 함께 있습니다. 이 책을 읽고 나서 지브리 영화를 더 깊이 알고 싶어 할 분을 위해, 추천 서적·DVD 등을 소개하는 페이지도 있습니다. 영화에 등장하는 캐릭터를 바로 찾아볼 수 있는 편리한 캐릭터 색인도 첨부했습니다. 정말 알찬 내용으로 구성하였으니, 지브리 영화의 세계를 맘껏 즐겨보시길 바랍니다.

각 작품 페이지 읽는 법

각 작품을 소개하는 페이지를 《바람계곡의 나우시카》를 예로 들어 살펴봅시다.

■ 작품명과 개봉한 연도입니다.

■ 작품에 관한 해설입니다.

■ 작품의 제작에 관여한 사람들입니다.

■ 작품의 스토리를 소개합니다.

■ 작품의 바탕이 된 원작입니다. 오리지널 작품인 경우에는 싣지 않았습니다.

■ 작품 개봉 당시의 포스터로, 주요 내용이 실렸습니다.

■ 작품 개봉 당시에 만들어진 주요 신문 광고입니다.

■ 작품에 등장하는 주요 캐릭터들입니다.

■ 작품 속에서 특히 주목해야 할 장면입니다.

■ 캐릭터들의 관계를 한눈에 알 수 있는 관계도입니다.

■ 작품에서 놓칠 수 없는 명장면을 꼽았습니다.

■ 별로 알려지지 않은 제작 당시의 중요한 에피소드를 알 수 있습니다.

차례

※본서에 실린 작품은 스튜디오 지브리 홈페이지에 게재된 '스튜디오 지브리 작품 일람'에 의거하였습니다. 이 작품 일람에 포함되지 않은 단편 작품 등은 싣지 않았습니다.

《아야와 마녀》
미야자키 고로 감독 인터뷰

셀 셰이딩에서 풀 3DCG로.
매력 있는 캐릭터를
만들기 위하여.

2006년에 《게드 전기: 어스시의 전설》로 애니메이션 감독으로 데뷔하여, 2011년에 두 번째 작품인 《코쿠리코 언덕에서》를 만든 뒤, 스튜디오 지브리를 떠나 NHK에서 방영한 애니메이션 <산적의 딸 로냐>를 감독한 미야자키 고로. 그런 그가 스튜디오 지브리의 첫 풀 3DCG 작품 《아야와 마녀》를 완성했다. 제작 중에 어떤 고민을 했고 어떤 점이 힘들었는지, 또 앞으로 어떤 작품을 만들고 싶은지 등의 이야기를 나누었다.

■ 《아야와 마녀》를 제작 중인 미야자키 고로 감독.

원작에는 묘사되지 않은 엄마를 그리다

—— 《아야와 마녀》의 기획은 어떻게 시작되었나요?

어느 날, 스즈키 씨(스즈키 도시오 프로듀서)가 "이걸 하면 어떨까?"라면서 《아야와 마녀》의 원작 책(도쿠마쇼텐 간행)을 주었어요. 그것이 계기였습니다(웃음).

—— 《아야와 마녀》를 애니메이션으로 만들자는 말을 들었을 때, 첫인상은 어땠나요?

저는 그 전에 <산적의 딸 로냐>(2014-2015)라는 작품을 CG로 만들었기 때문에, 다음에 만들 작품은 풀 3DCG로 해야겠다고 생각했어요. 그런 관점에서 보면, 소재로서는 딱 알맞다고 생각했지요. 이야기의 무대가 단층 주택 안으로 거의 한정되어 있고, 등장인물도 적으니까요. 이 작품은 '잘하면 풀 3DCG로 만들 수 있겠다'는 게 첫인상이었습니다. 또 하나, <산적의 딸 로냐>를 제작하면서 CG로 일상극을 그리는 것이 가능하다고 느꼈어요. 수작업 애니메이션보다 일상극 표현을 더 잘할 수 있을지도 모르겠다고요. 그래서 한 여자아이의 일거수일투족을 매력적으로 그려야 하는 《아야와 마녀》는 도전할 가치가 있다고 생각했습니다.

—— 이야기는 어떻게 구성해 나갔나요?

각본은 《코쿠리코 언덕에서》(2011)를 담당했던 니와 게이코 씨가 원작을 바탕으로 이야기를 구성하고 시안을 만들었습니다. 그것을 바탕으로 세부적인 전개에 살을 붙이고, 그림 콘티를 그리면서 재구성했습니다. 그와 동시에 이미지 보드와 러프 스케치를 그리며 진행했습니다.

—— 이야기를 만들면서 힘들었던 점이 있을까요?

원작이 심플한 이야기다 보니 화려한 요소를 넣고 싶은 마음에 꽤나 많은 시행착오를 겪었습니다. 정말로 열두 명의 마녀를 등장시켜 보기도 하고, 새로운 설정을 넣어 보기도 하고요. 하지만 결국에는 전부 버렸어요. 요소를 넣으면 넣을수록, 아야라는 한 소녀의 매력을 그리자는 목적에서 멀어지는 느낌이 들었기 때문입니다. 단, 원작에서는 묘사되지 않았더라도 아야의 엄마만은 꼭 그리자는 생각이었습니다. 아야 같은 아이가 어떻게 태어났는지, 그 뿌리는 엄마에게 있다고 생각했기 때문이에요. 하지만 납득할 만한 엄마가 완성되기까지는 우여곡절이 많았어요. 이를테면, 보통은 마녀인 엄마가 빗자루를 타고 아기를 보육원에 맡기러 가는 장면부터 시작할 거예요. 하지만 그건 마음에 들지 않았어요. 열두 명의 마녀에게 쫓기는 상황이니까 일반적인 마녀의 틀에서 벗어난 인물이어야만 했죠. 그래서 엄마가 오토바이를 탄 모습으로 등장하게 된 겁니다.

—— 《코쿠리코 언덕에서》와 <산적의 딸 로냐>에 이어, 캐릭터 디자인을 곤도 가쓰야 씨에게 의뢰한 이유는 무엇인가요?

캐릭터는 곤도 가쓰야 씨 이외에는 생각하지 않았어요. 그 이유는 몇 가지가 있는데, 하나는 가쓰야 씨가 그리는 캐릭터가 지닌 고상한 품격이 매력적이었습니다. 그리고 가쓰야 씨의 그림은 형태가 확실하게 갖춰져 있어서, 평면 그림의 매력을 잃지 않고 3D 모델로 만들 수 있기 때문이에요.

—— <산적의 딸 로냐>는 셀화로 그린 듯한 모습을 3DCG로 구현하는 '셀 셰이딩'이라는 방식이었는데요, 《아야와 마녀》에서는 픽

■ 미야자키 고로 감독이 그린 아야의 캐릭터 이미지.

사 작품 등과 마찬가지로 풀 3DCG를 선택하셨죠.

많은 회차를 만들어야만 하는 TV 시리즈에서는 셀 셰이딩이 압도적으로 좋거든요. 데이터 양이 적으니까, 비용도 들지 않고 후처리도 하기 쉬워요. 하지만 셀 셰이딩의 장점은 인정하면서도, 제한편으로는 '사실 손으로 그리고 싶지만, 어쩔 수 없이 컴퓨터로 만든다'는 생각을 아무리 해도 지울 수가 없었어요. TV 시리즈에서는 비용을 절감하면서 셀 셰이딩 CG로 하자는 선택지가 충분히 있을 수 있어요. 하지만 지브리의 첫 3DCG 작품이라면, 셀 셰이딩이라는 선택지는 없다고 생각했습니다. 받아들여 주실지 어떨지는 모르지만요. 제작자로서는 풀 3DCG에 도전해야 한다고 생각했습니다.

애니메이터들의 개성이 아야의 표정을 폭넓게 만들었다.

—— 감독님 스스로는 아야를 어떤 아이라고 생각하셨나요?

원작자인 다이애나 윈 존스 씨가 그린 여성은 착한 아이부터 나쁜 아이까지 무척 폭이 넓으면서도, 모두 '자신'이라는 정체성이 확실하게 있었습니다. 그 점이 매력적이죠. 그와 동시에 영국적인 다크한 느낌이나 비뚤어진 유머 같은 것도 아주 만만치 않아요. 그 점이 매력이라고 생각하고요. 아야 역시 깨끗하고 올바르고 아름다운, 소위 이상적인 히로인은 결코 아니죠. 원작인 일본어판에서도 "(사람을)조종하다"고 쓰여 있는데, 아야는 자신이 원하는 것을 누군가가 해 주도록 만들어요. 보는 시각에 따라서는 꺼림칙한 아이라고 생각하겠죠. 하지만 아야는 결코 혼자 편하게 살려는 게 아닙니다. 보육원에 맡겨지는 불리한 상황 속에서, 늘 머리를 최대한 쓰면서 자신이 바라는 것을 실현하기 위해 행동하죠. 절대 자존심을 잃지 않는 강인함을 지닌 아이라고 생각해요.

—— 스태프들도 아야의 매력을 표현하기는 어려웠을 것 같은데요.

아야의 애니메이션을 만든 애니메이터들의 개성이 아야의 표현과 잘 들어맞았어요. 덕분에 아야가 정말로 풍부한 표정을 보여주게 되었지요. 이번에는 해외의 여성 애니메이터들이 제작에 참여해서, 다양한 나라, 여러 사람의 개성이 아야라는 캐릭터에 축적되었습니다. 많은 사람들이 함께하여 성실한 부분도, 덤벙대는 부분도, 귀여운 부분도, 얄미운 부분도 있는, 여러 가지 표정이 섞이게 된 점이 좋았습니다. 그리고 뭐니 뭐니 해도, 연기를 해 준 히라사와 고코로의 목소리가 좋았어요. 그녀의 목소리가 들어가면서 아야라는 한 명의 인격이 완성된 느낌을 받았습니다.

—— 작품의 무대는 영국의 시골 마을 같은 분위기였는데요, 원작자인 다이애나 윈 존스의 고향인 브리스틀을 참고하셨나요?

브리스틀은 꽤 큰 도시예요. 일본으로 치면 고베나 하코다테 같은 항구 도시의 이미지죠. 아야가 사는 장소는 그렇게까지 큰 도시는 아니라고 생각했습니다. 그래도 일본인이 보기에 영국으로 느낄 만한 마을이면 좋겠다고 생각했죠. 《아야와 마녀》에는 집 밖 풍경이 별로 나오지 않지만, 바깥 장면일 때는 영국을 느낄 수 있는 분위기면 좋겠다는 생각에, 스태프 몇 사람에게 약간 시골인 코츠월드 부근을 로케이션 헌팅으로 보고 오게 했습니다. 런던에서 남쪽으로 해안선을 달려서 코츠월드로 향하면, 쭉 이어진 낮은 구릉이나 목초지, 밭과 숲이 있어서 우리가 생각하는 영국적인 풍경을 볼 수 있죠.

—— 마지막으로 미야자키 고로 감독의 향후 계획에 대해서 들려주세요.

지금은 2022년에 오픈 예정인 '지브리 파크' 관련 일을 하고 있어요. 영화 제작에 관해서는 구체적으로 결정된 사항은 아무것도 없지만, 만들 기회가 있다면 CG 표현의 가능성을 조금 더 추구해보고 싶습니다. 《아야와 마녀》는 시추에이션이 한정된 무대에 등장인물도 한정되어 있으니 3DCG로 끝까지 할 수 있었지만, 조금 더 세계를 넓히려면 어떻게 해야 할지 생각하고 있어요. 다양한 장소, 많은 캐릭터가 나오면 갑자기 큰일이 되는 게 CG거든요. 그 부분을 잘 해결하는 방법을 고민하면서, 세계를 더 넓혀 나가는 형태로 이야기를 만드는 걸 고민하고 있습니다.

—— 이야기나 테마에 관해서는요?

그건 아직 모르겠지만, 역시 아이들을 위한 이야기를 하고 싶습니다. 지금, 이 코로나 상황에서 세계를 바라보는 방식이 완전히 바뀌었잖아요. 지금까지 대충 얼버무리면서 변하지 않을 거라 믿었던 세계가 맹렬하게 변하려고 하는 느낌이에요. 이 힘든 시대를 살아가는 것은 우리 어른이 아니라 아이들이고요. 그러니까 그들을 제 나름대로 응원하고 싶어요. 아이들은 가능성과 희망으로 이루어져 있잖아요. 그 아이들이 자기 자신답게 살아가기 위해, 자존심을 지키기 위해 유연하게 행동하고, 약삭빠르게 장애물을 훌쩍 뛰어넘는, 그런 이야기를 만들어야겠다고 생각합니다.

*취재·글: 사이토 지카시
취재일: 2020년 9월 2일

일러스트: 미야자키 고로 감독

영리함과 애교를 겸비한 히로인, 아야가 활약하는 지브리의 첫 번째 풀 3DCG 작품

아야와 마녀

2020년 12월 30일, NHK 종합TV에서 미야자키 고로 감독의 최신작이자 스튜디오 지브리의 첫 번째 전편 3DCG 제작 장편 애니메이션 《아야와 마녀》가 방송되었다. 이 작품은 2020년 6월에 칸 국제영화제에서 발표한 '2020 오피셜 셀렉션' 56개 작품(애니메이션 영화 네 작품 중 하나)에 선정되어 전 세계의 주목을 받았다.

원작은 《하울의 움직이는 성》과 마찬가지로 다이애나 윈 존스의 작품으로, 그녀 생전에 출판된 마지막 소설이다. 주인공 아야는 주위 사람들을 조종하며 자기 생각대로 움직이게 만드는 영리함을 지닌 소녀. 이 원작을 마음에 들어 한 미야자키 하야오 감독과 스즈키 도시오 프로듀서의 제안을 바탕으로, 미야자키 고로가 감독을 맡게 되었다.

미야자키 고로 감독은 2014년부터 2015년에 걸쳐 NHK에서 방영한, 국제 에미상 어린이 애니메이션 부문

에서 최우수상을 수상한 《산적의 딸 로냐》를 제작한 바 있다. 해당 작품은 셀 셰이딩이라고 하는, 캐릭터를 셀 애니메이션 풍의 질감으로 보이게 하는 3DCG 작법을 사용했다. 그 경험으로부터 3DCG 애니메이션의 가능성을 인지하고, 본 작품을 전편 3DCG로 만들기로 결심했다.

미야자키 고로 감독은 주위 사람들을 자기 생각대로 움직이게 하는 아야를 어떻게 그려낼지 고민했다. 사람을 자기 마음대로 움직이게 하는 건, 바꿔 말하면 사람을 '조종'한다는 소리다. 자칫하다가는 꺼림칙한 소녀로 보일 수 있다. 하지만 아야는 다른 사람을 골탕 먹이거나, 손 하나 까딱하지 않고 편하게만 살고자 하지 않는다. 아야 자신과 주변 사람이 모두 행복할 수 있는 주체적인 삶을 산다. 이렇게 씩씩하게 삶을 살아가는 히로인이 지브리 작품에 새롭게 추가된 것이다. 이 작품은 2021년 4월 29일에 일본 전국에 개봉됐다.

스토리

아기 때부터 보육원에서 자란 아야는 사람들을 자기 뜻대로 움직이며 쾌적하게 생활하고 있다. 그래서 누군가에게 입양되기를 바란 적이 없다. 하지만 어느 날, 화려한 차림의 여자와 키가 큰 남자가 아야를 입양한다.

"나는 벨라 야가라고 한다. 마녀지. 널 우리 집에 데려온 이유는 일손이 필요했기 때문이야." 아야는 그녀에게 조수가 되는 대신 마법을 가르쳐 달라는 거래를 제안한다. 하지만 벨라 야가는 아야를 부려먹기만 한다. 게다가 키가 큰 남자 맨드레이크는 늘 험악한 표정으로 지낸다. 태어나서 처음으로 '생각대로 되지 않는' 벽에 부딪힌 아야는 반격을 시작한다.

방송일 : 2020 년 12 월 30 일
개봉일 : 2021 년 4 월 29 일
상영 시간 : 약 83 분
ⓒ 2020 NHK, NEP, Studio Ghibli

원 작	다이애나 윈 존스
기 획	미야자키 하야오
각 본	니 와 게이코 / 군 지 에 미
감 독	미야자키 고로
프 로 듀 서	스즈키 도시오
음 악	다케베 사토시
캐 릭 터 · 무 대 설정 원안	사 타 케 미 호
캐릭터 디자인	곤 도 가 쓰 야
C G 연출	나카무라 유키노리
애니메이션 연출	탄 세 리
배 경	다케우치 유키
제 작 총 괄	요시쿠니 이사오 / 쓰치하시 게이스케
제 작	호 시 노 고 지 / 나카지마 기요후미
주 제 가	쉐리나 무나프
애니메이션 제작	스튜디오 지브리
제 작 · 저 작	N H K / NHK 엔터프라이즈 / 스튜디오 지브리
아 야	히라사와 고코로
벨 라 야 가	데라지마 시노부
맨 드 레 이 크	도요카와 에쓰시
토 마 스	하 마 다 가 쿠
아야의 엄마	쉐리나 무나프

원작 책 소개

◉ 원작: 다이애나 윈 존스 『아야와 마녀』 (다나카 가오루코 번역, 사타케 미호 그림, 도쿠마쇼텐 간행)
◇ 원어판: 2011년 (원제: Earwig and the Witch)

《하울의 움직이는 성》 원작자의 아동 소설. 저자가 '세계에서 가장 좋아하는 삽화가'라고 말했던 사타케 미호가 그린 '자신을 귀엽게 보이려 하지 않는' 아야의 표정이 절묘하다. 미야자키 하야오는 "얼마나 귀여운 책인지 모릅니다."라고 극찬했다.

아야
주위 사람들을 조종하여 자기 생각대로 움직이는 재능을 지닌 열 살 소녀. 진짜 이름은 '아야츠루'.

아야의 엄마
동료인 열두 명의 마녀에게 쫓기다, 아기인 아야를 보육원에 맡기고 모습을 감춘다.

벨라 야가
이상한 주문을 팔아서 생계를 유지하는 마녀. 조수가 필요해지자 보육원에서 아야를 데려왔다.

맨드레이크
벨라 야가의 동거인. 항상 기분이 언짢으며, "날 귀찮게 하지 마."가 입버릇이다. 화가 나면 걷잡을 수가 없다.

토마스
벨라 야가가 주문을 만들 때 필요한 사역마.* 마녀가 만드는 주문을 싫어해서 항상 도망치려고 한다.

커스터드
보육원에서 아야와 가장 친한 소년. 맨드레이크를 무서워해서 아야를 만나러 오지 못한다.

원장 선생님
보육원의 원장. 아야를 특별히 귀여워한다.

부원장 선생님
보육원의 부원장. 남을 신경 쓰지 않는 성격으로, 원장과는 옛날부터 오랜 인연이 있다.

데몬
맨드레이크가 부리는 작은 악마들. 명령을 받으면 어디선가 식사를 가져온다.

주목 포인트 1

미야자키 고로 감독은 일본의 만화책이나 수작업 애니메이션에서 볼 수 있는 과장과 기호적 표현을 3DCG에 도입함으로써, 아야의 표정을 풍부하게 만들었다.

캐릭터 관계도

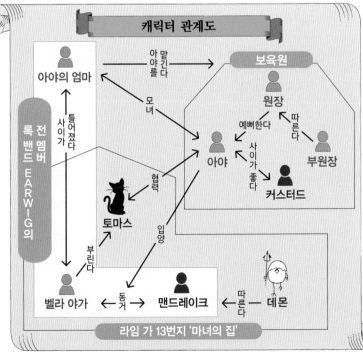

록밴드 EARWIG의 전 멤버

아야의 엄마 —맡기다→ 보육원

틀어졌다 / 사이가 / 모녀

원장 —예뻐한다→ 아야 / 따른다 / 부원장

아야 ←사이가 좋다→ 커스터드

협력 / 입양

토마스

벨라 야가 ←동거→ 맨드레이크 ←따른다— 데몬

부린다

라임 가 13번지 '마녀의 집'

주목 포인트 2

이 작품에는 맛있어 보이는 음식이 많이 등장한다. 이건 음식을 실제로 만든 뒤 3D 스캔해서 3D 모델로 만든 것이다. 그리고 그 위에 수작업으로 덧그려서 더욱 맛있어 보이도록 만들었다.

※사역마 : 마법사나 마녀에게 절대적으로 복종하는 마귀·정령·동물.

아야는 어떤 소녀일까?
아야의 일상을 통해 그 매력을 파헤쳐 보자.

아야 주변의 사람들은 모두 아야를 무척 좋아한다. 아야와 같이 있으면 행복한 기분이 들기 때문이다. 그런 아야가 보육원에서 어떻게 생활했는지, 벨라 야가의 집에 입양을 간 뒤의 일상은 어땠는지 소개한다.

아야가 자란 보육원

■ 아야는 아기 때 이곳에 맡겨졌다.

■ 한밤중에 아이들이 침대를 빠져나간 일에 대해서, 아야는 원장 선생님의 감정에 호소하는 방식으로 설명한다.

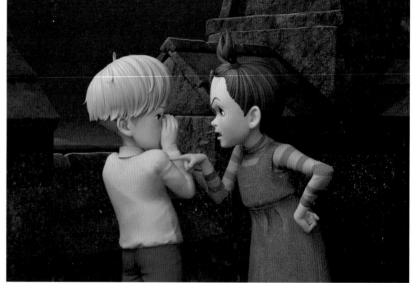

■ 아야와 커스터드는 무척 사이가 좋다. 두 사람은 성격이 정반대지만 아야가 보육원에서 진심을 털어놓을 수 있는 사람은 커스터드뿐이다.

■ 러브레터의 대필을 부탁받은 아야는 샐리에게 "걱정 마. 새로 써서 우체통에 넣었으니까. 내일이면 사랑이 가득 담긴 답장이 올 거야."라고 말한다.

■ 아야는 보육원의 요리사가 만드는 셰퍼드 파이를 무척 좋아한다. 무뚝뚝한 요리사에게도 주눅 들지 않고, 주방에 들어가 "아저씨, 점심은 셰퍼드 파이예요?"라고 묻는다.

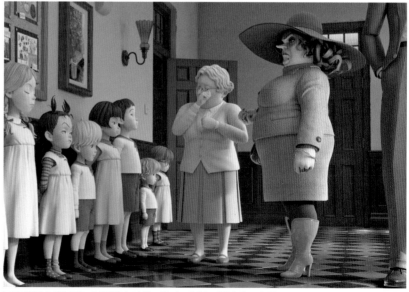

■ 보육원에 수상한 2인조가 찾아왔다. 아야는 커스터드에게 늘 말했던 대로 이상한 표정을 지어서 선택받지 않으려고 하지만, 빨간 모자를 쓴 여자는 "이 아이로 하죠."라며 아야를 입양하기로 한다.

라임 가 13번지 마녀의 집

■ 이곳이 아야가 입양된 집이다. 마녀 벨라 야가가 마법을 써서 아야가 창문과 문을 열 수 없도록 만들었다.

■ 일손이 필요해서 아야를 입양한 벨라 야가는 아야에게 무슨 일이 있어도 맨드레이크를 귀찮게 해서는 안 된다고 충고한다.

■ 마법을 배우고 싶은 아야는 벨라 야가의 마법 노트를 훔쳐본다.

■ 아야는 한밤중에 몰래 검은 고양이 토마스와 함께 자기 몸을 지키는 마법을 조사한다.

■ 마법을 발동시키기 위해서는 특별한 주문이 필요하다. 토마스의 도움을 받으며 아야는 주문을 외우는데…….

■ 입버릇처럼 "일손이 부족해."라고 하는 벨라 야가에게, 아야는 마법으로 새로운 '손'을 만들어 주기로 마음먹는다.

■ 벨라 야가의 작업실을 혼자 지키고 있던 아야에게 맨드레이크가 간식을 가져다준다.

■ 맨드레이크를 위해 튀긴 빵을 만들려던 아야는 기름을 프라이팬에 콸콸 부어 맨드레이크를 당혹스럽게 한다.

■ 아야의 작전은 대성공! 벨라 야가의 이마와 엉덩이에 새로운 '손'이 생겨났다.

■ 아야는 맨드레이크의 방에서 자신의 소원을 이야기한다.

■ 어느새 아야는 이 집에서 자기가 바라던 생활을 손에 넣었다.

《아야와 마녀》가 만들어지기까지

스튜디오 지브리의 첫 번째 풀 3DCG 작품인 《아야와 마녀》는 어떻게 만들어졌을까?
벨라 야가의 작업실 장면을 예로 들어, 그 제작 과정의 일부를 살펴보자.

[그림 콘티]

그림 콘티란, 극중에서 캐릭터가 어떻게 움직이고 어떻게 대사를 말할지 자세하게 그린 설계도와 같다. 본작은 미야자키 고로 감독이 그린 그림 콘티를 바탕으로 만들어졌다.

[캐릭터]

우선 캐릭터 만들기부터. 가장 먼저 수작업 애니메이션과 마찬가지로 종이에 이미지 및 디자인, 표정 모음 등을 그리는 것에서부터 시작한다. 그런 다음 컴퓨터로 입체 캐릭터를 만들어 나간다.

1. 캐릭터 이미지

미야자키 고로 감독이 그린 아야의 캐릭터 이미지. 여기서부터 모든 것이 시작된다.

2. 캐릭터 디자인

감독의 캐릭터 이미지를 바탕으로, 캐릭터 디자인을 담당한 곤도 가쓰야가 디자인을 만들어 나간다.

3. 표정 모음

각 캐릭터가 어떤 표정을 짓는지도 곤도 가쓰야가 자세하게 그려서 결정한다.

4. 캐릭터 모델

곤도 가쓰야가 그린 그림을 바탕으로, 컴퓨터를 이용해 입체 캐릭터를 만든다.

5. 캐릭터의 뼈대

입체 캐릭터에 인간처럼 뼈와 관절을 붙여 자유자재로 움직일 수 있게 만든다.

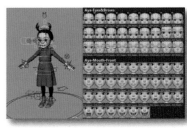

6. 페이셜 테스트

뼈대가 들어간 캐릭터를 움직여서 다양한 표정을 만들어 보고 오류가 없는지 확인한다.

[배경]

아야가 지내는 방 등의 배경도 먼저 그림을 그려서 이미지를 구축해 나간다. 수작업 애니메이션과 크게 다른 점은 방 자체를 입체로 만든다는 점이다.

1. 이미지 보드

미야자키 고로 감독이 그린 벨라 야가의 작업실 이미지 보드. 이것이 작업실의 배경을 만드는 지침이 된다.

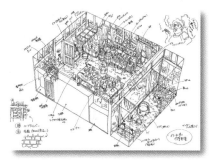

2. 미술 설정

감독이 그린 미술 설정. 무대가 되는 방을 CG로 만들면 어떤 느낌으로 보일지를 생각하며 자세하게 그린다.

3. 미술 디자인

이미지 보드와 미술 설정을 바탕으로, 배경 담당인 다케우치 유키가 CG 스태프들에게 설명용으로 그린 벨라 야가의 작업실. 작업실 벽 한쪽을 가득 채운 선반의

디자인화에는 먼지가 쌓인 정도나 나무 상자의 손잡이에 대한 설명 등 자세한 주의 사항이 적혀 있다.

4. CG 배경

이미지 보드에서 미술 디자인까지의 과정을 바탕으로, CG로 만든 벨라 야가의 작업실. 모든 각도에서 촬영할 수 있도록 만들어졌다.

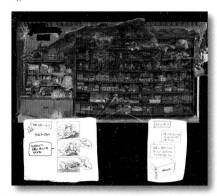

[소도구]

극중 주요 무대인 벨라 야가의 작업실에는 물건이 많다. 이 방에 있는 물건 하나하나를 최종 목적인 입체로 만들어 나가는데, 그 작업은 디자인화 그리기에서부터 시작한다. 극중에서 중요한 역할을 하는 벨라 야가의 주문이 적힌 노트도 디자인화부터 만들었다.

■ 아야와 벨라 야가가 사용하는 도구는 조리 도구나 화학 실험에서 사용할 법한 물건이 대부분이다. 실감 나는 질감뿐만 아니라 미묘하게 더러워진 부분까지 CG로 재현했다.

■ 노트의 두께부터 표지, 안의 이미지까지 자세하게 그려진 디자인화.

■ 극중에서 확대되는 페이지는 다케우치 유키가 종이의 더러움과 너저분한 글씨까지 자세하게 표현하여 제작했다.

[레이아웃&애니메이션]

그림 콘티를 바탕으로 만든 완성 전의 임시 배경 안에 아야의 캐릭터를 넣어, 아야의 동작, 해당 컷에서 보이는 배경, 소도구 등을 체크한다.

[완성된 장면 컷]

그림 콘티에서는 없었던 배경의 소도구 등도 CG 작업 과정에서 상세하게 만들어졌다.

스튜디오

지브리

란?

스튜디오 지브리란
어떤 애니메이션 스튜디오인지,
그 역사와 사건을 되짚어본다.

スタジオジブリ
STUDIO GHIBLI

스튜디오 지브리의 역사

지브리의 시작과 그 이전의 역사

　스튜디오 지브리는 1984년에 개봉한 미야자키 하야오 감독 작품 《바람계곡의 나우시카》의 흥행 성공을 계기로, 《천공의 성 라퓨타》를 제작하던 1985년에 《나우시카》를 제작한 출판사 도쿠마쇼텐이 중심이 되어 설립한 애니메이션 스튜디오이다. 이후 미야자키 하야오·다카하타 이사오 두 감독의 극장용 애니메이션 영화를 중심으로 제작해 왔다. 참고로 '지브리'란 사하라 사막에 부는 열풍을 말한다. 제2차 세계 대전 중 이탈리아의 군용 정찰기 이름에 사용되기도 했는데, 비행기를 좋아하는 미야자키 감독이 이 사실을 알고 스튜디오 이름으로 정했다. '일본 애니메이션계에 선풍을 일으키자'는 의도였다고 한다.

　다카하타 감독과 미야자키 감독이 만난 것은 지금으로부터 50년도 더 전의 일이다. 당시 두 사람이 소속되어 있던 도에이 동화(현 도에이 애니메이션)는 극장용 장편 애니메이션을 만들었다. 다카하타 감독의 첫 감독작 《태양의 왕자 호루스의 대모험》(1968) 등, 두 사람은 몇 개의 장편 작품에 관여하며 큰 성과를 냈지만, 이 시기에는 실사 영화와 마찬가지로 애니메이션 분야 역시 TV에 밀려 극장용 장편 제작이 차츰 축소되었으므로 두 사람은 TV로 일을 옮겨야만 했다. 회사를 옮긴 두 사람은 〈알프스 소녀 하이디〉(1974), 〈엄마 찾아 삼만리〉(1976), 〈미래소년 코난〉(1978) 등의 걸작 TV 시리즈를 탄생시킨다. 하지만 이 작품들을 제작하면서 그들은 예산·스케줄 등 TV라는 매체가 지닌 한계를 통감했고, 그것이 지브리 설립의 원동력이 되었다. 예산과 시간을 들여 한 작품 한 작품에 모든 힘을 쏟아붓고, 감독 중심주의로 극장용 장편을 제작하여, 자신들이 목표하는 높은 퀄리티의 실감 나는 애니메이션을 구현하려면 거점이 필요했고, 그렇게 지브리가 설립되었다. 지브리의 역사는 이러한 자세를 통해 상업적 성공과 스튜디오 경영이란 두 가지 과제를 힘겹게 해결해 온 과정이라고도 말할 수 있다.

　설립 당시, 관계자 중에서 지브리가 이렇게 오래 지속될 것이라고 생각한 사람은 아무도 없었다. 한 편이 성공하면 다음 작품에 들어갔고, 실패하면 그대로 끝이라 생각했다. 그래서 부담을 낮추고자 사원은 고용하지 않고, 작품별로 70명 정도의 스태프를 모았다가 완성하면 해산하는 스타일을 채택했다. 장소는 도쿄 기치조지의 임대 빌딩 한 층. 이 방침을 세운 건 사실 다카하타 감독이었다. 그는 《바람계곡의 나우시카》를 통해 프로 데뷔를 했는데, 그때 보여 준 실무 능력을 지브리의 출발에도 크게 발휘한 셈이다. 그리고 훗날 프로듀서로서 스튜디오 지브리의 책임자 중 한 사람이 된

　스즈키 도시오도 처음부터 지브리에 관여했다. 도쿠마쇼텐이 발행하는 애니메이션 전문지 『아니메주』의 편집부원으로서 1970년대 말에 다카하타·미야자키 두 감독과 만난 스즈키는 두 사람과 깊은 친분을 쌓으며 작품 제작에 관해 이야기를 나누게 되었다. 스즈키는 『아니메주』의 부편집장(후에 편집장)을 맡으면서 《바람계곡의 나우시카》 영화화와 스튜디오 지브리 설립에 깊이 관여하였고, 그 무렵 이미 프로듀서 같은 업무도 담당하고 있었다.

　스튜디오 지브리의 첫 작품 《천공의 성 라퓨타》는 《바람계곡의 나우시카》와 마찬가지로 다카하타 이사오가 프로듀스를, 미야자키 하야오가 감독을 맡아 제작되었고, 1986년에 개봉해 높은 평가를 받았다.

일본 영화계가 주목한 지브리

　다음으로 스튜디오 지브리가 제작한 것은 미야자키 하야오 감독의 《이웃집 토토로》와 다카하타 이사오 감독의 《반딧불이의 묘》이다. 이 두 작품은 동시에 제작되어, 1988년 4월에 연속 상영으로 개봉되었다. 장편 두 작품의 동시 제작으로 인해 제작 현장은 힘든 상황이었지만, 지금 하지 않으면 이 두 작품을 만들 기회는 두 번 다시 찾아오지 않는다는 판단 아래 무척이나 험난한 동시 프로젝트를 강행했다.

　좋은 작품을 만드는 것이 지브리의 목적이며 회사의 유지·발전은 그다음 일이다. 이 점이 바로 지브리가 보통 회사와 다른 점이며, 《이웃집 토토로》와 《반딧불이의 묘》 두 작품의 연속 상영 프로젝트 역시 이러한 방침이 있었기에 실현할 수 있었던 기획이었다. 《이웃집 토토로》와 《반딧불이의 묘》는 개봉 시기가 여름이 아니었기도 해서, 개봉 당시 흥행 성적은 그리 좋지 않았다. 하지만 작품 내용에 대해서는 각 방면으로부터 무척 높은 평가를 받았다. 《이웃집 토토로》는 실사를 포함한 그해 일본 국내 영화상을 싹쓸이했으며, 《반딧불이의 묘》도 문예 영화로서 절찬을 받았다. 이 두 작품으로 인해 지브리는 일본 영화계에 그 이름을 널리 알리게 된다.

　지브리 작품 중 흥행 면에서 가장 먼저 대성공을 이룬 것은 미야자키 하야오 감독의 1989년 작품 《마녀 배달부 키키》였다. 264만 명의 관객을 동원하며 그해 일본 영화 중, 최고 흥행을 기록했다. 배급 수입도 관객 동원 수도, 말 그대로 고전과는 차원이 달랐다. 작품 자체의 힘도 물론 있겠지만, 이 작품부터 니혼TV가 제작위원회에 참여하면서 본격적으로 광고에 힘을 실은 것도 크게 작용했으며, 이후 이 선순환이 줄곧 이어지게 된다.

방침 전환과 신 스튜디오 건설

《마녀 배달부 키키》완성 후, 지브리는 다카하타 감독의 《추억은 방울방울》제작을 시작했다. 이와 동시에 지브리는 1989년 11월부터 스태프의 사원화·상근화를 진행했고, 임금도 불안정한 성과급제에서 고정급으로 전환하여 임금 두 배 상승을 목표로 하는 한편, 영상 연수생 제도를 시작하여 매년 정기적으로 신인을 채용했다. 앞으로도 양질의 애니메이션 영화를 만들어 나가기 위해, 미야자키 감독의 제안을 받아들여 보다 연속성 있는 제작 체제, 회사 조직으로 방침을 전환한 것이다. 같은 시기, 그때까지도 실질적으로 프로듀스 업무를 담당해 온 스즈키 도시오가 도쿠마쇼텐에서 지브리로 자리를 옮겼고, 《추억은 방울방울》이후 거의 모든 장편 작품의 프로듀서를 담당하게 되었다.

1991년 개봉한 《추억은 방울방울》도 그해의 일본 영화 최고 흥행을 이뤘다. 그리고 미야자키 감독이 내건 2대 목표, 임금 두 배 상승과 신인 채용도 달성했다. 하지만 동시에 제작비 급등 문제도 발생했다. 애니메이션의 제작비는 대부분이 인건비이므로, 임금을 두 배로 높인다는 것은 자동적으로 제작비도 두 배 가까이 늘어난다는 것을 의미했다. 대폭 상승한 제작비를 감당하려면 더욱 의식적·계획적으로 홍보를 해서 관객 수를 늘리는 수밖에 없었다. 《추억은 방울방울》이후, 지브리는 홍보에 관해서도 스즈키 도시오를 중심으로 자체적인 방침을 세워 주체적으로 힘을 쏟게 되었다. 또 사원을 고용한다는 것은 매달 급여를 지불한다는 뜻으로, 지브리는 상시 작품을 만들어야만 하는 상황이 되었다. 쉴 틈 없이 제작해야 하는 숙명을 짊어지게 된 지브리는 《추억은 방울방울》과 함께 미야자키 감독의 《붉은 돼지》제작에 돌입했다.

《붉은 돼지》제작과 동시에 미야자키 감독은 신 스튜디오 건설에도 몰두했다. 더 나은 제작 환경을 확보하면 우수한 인재가 모일 것이고, 그 인재를 육성하여 좋은 작품을 탄생시키겠다는 발상이었다. 1992년 여름 《붉은 돼지》가 상영되던 중, 도쿄도 고가네이시에 신 스튜디오가 완성되었고, 지브리는 기치조지에서 고가네이로 이사했다. 최초의 자사 빌딩이었으며, 기본 설계는 미야자키 감독이 했다. 이후 1999년에 제2스튜디오, 2000년에 제3스튜디오, 2010년에 제5스튜디오를 근처에 건설하여, 고가네이시 가지노정이 지브리의 본거지가 되었다. 아울러 《붉은 돼지》는 일본 영화뿐만 아니라 외국 영화도 포함한 그해 일본에서 개봉된 모든 영화 중에서 최고의 흥행 성적을 거두었다. 이후에도 대부분의 작품이 그해의 일본 영화 흥행 성적 1위를 달성했고, 작품에 따라서는 외국 영화도 포함한 모든 영화 중 일본 국내 흥행 성적 1위를 기록했다.

1993년, 지브리는 컴퓨터로 제어하는 대형 촬영대를 두 대 도입하여 염원하던 촬영부를 발족했다. 이렇게 작화부터 미술·채색·촬영에 이르기까지 전 부문을 지닌 스튜디오로 성장한 것인데, 애니메이션 제작은 효율을 최우선으로 생각하면 공정별로 분업하는 편이 유리하며, 일본의 애니메이션 회사 대부분은 분업이 기본이

다. 이 또한 무엇보다 작품의 질을 중시하는 지브리의 자세가 반영된 것이며, 같은 장소에서 긴밀하게 연계해 일관되게 작업을 진행해야 더 좋은 작품이 나온다는 발상에서 비롯되었다. 또 1993년에는 출판부, 1994년에는 상품기획부를 발족하여 영화 제작뿐만 아니라 관련 사업도 자사에서 관리하게 되었는데, 이 역시 수익 면뿐만 아니라 제작물의 질을 확보하고자 하는 의지의 표현이었다. 1993년에는 첫 TV용 작품이자 다카하타·미야자키 이외의 감독에 의한 첫 작품이기도 한 《바다가 들린다》(감독: 모치즈키 도모미)를 제작했다. 스태프도 젊은 층을 중심으로 편성했고, 작품은 어느 정도 좋은 평가를 얻었지만 예산과 일정을 크게 초과하여 과제도 남겼다.

《모노노케 히메》, 《센과 치히로의 행방불명》으로 새로운 기록을 쓴 지브리

1994년의 다카하타 감독 작품 《폼포코 너구리 대작전》은 연수생 제도 개시 이후에 채용한, 지브리가 육성한 젊은 애니메이터들이 작화의 중심을 담당하여 크게 힘을 발휘했다. 또 같은 작품에서 지브리는 처음으로 CG를 도입했다. 불과 세 컷이었지만, 훗날 CG실 설립으로 이어지는 흐름의 시작이었다. 1995년의 《귀를 기울이면》에서는 미야자키가 제작 프로듀서·각본·그림 콘티를 담당하였고, 지금껏 작화 감독 등을 담당하며 다카하타·미야자키 작품을 뒷받침해 왔던 곤도 요시후미가 첫 감독에 도전했다. 훗날 젊은 감독들의 작품으로 이어지는 새로운 바탕이었다. 이어서 제작한 5년 만의 미야자키 감독 작품 《모노노케 히메》(1997)는 당초 예산 20억 엔(나중에 추가), 3년의 제작 기간, CG의 본격 도입 등으로 내용뿐만 아니라 제작 규모도 파격적이었는데, 관계자의 예상을 훨씬 뛰어넘은 대히트를 기록했다. 이듬해까지 이어진 흥행은 관객 동원 수 1420만 명, 흥행 수입 193억 엔으로 《E.T.》를 앞지르며 그전까지 일본에서 개봉된 일본 영화·외국 영화를 통틀어 모든 영화의 기록을 갈아치웠다. 《모노노케 히메》는 단순한 영화의 틀을 뛰어넘어 사회 현상이 되었고, 수많은 미디어가 다루면서 세간에서도 크게 화제가 되어, 이후 스튜디오 지브리는 일본 국내에서 폭넓은 인지도를 얻게 된다. 또 《모노노케 히메》는 전미에서 1999년, 프랑스에서는 이듬해 2000년에 디즈니 계열 회사의 배급으로 개봉되어 높은 평가를 받았으며, 세계 각국에서 상영되며 지브리 작품의 본격 해외 진출의 첫발을 내딛기도 했다.

《모노노케 히메》제작 종료 후, 지브리는 채색·촬영 부문의 전면적 디지털화를 단행하였고, 1999년 개봉된 다카하타 감독 작품 《이웃집 야마다군》은 셀을 전혀 사용하지 않은 지브리 첫 풀 디지털 작품이 되었다.

2001년 7월, 《센과 치히로의 행방불명》개봉. 《모노노케 히메》의 기록을 전부 갈아치우며, 약 1년에 걸친 상영 기간 동안 관객 동원 수 2380만 명, 흥행 수입 308억 엔으로 《타이타닉》의 흥행 기록도 넘어서며 일본 영화·외국 영화를 통틀어 일본에서의 영화 흥

행 최고 기록을 달성했다(당시). 비디오 영상도 550만 개 넘게 출하되었다. 해외에서도 높은 평가를 받았는데, 2002년 제52회 베를린 국제영화제에서 애니메이션으로는 사상 첫 황금곰상을 수상했으며, 이듬해에 열린 제75회 아카데미상에서는 장편 애니메이션상을 수상했다. 흥행 면에서도 프랑스, 한국, 타이완, 홍콩 등에서 대히트를 기록하며 해외에서의 미야자키 하야오, 스튜디오 지브리의 인지도를 굳혔다.

미타카의 숲 지브리 미술관의 탄생, 더 넓은 세계로

《센과 치히로의 행방불명》 제작과 동시에 미야자키 감독은 미술관 건립에도 힘을 쏟았고, 2001년 10월, 미타카의 숲 지브리 미술관이 개관했다. 《붉은 돼지》 때와 마찬가지로 미야자키 감독은 《센과 치히로의 행방불명》과 '미술관'이라는 두 개의 작품을 동시에 만들어 낸 것이다. 하지만 미술관의 실제 건축과 개관은 개인의 역량만으로는 불가능했기에, 미야자키 감독이 제안한 기본 계획을 구현하기 위해 모인, 미야자키 고로 초대 관장을 비롯한 수많은 스태프의 노력으로 완성되었다.

2001년 《센과 치히로의 행방불명》 개봉과 미타카의 숲 지브리 미술관의 오픈으로, 지금까지 이어지고 있는 스튜디오 지브리 본연의 모습이 거의 확정되었다고 해도 좋을 것이다. 《센과 치히로의 행방불명》 이듬해, 지브리는 《귀를 기울이면》 이래 오랜만에 신예 작품으로 모리타 히로유키 감독 작품 《고양이의 보은》과 모모세 요시유키 감독 작품 《기브리즈 에피소드 2》를 연속 상영으로 개봉했다. 또 2003년에는 이벤트 사업실(현 사업개발부)을 발족하여 각종 전시회 사업을 담당하게 되었는데, 전시회는 지브리 작품의 새로운 전달 매체로서 정착하게 된다. 2004년 11월, 미야자키 하야오 감독 작품 《하울의 움직이는 성》 개봉. 당초 2004년 여름 개봉을 목표로 했으나, 제작이 지연되어 개봉이 넉 달 밀렸기 때문에 처음으로 연말연시에 선보이게 되었다. 동 작품에서는 지브리의 첫 시도로서 일본 개봉보다 앞서 제61회 베니스 국제영화제 경쟁 부문에 출품하여 기술공헌상을 수상했다. 이후 전 세계에서 상영되며 지브리의 존재는 해외에서도 정착되어 갔다.

2005년, 지브리는 도쿠마쇼텐으로부터 완전히 독립했으나 활동 내용은 그전과 특별히 달라지지 않았다. 2006년에는 《게드 전기: 어스시의 전설》을 개봉했다. 미야자키 고로가 지브리 미술관 관장을 사임하고 처음으로 감독을 맡았다. 2008년의 미야자키 하야오 감독 작품 《벼랑 위의 포뇨》는 동명의 주제가가 대히트를 기록했다. 또 영화의 내용을 따라가듯, 지브리에서는 같은 해에 사내 보육원을 오픈했다.

현재, 그리고 미래로

《벼랑 위의 포뇨》 개봉 후, 미야자키 하야오 감독은 스튜디오의

향후 계획을 세웠는데, 젊은 감독들로 3년간 두 작품을 제작할 것을 사내에 발표했다. 그 두 작품 이후에는 자신의 차기작을 2년에 걸쳐 만들 생각이었기 때문에 실질적으로는 5개년 계획이라고 할 수 있었다. 이 계획에 따라 2010년에는 요네바야시 히로마사가 감독한 첫 작품 《마루 밑 아리에티》를 개봉. 그리고 2011년에는 미야자키 고로 감독의 두 번째 작품 《코쿠리코 언덕에서》를 개봉했다. 두 작품 모두 기획과 공동 각본을 미야자키 하야오 감독이 담당했다. 그리고 계획대로 2013년 여름에는 미야자키 하야오 감독 작품 《바람이 분다》가 완성되어 개봉되었다. 자작 만화가 원작인 작품은 《바람계곡의 나우시카》 이래 처음이었으며, 처음으로 실존 인물을 모델로 하여 실제 전쟁을 그렸다.

한편 다카하타 이사오 감독은 2005년 무렵부터 《다케토리 이야기》의 계획에 착수했다. 우여곡절은 있었지만, 《가구야 공주 이야기》라는 제목으로 다카하타 감독의 차기작으로 정식 결정되었고, 오랜만에 장편 두 작품을 동시에 진행하게 되었다. JR 히가시코가네이역 남쪽 출구 주변의 건물을 빌려서 제작을 진행했고, 2012년 초에는 빌딩 한 채를 빌려서 이 작품 한정으로 제7스튜디오를 설립했다. 2013년 11월에 동 작품이 개봉되었고, 《반딧불이의 묘》, 《이웃집 토토로》 이래 25년 만에 다카하타·미야자키 두 감독의 작품이 같은 해에 개봉되어 스튜디오 지브리의 존재를 다시금 세계에 각인시켰다. 2014년에는 요네바야시 히로마사 감독의 두 번째 작품인 《추억의 마니》가 개봉되었다. 전작인 《마루 밑 아리에티》와 마찬가지로 영국의 아동 문학이 원작이며, 무대를 일본으로 바꾸어 애니메이션화했다. 2016년에는 다카하타 이사오 감독이 아티스틱 프로듀서를 담당한 미카엘 뒤독 더 빗 감독의 《붉은 거북》을 프랑스와 공동 제작했다. 그리고 2017년에는 미야자키 하야오 감독의 차기작 《그대들, 어떻게 살 것인가》의 제작을 본격적으로 시작했다. 《추억의 마니》 완성 후 장편 제작이 중지되어 일단 해산한 제작 부문에 재시동이 걸렸다. 2018년, 다카하타 이사오 감독이 서거했다. 지브리 미술관에서 추도식이 치러졌다.

2020년 말, 미야자키 고로 감독의 최신 장편이자 지브리의 첫 전편 3DCG 작품인 《아야와 마녀》가 NHK 종합TV에서 방송되었으며, 이듬해 4월에 극장에서 개봉되었다. 그 사이에도 미야자키 하야오 감독은 《그대들, 어떻게 살 것인가》의 제작에 몰두했으며, 2022년에는 아이치현 나가쿠테시의 아이치큐하쿠 기념 공원에 지브리 파크 1차 오픈을 했다. 스튜디오 지브리는 지금도 조금씩 활동 반경을 넓히고 있다. 양질의 작품을 만든다는 방침을 늘 기본으로 삼으면서.

문책: 스튜디오 지브리

스튜디오 지브리 연표

1984.3.11	《바람계곡의 나우시카》 개봉
1985.6.	도쿄도 무사시노시 기치조지에 '주식회사 스튜디오 지브리' 스튜디오 오픈
1986.8.2	《천공의 성 라퓨타》 개봉
1987.4.	장편 두 작품 동시 제작을 위해 제2스튜디오 설립
1988.4.16	《이웃집 토토로》, 《반딧불이의 묘》 연속 상영으로 개봉
1988.4.	제2스튜디오는 역할을 다하고 철수
1989.7.29	《마녀 배달부 키키》 개봉
1989.11.	스태프를 사원화·상근화 영상 연수생 제도를 발족하고 정기 신인 채용 개시
1991.7.20	《추억은 방울방울》 개봉
1992.7.18	《붉은 돼지》 개봉
1992.8.	도쿄도 고가네이시에 신사옥 완성·이전(현재의 제1스튜디오)
1992.12.	니혼TV 개국 40주년 기념 영상 〈뭘까〉(디자인 원안·연출: 미야자키 하야오) 방영 니혼TV 개국 40주년 기념 영상 〈하늘색 씨앗〉(감독: 미야자키 하야오) 방영
1993.5.5	《바다가 들린다》 방영
1993.7.	컴퓨터로 제어하는 대형 촬영대 두 대 도입 4월에 발족한 촬영부, 8월부터 본격 촬영 개시
1993.8.	스튜디오 지브리 출판부가 편집한 최초의 책 『무엇이 영화인가』(7인의 사무라이》와 《마다다요》에 관해서」 (구로사와 아키라·미야자키 하야오 저) 간행
1994.4.	스튜디오 지브리 상품기획부 발족 캐릭터 상품의 기획 개발을 사내로 이관
1994.7.16	《폼포코 너구리 대작전》 개봉
1995.4.	애니메이션 연출 강좌 '히가시코가네이 서당'(숙장: 다카하타 이사오) 개강
1995.6.	CG실 개설
1995.7.15	《귀를 기울이면》 개봉. 《온 유어 마크》(감독: 미야자키 하야오) 함께 상영
1996.7.	모회사인 도쿠마쇼텐이 영화·비디오 사업에서 디즈니와 업무 제휴
1996.8.	〈지브리가 가득 스튜디오 지브리 원화전〉 (신주쿠 미쓰코시 미술관) 개최
1996.10.	도쿠마쇼텐, 해외 담당 부문인 도쿠마 인터내셔널 설립 훗날 스튜디오 지브리의 해외사업부
1997.2.	전년부터 시작한 홈페이지를 리뉴얼하여 《모노노케 히메》 제작 일지 개시
1997.4.	〈금요 로드쇼 오프닝〉 (원작:미야자키 하야오/연출: 곤도 요시후미) 방영 개시
1997.6.	주식회사 도쿠마쇼텐과 합병하여 '주식회사 도쿠마쇼텐/스튜디오 지브리 컴퍼니'로 개편
1997.7.12	《모노노케 히메》 개봉
1997.10.	《모노노케 히메》가 《E.T.》의 배급 수입을 뛰어넘어 일본 기록 갱신
1998.6.26	《《모노노케 히메》는 이렇게 탄생했다.》 VHS 발표(나중에 DVD로도 발매)
1998.9.	애니메이션 연출 강좌 '히가시코가네이 서당Ⅱ'(숙장: 미야자키 하야오) 개강
1998.10.	미타카의 숲 지브리 미술관의 준비 회사 '주식회사 뮤제오 다르떼 지브리' 설립
1998.11.	다카하타 이사오 감독이 자수포장(紫綬褒章)을 수여
1999.4.	스튜디오 지브리 제2스튜디오 완성
1999.7.	《이웃집 야마다군》 개봉 기념 지브리가 가득 스튜디오 지브리 원화전〉 (니혼바시 다카시마야) 개최 (동 전시회는 3월의 다카마쓰전부터 시작)
1999.7.17	《이웃집 야마다군》 개봉
1999.10.	'주식회사 도쿠마쇼텐 스튜디오 지브리 사업본부'로 개칭
2000.3.	스튜디오 지브리 제3스튜디오 완성
2000.4.29	《모노노케 히메》 영어 더빙·일본어 자막판 개봉
2000.12.7	스튜디오 지브리의 다른 브랜드 '스튜디오 카지노' 첫 작품 《식일》(감독: 안노 히데아키), 도쿄도 사진 미술관에서 개봉
2001.6.	〈미야자키 하야오 만화영화의 계보 1963-2001〉 (도쿄도 사진 미술관) 개최
2001.7.20	《센과 치히로의 행방불명》 개봉
2001.10.1	미타카의 숲 지브리 미술관 개관 지브리 미술관 오리지널 단편 《고래 잡기》(감독: 미야자키 하야오) 공개
2001.11.	《센과 치히로의 행방불명》이 《타이타닉》의 흥행 수입을 뛰어넘어 일본 기록 갱신
2002.1.3	지브리 미술관 오리지널 단편 《고로의 산보》(감독: 미야자키 하야오) 공개
2002.2.	《센과 치히로의 행방불명》이 제52회 베를린 국제영화제 황금곰상 수상
2002.7.20	《고양이의 보은》 개봉 《기브리즈 에피소드 2》(감독: 모모세 요시유키) 함께 상영
2002.10.1	지브리 미술관 오리지널 단편 《메이와 아기고양이 버스》(감독: 미야자키 하야오) 공개
2003.1.	지브리 출판부 편집 월간 소책자 「열풍」 발간
2003.3.	《센과 치히로의 행방불명》이 미국에서 제75회 아카데미상 장편 애니메이션 부문에서 수상
2003.6.	〈지브리가 가득 스튜디오 지브리 입체 조형물전〉(도쿄도 현대미술관) 개최 같은 달, 이벤트 사업실 발족
2003.8.2	지브리 첫 외화 애니메이션 제공 작품 《키리쿠와 마녀》(감독: 미셀 오슬로) 개봉
2004.3.6	《이노센스》 (감독: 오시이 마모루)/제작: 프로덕션 I.G)에 제작 협력
2004.9.	《하울의 움직이는 성》이 제61회 베니스 국제영화제에서 기술공헌상 수상
2004.11.20	《하울의 움직이는 성》 개봉
2005.3.	'사츠키와 메이의 집' (감수: 미야자키 하야오/설계총괄: 미야자키 고로)으로 아이치 엑스포에 참가
2005.4.	주식회사 도쿠마쇼텐에서 독립하여 다시 '주식회사 스튜디오 지브리'가 됨 〈하울의 움직이는 성 대서커스전〉(도쿄도 현대미술관) 개최
2005.9.	미야자키 하야오 감독이 제62회 베니스 국제영화제에서 영예 금사자상 수상
2005.11.16	지금까지 제작한 단편과 CM 등을 모은 DVD 〈지브리가 가득 SPECIAL 쇼트 쇼트〉 발매
2006.1.3	지브리 미술관 오리지널 단편 《집찾기》, 《별을 샀던 날》, 《물거미 꽁꽁》(감독: 미야자키 하야오) 공개

2006.7.7	《다네야마가하라의 밤》(연출: 오가 가즈오) DVD 발매
2006.7.29	《게드 전기: 어스시의 전설》 개봉
2006.12.	'미야자키 하야오가 디자인한 니혼TV 대시계' 완성·공개 (시오도메 니혼TV 사옥)
2007.7.4	《이바라드 시간》(감독: 이노우에 나오히사) 블루레이 디스크/DVD 발매
2007.7.	《지브리의 그림 장인 오가 가즈오전》 (도쿄도 현대미술관)에서 기획, 제작, 협력 담당
2007.10.	《스즈키 도시오의 지브리 땀투성이》 (Tokyo FM 외 전국 인터넷) 방송 개시
2008.2.	호시노 고지가 대표이사 사장으로 취임 스즈키 도시오는 대표이사 사장에서 퇴임하고 대표이사 프로듀서로 취임
2008.4.	사내 보육원 '곰 세 마리 집' 개원 지브리 미술관 스태프의 사원화 실시
2008.7.19	《벼랑 위의 포뇨》 개봉
2008.7.	《스튜디오 지브리 레이아웃전》 (도쿄도 현대미술관)에서 기획, 제작, 협력 담당
2008.10.	《홋타 요시에전 스튜디오 지브리가 그리는 난세》 (현립 가나가와 근대문학관)에 주최로서 참가
2009.4.	신인 육성을 위한 기간 한정 프로젝트 '니시 지브리'가 아이치현 도요타시의 토요타 자동차 본사 공장 안에서 시작
2009.12.8	《포뇨는 이렇게 탄생했다. ~미야자키 하야오의 사고 과정~》 블루레이 디스크/DVD 발매
2010.1.3	지브리 미술관 오리지널 단편 《쥐 스모 이야기》 (감독: 야마시타 아키히코) 공개
2010.6.	JR 히가시코가네이역 남쪽 출구 근처에 《가구야 공주 이야기》 제작용 방을 빌려 스태프 이사 스튜디오 지브리 제5스튜디오 완성
2010.7.17	《마루 밑 아리에티》 개봉
2010.7.	《마루 밑 아리에티×다네다 요헤이전》 (도쿄도 현대미술관)에서 기획, 제작, 협력 담당
2010.8.	'니시 지브리' 철수, 스태프는 고가네이로 이동
2010.11.20	지브리 미술관 오리지널 단편 《빵반죽과 계란 공주》(감독: 미야자키 하야오) 공개
2011.6.4	지브리 미술관 오리지널 단편 《Treasure Hunting》(연출 애니메이터: 이나무라 다케시) 공개
2011.7.16	《코쿠리코 언덕에서》 개봉
2012.2.	제7스튜디오 가동 개시, 《가구야 공주 이야기》 스태프 이사
2012.7.	《관장 안노 히데아키 특수촬영박물관 미니어처로 보는 쇼와 헤이세이의 기술》(도쿄도 현대미술관)에서 기획, 제작, 협력 담당 특수촬영 단편 영화 《거신병 도쿄에 나타나다》(기획·각본: 안노 히데아키/감독: 히구치 신지)를 제작, 동 전시회에서 상영
2012.11.	미야자키 하야오 감독이 문화공로자로 선정
2013.3.	《지브리가 가득 스튜디오 지브리 입체 조형물전》(라구나텐보스 라구나시아)에서 기획, 감수 담당
2013.5.	스마트폰용 첫 공식 사이트 '지브리의 숲'(au) 오픈
2013.7.20	《바람이 분다》 개봉
2013.11.	스튜디오 지브리가 협력한 《꿈과 광기의 왕국》 (제작: 도완고/감독: 스나다 마미) 개봉
2013.11.23	《가구야 공주 이야기》 개봉
2014.1.	제7스튜디오 역할을 다하고 철수
2014.6.	다카하타 이사오 감독이 안시 국제 애니메이션 영화제에서 명예공로상(Cristal d'honneur) 수상
2014.7.	곤도 요시후미전(니가타현립 반다이지마 미술관)에서 기획, 제작, 협력 담당 《지브리의 입체 건조물전》(에도 도쿄 건물원) 개최
2014.7.19	《추억의 마니》 개봉
2014.7.	《추억의 마니×다네다 요헤이전》(에도 도쿄 박물관) 개최
2014.11.	미야자키 하야오 감독이 미국 아카데미상 명예상 수상
2014.12.3	《다카하타 이사오, 《가구야 공주 이야기》를 만들다. ~지브리 제7스튜디오, 933일의 전설~》 블루레이 디스크/DVD 발매
2015.4.	다카하타 이사오 감독이 프랑스 예술문화훈장 오피시에를 받음
2015.9.	《지브리 대박람회 ~나우시카부터 마니까지~》(아이치현 아이치큐하쿠기념 공원)에서 기획, 제작, 협력 담당
2016.5.	스튜디오 지브리 LINE 공식 계정 개설
2016.7.	《지브리 대박람회 ~나우시카부터 최신작 《붉은 거북》까지~》 (롯폰기힐스 전망대 도쿄시티뷰)에서 기획, 제작, 협력 담당
2016.9.17	《붉은 거북》 개봉
2017.7.	신작 장편 《그대들, 어떻게 살 것인가》 (감독: 미야자키 하야오)의 작품 설명을 사내에서 실시, 제작 본격화
2017.8.	《스튜디오 지브리 스즈키 도시오 말의 마법전》(히로시마현 후데노사토 공방)에서 기획, 협력 담당
2017.11.	나카지마 기요후미가 대표이사 사장으로 취임하고, 호시노 고지는 대표이사 회장으로 취임
2018.3.21	지브리 미술관 오리지널 단편 《털벌레 보로》(감독: 미야자키 하야오) 공개
2018.4.5	다카하타 이사오 감독 서거(향년 82세)
2019.4.	《스즈키 도시오와 지브리전》(간다묘진 문화교류관 간다묘진홀)에서 특별 협력을 담당
2019.5.	아이치현, 스튜디오 지브리, 주니치신문사가 지브리 파크의 기본 합의서 체결
2019.7.	《다카하타 이사오전—일본의 애니메이션에 남긴 것》 (도쿄 국립근대미술관)에서 기획, 협력 담당
2019.7.17	《지브리가 가득 SPECIAL 쇼트 쇼트 1992-2016》 블루레이 디스크/DVD 발매
2019.12.	신작 가부키 《바람계곡의 나우시카》(신바시 연무장) 상연
2020.12.30	스튜디오 지브리 첫 전편 3DCG 장편 《아야와 마녀》 (감독: 미야자키 고로) NHK 종합에서 방송, 2021년 4월 29일 극장 개봉 예정
2021.1.	나카지마 기요후미가 지브리 미술관 관주로 취임하고, 호시노 고지가 대표이사 회장 겸 사장에 취임
2021.가을	《Hayao Miyazaki》전, 미국 아카데미 영화박물관 오프닝 기획으로 개최 예정
2022.가을	지브리 파크 1차 오픈 예정

※2021년 3월 기준

INTERVIEW

스즈키 도시오 프로듀서 인터뷰

《아야와 마녀》와 지브리의 앞날

■ 코로나 상황에서도 바쁘게 생활하고 있다는 스즈키 도시오 프로듀서. 《아야와 마녀》 포스터와 함께.

2014년, 영화 《추억의 마니》 완성 후 장편 제작이 중지되자 스튜디오 지브리는 일단 제작 부문을 해산했다. 하지만 그 후에도 2016년에 《붉은 거북》을 개봉하고, 2017년에는 미야자키 하야오 감독의 차기작 《그대들, 어떻게 살 것인가》의 제작을 본격적으로 개시하는 등 새로운 발걸음을 내디뎠다. 또 2020년에는 NHK와의 공동 제작 작품 《아야와 마녀》를 발표했다. 그 밖에도 아이치현에 건설되는 지브리 파크 등 현재 진행 중인 계획도 있다. 그런 스튜디오 지브리의 앞날에 대해서, 대표이사 프로듀서인 스즈키 도시오 씨와 이야기를 나누었다.

《아야와 마녀》가 만들어지기까지

—— 우선 최신작 《아야와 마녀》에 대해 여쭤보고 싶습니다. 원작은 《하울의 움직이는 성》과 마찬가지로 다이애나 윈 존스의 작품인데요. 영상화는 이전부터 생각하셨나요?

사실 도쿠마쇼텐에서 미야 씨(미야자키 하야오)와 제게 매달 신간 아동서를 보내 줘요. 미야 씨는 정말 성실한 사람이라서, 그 책들을 전부 훑어봐요. 그중에 《아야와 마녀》가 있었죠.

미야 씨는 읽자마자 아야라는 주인공의 매력에 사로잡혔어요. 바로 저를 찾아와서 "스즈키 씨, 이거 읽어 봐!"라며 흥분해서 이야기하더군요. 읽어 보니 짧은 이야기인데도 확실히 재미있었어요.

그때 미야 씨는 이미 《그대들, 어떻게 살 것인가》의 구상에 들어간 상태였는데, 《아야》를 영화로 만들고 싶다는 마음도 생겼지요. 고민하던 미야 씨가 제게 "어느 쪽이 좋아?"라고 묻기에, 저는 "지금은 '그대들'을 해야죠."라고 대답했어요. 《아야》는 언젠가 기회가 있다면……이라는 선에서 보류하게 되었습니다.

—— 그것이 미야자키 고로 감독의 작품으로 진행되게 된 계기는 무엇이었나요?

고로 군은 TV 시리즈 〈산적의 딸 로냐〉 제작을 끝내고, 아이치큐하쿠 기념공원 안에 만드는 '지브리 파크' 계획에 매달리고 있었어요. 하지만 한편으로는 작품을 만들고 싶어 하기도 했죠.

기획에 대해 여러 가지 의논하던 어느 날, 지브리 파크 쪽 일이 신경 쓰인 미야 씨가 고로 군의 일터에 불쑥 찾아갔어요. 저는 그 자리에는 없었는데, "고로, 작품을 만들래?"라면서 《아야》의 이야

기를 꺼냈던 모양이에요. 그 뒤에 고로 군이 저한테 의논하러 왔길래, "일단 읽어 봐. 아야를 만드는 건 나도 찬성이니까."라고 말했죠. 거기서부터 기획이 시작되었습니다.

—— 읽어 보니 고로 씨도 원작이 마음에 드셨던 거로군요.

아야라는 아이를 보고 느낌이 딱 왔겠죠. 왜냐하면 미야 씨도 고로 군도 아야랑 닮았거든요. 아야는 약간 얄밉다고 할까, 어른을 가지고 노는 여자아이잖아요. 저는 이 영화에 "나는 누구의 말도 따르지 않아."라는 카피를 붙였는데요, 심술꾸러기 같은 면이 그 부자와 똑 닮았다……라고 생각했는데, 고로 군은 제가 없는 곳에서 '아야의 모델은 스즈키 씨'라고 말하고 다녔다는 모양이에요(웃음).

그건 그렇고, 고로 군은 이번에 처음부터 끝까지 자신있게 작품에 임했어요. 아무래도 스스로를 그려냈기 때문이겠죠. 주위의 속박에서 벗어나 자기 마음대로 하고 싶다는 마음도 있었을 거예요. 제게 의논하러 왔던 것은 그림 콘티를 봐 달라고 했을 때뿐이었어요.

—— 지브리 첫 풀 3DCG라는 점도 화제가 되었습니다. 〈산적의 딸 로냐〉도 3DCG였지만, 셀 셰이딩(수작업으로 제작한 애니메이션처럼 보이게 하는 작법)으로 변환했었죠. 이번에 풀 3DCG를 단행한 이유는 무엇이었나요?

"진짜 CG로 해 봐."라고 권한 것은 저였어요. 일본인은 셀화 풍의 그림이 아니면 받아들이지 않는다고 다들 믿고 있지만, 저는 과연 그럴까 싶었어요. 일본에서도 일부 3DCG를 접목한 예는 있

18

지만 본격적으로 시도한 작품은 없죠. 그렇다면 그 1호가 되어야 겠다고 생각했어요.

—— 3DCG의 제작 작업은 순조롭게 진행되었나요?

제작 쪽은 정말로 잘 흘러갔어요. 제가 제안한 것은 오직 하나. 이건 스토리를 따라가는 영화가 아니다. 캐릭터로 보여주는 애니메이션이다. 즉 아야의 표정을 어떻게 표현하느냐에 따라 모든 것이 결정된다. 그렇게 이야기했더니, 고로 군은 자신감을 보였어요. 나중에야 알았지만, 스태프들에게 좋은 느낌을 받았더군요.

—— 이번에는 해외의 CG 애니메이터가 많이 참가했다던데요.

말레이시아인 탄 세리 씨라는 애니메이터가 참가했고, 더불어 인도네시아, 싱가포르, 말레이시아, 프랑스 등에서 솜씨 좋은 애니메이터가 모였어요. 이 다국적 팀이 굉장했죠. 이 스태프라면 지금까지의 일본의 CG 애니메이션을 능가하는 것은 물론, 미국의 CG에도 절대 뒤떨어지지 않겠다고 확신했습니다.

사실 고로 군은 《아야와 마녀》를 시작할 때 "작품을 만드는 것은 이게 마지막입니다."라고 말했어요. 그런데 도중에 "두 작품 정도만 더 하고 싶은데요."라고 말하더군요. 이유는 그 스태프들이에요. 그들과 함께라면 더 재미있는 작품을 만들 수 있겠다고 생각한 거죠.

—— 완성한 작품을 본 스즈키 씨의 솔직한 감상은?

지금까지 고로 군의 작품 중에서 제일 좋아요. 그건 틀림없어요. 스태프 시사회에서도 지금까지 이상으로 평가가 좋았으니까요. 게다가 고로 군의 작품에 대해서 지금까지 늘 한 소리씩 하던 미야 씨가 이번에는 덮어놓고 칭찬했어요.

이렇게 순조롭게 진행되는 기획은 좀처럼 없어요. 그래서 저는 고로 군에게 속편을 만들라고 권하고 있죠.

—— 개봉 방법이 NHK TV 방영이라는 점에서도 놀랐는데요, 이건 어떤 경위로 된 건가요?

최근 몇 년 사이에 일본의 영화 업계 상황이 상당히 바뀌었어요. 기획은 동나고, 전체적으로 시들시들하죠. 그럴 때 갑자기 《아야와 마녀》를 내밀어 봤자 세상에 어필하기 어렵지 않을까 생각했어요. 그때, 머릿속에 떠오른 게 우선 TV로 방영한다는 아이디어였죠. 실험적으로 해 봐도 재미있을 것 같아서 아는 NHK 프로듀서에게 의논했더니, 흔쾌히 받아들여 주어서 공동으로 제작하게 되었습니다.

—— 지금은 코로나 상황이라 영화관 개봉이 어려워져서, 디즈니 등에서는 신작을 갑작스럽게 인터넷에 공개하는 예도 나오고 있죠. 그런 움직임에 관해서는 어떻게 생각하시나요.

저희 세대는 영화관의 큰 스크린으로 영화를 보며 자랐으니까, 아무래도 영화관에 애착이 있어요. 하지만 지금은 영화의 출력이 늘어난 것도 사실이죠. TV나 비디오, DVD가 있었는데 이제는 인터넷 개봉도 가능하고, 스마트폰의 작은 화면으로 영화를 보는 사람도 있어요. 보는 수단이 늘어난 것은 결코 나쁜 것이 아니고, 여러 가지 혼재하는 것도 재밌다고 생각해요. 어떻게 될지는 모르겠지만, 《아야와 마녀》도 TV에서 방영한 다음 여러 가지 전개를 시도해 보고 싶어요.

■ 《아야와 마녀》도 TV 방영 후에 여러 가지 전개를 시도해 보고 싶다고 말하는 스즈키 도시오 프로듀서.

스튜디오 지브리의 미래 ✺

—— 미야자키 하야오 감독의 《그대들, 어떻게 살 것인가》의 상황도 여쭙고 싶은데요, 제작은 어느 정도까지 진행되었나요?

이제 겨우 절반, 본편 약 120분 중에서 60분이 완성되었어요. 지금까지 지브리 작품은 대체로 한 달에 5분 페이스로 작화를 했는데요, 이번에는 처음부터 한 달에 1분밖에 진행되지 않았어요. 하지만 요즘 들어 페이스가 올라가고 있어요. 그래도 최종적인 완성은 앞으로 3년 정도 걸리겠죠.

—— 코로나로 인해 휴업이나 재택근무도 있었을 것 같은데요, 현장에 영향이 있었나요?

사실상 재택근무로 인해 생산력이 높아졌어요. 자택에서 작업을 하면 다른 사람의 모습이 보이지 않잖아요. 혼자만 뒤처지는 것은 싫으니까 다들 열심히 할당량을 채워요. 일본인의 근면함이란 이런 거구나 새삼 발견하게 되었죠.

스태프가 재택근무를 하는 동안에도 미야 씨는 매일 출근해서 원화 체크를 진행했어요. 이참에 자신의 작업이 뒤처졌던 부분을 메꾸려고 했던 모양인데, 스태프들이 원화를 착착 마무리해서 보내니까, 예상이 빗나간 모양이에요(웃음).

—— 고로 씨가 진행하는 지브리 파크의 계획도 궁금한데요, 이건 어떻게 완성될까요?

유럽과 미국의 도시에 가면, 런던에는 하이드 파크, 뉴욕에는 센트럴 파크처럼 도시의 중심에 커다란 공원이 있잖아요. 목표점은 그런 공원이에요. 지브리 파크는 아이치현의 나가쿠테시에 위치하니 중심부는 아니지만, 만들려는 것은 진정한 공원이지 소위 테마파크는 아니에요.

■ 아이치현 나가쿠테시에 건설 중인 지브리 파크는 2022년 가을에 1차 오픈 예정. 위의 일러스트는 엘리베이터 동이 있는 '청춘의 언덕 구역'. 오른쪽 위는 '지브리 대창고 구역'의 이미지 일러스트.

—— 엑스포가 열렸던 자리의 거대한 공원 안에 지브리의 전시 시설이 있는 이미지인가요?

맞아요. 지금까지는 건설도 순조로워서, 1차 오픈은 2022년 가을로 예정되어 있어요. 그런데 아들이 하는 일을 따뜻하게 지켜봐 주지 못하는 미야자키 하야오라는 사람이 있어서(웃음). 아무래도 지기 싫어하는 성격이거든요. 지브리 파크에도 무언가 자신의 '각인'을 남기려고 밤낮으로 아이디어를 생각하고 있어요.

—— 한편 미타카의 숲 지브리 미술관 쪽은 코로나로 인해 휴관하거나 입장 인원수를 제한해서 개관하는 등 시행착오가 이어지고 있는 것 같은데요.

코로나의 영향을 가장 많이 받은 것이 지브리 미술관이죠. 이건 정말 난처했어요. 조금씩 관객을 받아들이기 시작하고는 있지만, 전면 개관은 못 하니까요. 당분간은 이대로 소규모로 운영해 나갈 수밖에 없을 것 같아요.

단, 휴관하는 동안에도 팬들을 위해서 뭔가 서비스를 하려고 '지브리 미술관 영상 일지'라는 것을 유튜브에 올리는 등 여러 가지 시도를 하고 있어요. 지금은 미술관만의 새로운 상품도 기획하고 있고요. 제가 어릴 때 인기 있었던 '소년 탐정 수첩'을 힌트 삼아 지브리 미술관 수첩을 만들 수 없을까 검토해 보기도 하고, 잡지 『아니메주』의 부록을 복각하거나, 쇼와 시대의 그리운 냄새가 풍기는 무언가를 내놓고 싶다는 생각을 하고 있어요.

■ 코로나 바이러스의 영향으로 입장을 제한하고 있는 미타카의 숲 지브리 미술관에서는 '지브리 미술관 영상 일지'를 유튜브에 업로드하고 있다. 스즈키 프로듀서가 이야기하는 영상도 공개 중이다.

—— 지브리는 2014년에 한 차례 제작 부문을 해산한다는 결단을 내렸는데요, 미야자키 하야오 감독의 복귀를 계기로 순식간에 분위기가 전환되었다는 인상을 받았습니다. 재시동이 걸린 지브리는 앞으로 어디로 향하게 될까요?

역시 작품이 있어야 지브리겠지요. 영화를 만들지 않으면 지브리가 아니에요. 고로 군의 《아야와 마녀》, 그리고 미야자키 하야오의 《그대들, 어떻게 살 것인가》에 이어서, 또 수작업 애니메이션을 기획하고 있어요. 미야 씨와 저, 두 사람이 프로듀서를 맡아서 이미 준비에 들어갔어요. 그리고 고로 군도 지브리 파크가 일단락되면 CG 차기작을 생각하겠죠.

—— 줄줄이 기다리고 있네요. 다음 수작업 작품이란 건 어떤 내용인가요?

아직 자세한 이야기는 할 수 없지만, 이미 시나리오는 완성되었고 지금은 새로운 감독 후보를 설득하고 있어요. 개봉은 한참 나중이 되겠지만, 기대해 주시면 좋겠습니다.

*취재·글: 야나기바시 간 / 촬영: 미즈노 아키코
이 글은 2020년 9월 17일에 인터뷰한 내용입니다.

1984

1986

1988

1988

1989

1991

1992

1993

1994

1995

1995

1997

1999

2001

2002

스튜디오 지브리
애니메이션 작품

All the Studio Ghibli Animated Films

2002

2004

2006

2008

2010

2011

2013

2013

2014

2016

스튜디오
지브리 탄생의
계기가 된
미야자키
하야오 감독의
장대한
SF 애니메이션

바람계곡의 나우시카   1984년

TV 애니메이션 〈미래소년 코난〉(1978년), 극장 애니메이션 첫 감독작 《루팡 3세: 칼리오스트로의 성》(1979년) 등으로 주목받은 미야자키 하야오 감독의 장편 작품이다. 핵전쟁과 같은 재난으로 산업 문명이 붕괴한 1000년 후를 무대로, 세계의 재생을 둘러싼 소녀 나우시카의 싸움을 그린다. 나우시카가 비행 기계를 조종하며 자유롭게 하늘을 나는 액션과 더불어, 인류와 지구의 미래에 대한 희망을 담은 이야기가 감동을 준다. 차례로 등장하는 신비한 생물과 기계, 개성이 풍부한 서브 캐릭터와 같은 미야자키 작품에 빠질 수 없는 설정들도 흥미롭다.

원작은 미야자키 감독이 도쿠마쇼텐의 애니메이션 잡지 『아니메주』에 연재한 만화로, 2권까지의 내용을 중심으로 영상화해서 영화는 오리지널 결말로 되어 있다. 도에이 영상(현 도에이 애니메이션) 시절부터 선배이자 동료인 다카하타 이사오가 프로듀서를 맡았으며, 음악은 히사이시 조가 맡아, 이후 지브리 작품의 사운드 이미지를 구축했다. 그 밖에도 〈기동전사 건담〉의 나카무라 미쓰키(미술 감독), 〈은하철도 999〉의 고마쓰바라 가즈오(작화 감독), 훗날 〈신세기 에반게리온〉을 탄생시킨 안노 히데아키(원화) 등 애니메이션계를 대표하는 스태프가 다수 참여했다. 그리고 실제 영화 제작은 해외와 합작 경험이 있는 톱 크래프트에서 맡았다. 엄밀히 말하면 지브리 작품은 아니지만, 이 영화의 흥행이 뒷받침되어 스튜디오 지브리가 설립되었으니 지브리의 출발점이 된 작품이라 할 수 있다.

개봉일 : 1984년 3월 11일
상영 시간 : 약 116 분
ⓒ 1984 Studio Ghibli·H

원작·각본·감독 …… 미야자키 하야오
프 로 듀 서 …… 다카하타 이사오
음 악 …… 히 사 이 시 조
작 화 감 독 …… 고마쓰바라 가즈오
미 술 감 독 …… 나카무라 미쓰키
색 지 정 …… 야 스 다 미치요
제 작 …… 톱 크 래 프 트
제 작 투 자 …… 도 쿠 마 쇼 텐
            하 쿠 호 도

나 우 시 카 …… 시마모토 스미
유 파 미 랄 다 …… 나 야 고 로
아 스 벨 …… 마 쓰 다 요지
미 토 …… 나 가 이 이치로
크 샤 나 …… 사카키바라 요시코
크 로 토 와 …… 가 우 미 이에마사
질 …… 쓰지무라 마히토
할 머 니 …… 교 다 히사코

스토리

'불의 7일간'이라고 불리는 대전쟁으로 인류가 이룩한 문명이 불타 없어진 뒤 1000년이 흘렀다. 지구에는 독기를 내뿜는 균류의 숲, 부해가 펼쳐져 있다. 부해에는 거대한 곤충들이 자리를 잡았고, 인간은 부해와 곤충을 두려워하며 살아가고 있다.

바람계곡은 부해 근처의 작은 나라다. 족장의 딸 나우시카는 계곡 사람들과 함께 평화롭게 살아가고 있었는데, 베지테의 지하에 잠들어 있던 거신병이라는 괴물이 나오면서 베지테와 대국 토르메키아의 전쟁에 말려들게 된다. 전쟁 중에 나우시카는 부해가 인간이 오염시킨 지구를 정화하고 있으며, 곤충은 부해의 숲을 지키고 있다는 진실을 알게 된다. 그리고 거신병으로 부해를 불태워 없애려는 사람들로부터 부해와 곤충을 지키기 위해 홀로 나선다.

🔷 원작 : 미야자키 하야오 『바람계곡의 나우시카』 (도쿠마쇼텐 간행) 전 7권

원작 책 소개

『아니메주』 1982년 2월호~1994년 3월호에 실린 SF 판타지 만화. '만화로밖에 그릴 수 없는 것'에 강하게 집착한 미야자키 하야오가 영화 공개 후에도 10년에 걸쳐 그리면서, 영화판을 훌쩍 뛰어넘는 장대한 세계관을 구축한 걸작이다.

캐릭터

나우시카

바람계곡 족장 질의 딸. 바람을 읽는 재능이 있으며 글라이더처럼 생긴 메베를 조종해 하늘을 난다. 사람들이 두려워하는 곤충들과 마음을 나눌 수 있는 신비한 힘의 소유자.

아스벨

공방 도시 베지테의 왕족 소년. 부해에서 곤충들에게 습격당하려던 순간, 나우시카가 구해준다. 나우시카와 함께 부해의 비밀을 알게 되고 나우시카에게 협력한다.

크샤나

토르메키아 왕국의 국왕인 부왕의 제4황녀. 바람계곡을 점령하고 베지테로부터 빼앗은 거신병으로 부해와 곤충들을 불태워 없애려고 한다. 곤충에게 습격당해 왼손을 잃었다.

유파 미랄다

질의 친구이자 나우시카의 스승. 부해에서 제일가는 검사로 알려져 있으며, 부해의 수수께끼를 풀기 위해 여행을 하고 있다.

할머니

100살이 넘었다고 알려진 바람계곡의 노파. 눈은 보이지 않지만 약초로 약을 만들며, 바람계곡의 전설을 전해준다. 대기의 흐름을 읽으며 오무의 마음을 느낄 수도 있다.

크로토와

토르메키아군의 참모, 크샤나의 부관. 평민 출신으로 야심이 있다. 그러나 겉으로는 티내지 않으며 크샤나를 따른다.

질

바람계곡의 족장이자 나우시카의 아버지. 바람을 읽는 실력이 뛰어났으나 부해의 독 때문에 몸이 망가져 침대에 누워 지낸다. 바람계곡을 찾아온 토르메키아군에게 죽임을 당한다.

오무

열네 개의 눈과 수많은 촉수를 지닌 곤충들의 왕. 부해의 왕이라 불리며, 인간이 부해를 불태우려고 할 때마다 오무 떼가 몰려와 나라와 마을을 멸망시켰다.

거신병

거대 산업 문명이 낳은 최종 병기. '불의 7일간'으로 세계를 불태운 뒤 모두 화석이 되었다고 알려져 있는데, 페지테에서 하나가 발견되었다.

성지기 5인방

(무즈, 미토, 기쿠리, 골, 니가) '성지기'라고 불리는 노인들. 부해의 독 때문에 해가 갈수록 손발을 자유롭게 움직이지 못하게 되어 성안에서 일하고 있다. 리더 격은 미토.

캐릭터 관계도

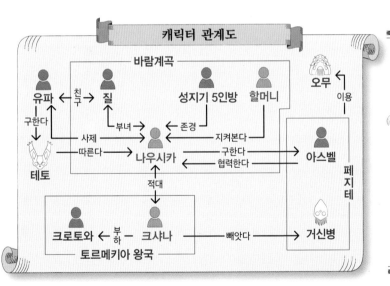

주목 포인트

'부해'라는 이름은 크림반도에 있는 갯벌에서 따왔다. '시바시(썩은 바다)'라고 불리는 갯벌을 책에서 읽은 미야자키 감독이 '부해의 숲'을 그린 후, 이 이름을 쓰기로 결정했다.

■ 나우시카는 분노로 제정신이 아닌 오무를 곤충피리로 진정시킬 수 있다.

■ 인질이 되어 크샤나 일행과 페지테로 향하던 도중, 기습을 받은 나우시카는 크샤나를 건십에 태워 불타는 바카가라스에서 탈출한다.

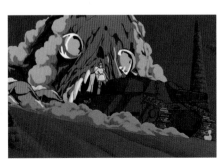

■ 바람계곡에 오무 떼가 몰려오자, 크샤나는 거신병에게 불태우라고 명령한다.

프라모델 박스 아트로 유명한 다카니 요시유미가 그린 2차 포스터

少女の愛が奇跡を呼んだ。

風の谷のナウシカ

'84年春休み全国洋画系一斉ロードショー!

火の7日間が地球を襲った…

原作・脚本・監督 宮崎駿
風の谷のナウシカ

■ 1차 포스터. 디자이너의 러프 스케치를 바탕으로 미야자키 하야오 감독이 원화를 그렸다. 테두리가 짙은 녹색인 버전도 있다.

■ 《바람계곡의 나우시카》 광고는 개봉 약 2개월 전인 1984년 1월 18일 도쿄타임즈(5단 통)부터 시작되었다.

■ 1월 26일 요미우리신문에 실린 광고. 이 광고부터 3차 포스터의 비주얼을 사용했다.

■ 2월 16일 요미우리신문에 실린 15단 통 광고. 이 아래 부분에는 타사의 광고가 있었다.

■ 2월 16일 요미우리신문에 실린 15단 통 광고. 이 아래 부분에는 타사의 광고가 있었다.

木々を愛で
虫と語り
風をまねく鳥の人…

■ 극장용 포스터를 위해 미야자키 하야오 감독이 원화를 그렸다. 증정용으로
쓴 이 포스터가 나중에 메인 포스터처럼 쓰였다.

■ 개봉 후 다이에※가 2차 배급을 할 때 쓴 포스터. 비주얼은 개
봉 당시 다카니 요시유미가 새로 그린 3차 포스터를 사용했다.

미야자키 하야오의 위대한 신화

■ 한국판 포스터.

제작 비화

거신병의 원화는 〈에반게리온〉 시리즈로 유명한 안노 히데아키가 담당했다. 당시 학생이었던 안
노 히데아키가 그림을 가지고 온 것이 계기가 되었다. 그의 그림을 본 미야자키 감독은 바로 그를
뽑았고, 거신병 장면의 원화를 전부 맡겼다. 이때부터 두 사람의 사제 관계가 시작되었다.

■ 3월 6일 요미우리신문에 실
린 광고에서는 삼각형 디자인
위에 3차 포스터의 하늘을 나
는 나우시카의 그림을 잘라 붙
여 나우시카의 존재감을 어필
했다.

■ 개봉 5일 후인 3월 16일
도쿄타임즈에 5단 1/2 크
기로 실린 것은 요코하마
지구에만 제공되는 로컬
광고였다. 이후로도 요코
하마 지구만의 광고가 몇
번 만들어졌다.

■ 3월 17일 스포츠닛폰의 5단
통 광고에서는 영화를 본 사람
들의 코멘트로, 일반 사람들과
영화 평론가 우다가와 고요의
평을 실었다.

※다이에 : 다이에 주식회사. 도쿠마쇼텐의 자회사로, 1974년부터 2003년까지 존재했던 영화사.

드디어 시작된
스튜디오
지브리의
첫 작품.
하늘을 가르는
일대 모험 액션

천공의 성 라퓨타

1986년

《바람계곡의 나우시카》에 이어 미야자키 하야오가 감독한 장편 애니메이션으로, 스튜디오 지브리의 첫 번째 작품이다. 어른부터 초등학생 아이까지 즐길 수 있도록 만든 파란만장한 모험 활극이다. 스토리는 조너선 스위프트의 공상 소설 『걸리버 여행기』를 힌트 삼아, 하늘에 떠 있는 전설의 보물섬 라퓨타를 둘러싸고 펼쳐진다. 주인공은 라퓨타를 동경하는 소년 파즈와 라퓨타 왕가의 피를 이은 소녀 시타이며, 여기에 배짱이 두둑한 어머니 도라가 이끄는 공중 해적과 라퓨타의 기술을 노리는 악역 무스카 일행이 얽힌다. 19세기가 생각나는 고풍스러운 가공 세계를 무대로, 날갯짓을 하며 나는 곤충형 플랩터와 거대 비행 전함 골리앗과 같은 독특한 기계도 등장하는 등, 가슴 뛰는 액션 장면이 볼거리다.

한편 폐허가 된 라퓨타의 정원을 지키는 로봇의 모습에는 멸망해 가는 문명의 슬픔이 감돈다. 모험 애니메이션에 독특한 깊이감을 만들어낸 미야자키 감독의 세계관도 주목할 만하다. 《바람계곡의 나우시카》와 마찬가지로 뛰어난 애니메이션 작품에 주어지는 마이니치 영화 콩쿠르 오후지노부로상을 수상했고, 그 밖에도 각 영화 잡지의 베스트10에서도 상위에 올랐다. 지금까지도 TV에서 방송될 때마다 SNS에서 화제가 되는 인기작이다.

그리고 등장인물의 목소리에 소위 성우뿐만 아니라 하쓰이 고토에(도라)나 데라다 미노리(무스카)처럼 드라마나 연극에서 활약하는 베테랑 배우를 기용하는 지브리의 캐스팅은 이 작품에서부터 시작되었다.

개봉일 : 1986 년 8 월 2 일
상영 시간 : 약 124 분
ⓒ 1986 Studio Ghibli

원작·각본·감독	미야자키 하야오
프 로 듀 서	다카하타 이사오
음　　　악	히사이시 조
작 화 감 독	단나이 쓰카사
미　　　술	노자키 도시로 야마모토 니조
색 지 정	야스다 미치요
삽 입 곡	〈너를 태우고〉 (노래: 이노우에 아즈미)
제　　　작	스튜디오 지브리
제 작 투 자	도쿠마 쇼텐
파　　　즈	다나카 마유미
시　　　타	요코자와 게이코
도　　　라	하쓰이 고토에
무 스 카	데라다 미노리
폼 할아버지	도키타 후지오
모우로 장군	나가이 이치로
감 독 관	이토 히로시
감독관 부인	와시오 마치코

스토리

먼 옛날, 라퓨타 사람들은 비행석이라 불리는 하늘에 뜨는 돌로 거대한 결정을 만들어 커다란 섬을 하늘에 띄우고, 뛰어난 과학 기술로 지상의 나라들을 지배했다고 한다. 그로부터 700년 넘게 흐른 지금, 라퓨타는 전설로 이어져 내려오고 있다.

광산에서 일하는 가난한 소년 파즈의 꿈은 모험가였던 돌아가신 아버지의 뜻을 이어, 언젠가 라퓨타를 발견하는 것이다. 어느 날 밤, 파즈 앞으로 소녀가 하늘에서

내려온다. 목걸이에 박힌 비행석의 힘으로 천천히…. 파즈가 받아 든 소녀는 바로 라퓨타 왕국의 계승자 시타였다. 파즈는 비행석과 라퓨타의 보물을 노리는 정부 기관과 공중 해적들로부터 시타를 지키며, 그녀와 함께 라퓨타로 향한다.

캐릭터

파즈
광산에서 견습 기계공으로 일하는 솔직하고 밝은 소년. 일찍이 부모를 잃고 홀로 생활하다가 시타를 만나 라퓨타를 찾는 모험을 떠난다.

시타
진짜 이름은 류시타 토엘 우르 라퓨타. 라퓨타 왕국의 정통 계승자 류시타 왕녀로, 어머니에게서 물려받은 비행석 목걸이를 가지고 있다.

도라
비행선 타이거 모스의 선장이자 공중 해적의 여자 두목. 세 아들을 포함해 총 열 명의 가족을 이끌고 라퓨타의 보물을 노린다.

도라의 아들들
(앙리, 샤를르, 루이)
힘은 세지만 도라를 '엄마'라고 부르며 따르는 마마보이들. 셋 다 프랑스 국왕의 이름이며, 시타의 팬이기도 하다.

무스카
시타를 납치한 정부 기관의 남자. 사실은 라퓨타 왕가의 일족으로, 로무스카 파로 우르 라퓨타라는 이름을 지녔다. 라퓨타의 부활을 꾀한다.

기관장 할아범
도라 일가의 일원으로, 타이거 모스의 기관실에서 일하는 나이 많은 기관장.

폼 할아버지
파즈와 아는 사이로, 광산에 대해서라면 뭐든지 알고 있는 노인.

모우로 장군
라퓨타 탐색의 지휘관을 맡은 군인. 무스카와 함께 거대 비행전함 골리앗을 타고 라퓨타로 향하지만, 무스카에게 반감을 가지고 있다.

감독관(더피)
슬래그 계곡에서 일하는 광부로, 파즈의 감독관. 일할 때는 엄격하지만 부모가 없는 파즈를 예뻐한다.

로봇
라퓨타인이 만든 반유기체 로봇. 비행석에 반응하며, 라퓨타인에게만 충성을 맹세한다. 전투용 로봇 외에도 정원을 가꾸는 로봇도 있다.

캐릭터 관계도

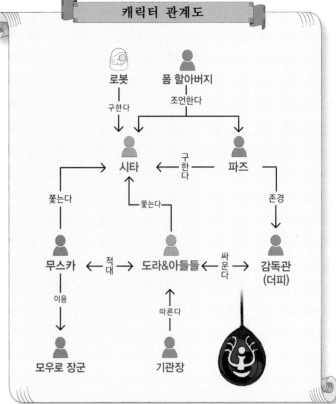

■ 하늘에서 내려온 시타를 파즈가 구하면서 두 사람의 모험이 시작된다.

■ "할머니, 나도 한패에 넣어 주세요. 시타를 구하고 싶어요."라고 하는 파즈를 도라가 데려간다.

■ 무스카에게 붙잡혀 있던 시타를 파즈와 도라가 함께 구출한다.

■ 파즈와 시타는 거대한 저기압의 소용돌이 '용의 둥지'를 통해 라퓨타의 정원에 도착한다.

주목 포인트

해적이자 엄마이기도 한 도라의 모델은 미야자키 감독의 어머니. 몸이 약해서 미야자키 감독이 여섯 살 때부터 열다섯 살 때까지 병상에 누워 있었지만, 그 정신력은 도라와 통한다. '네 형제가 모여도 어머니에게는 대적할 수 없었다'고 한다.

■ 1차 포스터는 포스터용으로 새로 그린 하늘을 나는 파즈와 시타의 비주얼을 사용했다.

■ 3차 포스터는 영화 초반의 파즈와 시타의 만남을 "어느 날, 소녀가 하늘에서 내려왔다……"라는 카피로 신비롭게 드러냈다.

■ 6월 25일 요미우리신문에 실린 광고는 3차 포스터의 비주얼을 메인으로, 극중에서 인상에 남는 장면 컷을 사용해 구성했다.

■ 1986년 6월 10일 아사히신문에 실린 15단 통 광고. 1차 포스터의 비주얼을 사용했는데, 흑백에서는 아름다운 배경이 선명하게 드러나지 않아서 이후, 다른 그림을 사용했다.

■ 개봉 약 일주일 전인 7월 25일 요미우리신문 광고에서는 "'나우시카'를 능가하는 사랑과 감동에 시사회장은 절찬의 태풍!"이라며 시사회 등에서 영화를 본 사람들의 반응을 카피에 넣었다.

■ 미야자키 하야오 이미지 보드.

■ 프랑스판 포스터.

■ 한국판 포스터.

■ 이탈리아판 포스터.

■ 독일판 포스터.

■ 이탈리아판의 다른 그림 포스터.

■ 노르웨이판 포스터.

■ 개봉 5일 전인 7월 28 일의 아사히신문 광고는 3차 포스터의 비주얼을 사용해 구성했다.

■ 개봉 전날인 8월 1일에 아사히신문에 실린 광고는 "무대 인사와 증정품!"이라 는 공지와 함께, 도내 각 영 화관 초회 상영이 아침 8 시 40분이라는 사실도 명 기했다.

제작 비화

《천공의 성 라퓨타》기획 당시 의 가제는 '소년 파즈, 비행석 의 수수께끼'였다. '파즈'는 미 야자키 감독이 학생 시절에 생 각했던 선원의 이름이며, 히로 인인 '시타'는 수학에서 배운 '세 타' 기호에서 착안한 것이다.

■ 개봉 약 일주일 후인 8월 8일, 요 미우리신문에 실린 광고에서는 메인 카피를 사용하지 않고 새로운 카피 를 넣었다.

숲에 사는
신비한 생물과
아이들의
교류를 그린
판타지

이웃집 토토로

1988년

미야자키 하야오 감독의 극장 애니메이션 작품이다. 풍요로운 자연이 펼쳐진 도쿄 교외로 이사한 사츠키와 메이 자매가 어른에게는 보이지 않는 숲속의 생물 토토로를 만나 신비한 체험을 하는 이야기다. 캐릭터와 설정은 미야자키 감독이 TV 애니메이션 일을 하던 무렵 개인적으로 틈틈이 그렸던 스케치가 바탕이 되었다. 시대 배경은 1950년대 말, 아직 TV가 가정에 보급되기 이전의 일본을 무대로 한다. 그 노스텔지어한 작품 세계를 뒷받침하는 것이 바로 여름의 전원 풍경을 중심으로 한 아름다운 배경 그림이다. 특히 사츠키가 메이를 찾아 돌아다니는 장면은 하늘과 구름의 색조 변화로 시간 경과를 드러내어, 애니메이션 미술이 지닌 표현력을 마음껏 뽐냈다. 미술 감독을 맡은 것은 지브리에 처음 참가

한 오가 가즈오로, 이후 지브리 작품에서 빼놓을 수 없는 스태프 중 한 사람이 되었다.

이 영화는 다카하타 이사오 감독의 《반딧불이의 묘》와 연속 상영으로 개봉되었고, 마이니치 영화 콩쿠르 일본 영화 대상·오후지노부로상을 비롯하여 수많은 영화상을 수상하며 높은 평가를 받았다. 베테랑 배우 기타바야시 다니에가 목소리를 연기한 할머니 등, 매력적인 등장인물과 생물 캐릭터는 지금도 변함없이 인기를 끌고 있다. 토토로는 스튜디오 지브리의 상징이 되었으며, 검댕이는 《센과 치히로의 행방불명》(2001년)에 재등장한다. 또 주제가 〈산책〉과 〈이웃집 토토로〉는 유치원과 초등학교 등에서 불리며, 지금까지도 아이들의 애창곡으로 사랑받고 있다.

개봉일 : 1988 년 4 월 16 일
상영 시간 : 약 86 분
© 1988 Studio Ghibli

원작·각본·감독	미야자키 하야오
프 로 듀 서	하 라 도 오루
음 악	히 사 이 시 조
작 화	사토 요시하루
미 술	오 가 가 즈오
색 채	야 스 다 미치요
노 래	〈 산 책 〉 〈이웃집 토토로〉 (노래: 이노우에 아즈미)
제 작	스튜디오 지브리
제 작 투 자	도 쿠 마 쇼 텐
사 츠 키	히 다 카 노리코
메 이	사 카 모 토 지 카
아 빠	이 토 이 시게사토
엄 마	시 마 모 토 스 미
토 토 로	다 카 키 히 토 시

스토리

이야기의 무대는 1950년대 도쿄 교외. 5월의 어느 맑은 날, 사츠키와 메이 자매가 아빠와 함께 낡은 단층 주택으로 이사를 한다. 입원 중인 엄마를 공기가 깨끗한 곳에서 맞이하기 위해서다. 이사하자마자 검댕이를 목격한 두 사람은 "여긴 귀신의 집인가?"라며 두근거린다.

사츠키는 학교에 가고 아빠는 일을 하고 있던 어느 날, 마당에서 혼자 놀던 메이는 신기한 생물과 마주친다. 그건 오래전부터 일본에 살고 있던 '토토로'였다. 이윽고 토토로는 사츠키의 앞에도 모습을 나타낸다. 고양이 버스도 등장하며 사츠키와 메이, 그리고 토토로들의

즐거운 교류가 시작된다.

사츠키

밝고 쾌활한 초등학교 6학년. 병으로 입원 중인 엄마를 대신해서 집안일을 하고 어린 동생을 보살피는 야무진 아이. 엄마에게 편지를 써서 집안의 상황을 알린다.

메이

사츠키의 여동생. 발랄한 네 살. 분별 있는 언니와 달리 남의 말을 듣지 않는 고집스러운 면이 있다. 호기심이 왕성하고 재미있는 것을 발견하면 푹 빠져 버린다.

아빠(쿠사카베 타츠오)

고고학자. 비상근 강사로 도쿄의 대학에 강의를 나간다. 사츠키와 메이는 "귀신의 집에 사는 게 꿈이었다"는 아빠를 무척 좋아한다.

엄마(쿠사카베 야스코)

병으로 입원 중. 한시라도 빨리 가족의 곁으로 돌아가고 싶어서 요양하고 있다. 똑똑한 여성으로, 사츠키와 메이에게는 옆에 있기만 해도 안심할 수 있는 존재다.

할머니

칸타의 할머니로, 쿠사카베 가족이 이사 온 집의 관리를 책임지고 있다. 엄마가 집에 없는 사츠키와 메이를 종종 돌봐 준다.

칸타

쿠사카베가 옆에 있는 농가의 아이. 사츠키와 같은 반 친구이며, 사츠키가 이사 왔을 때부터 신경을 쓰지만 솔직하게 대하지 못한다.

검댕이

밤송이 같은 모양의 검은 생물체. 어두운 곳을 좋아하며, 아무도 없는 빈집에 눌러앉아 집안을 검댕과 먼지투성이로 만들어 버린다.

고양이 버스

토토로들이 타는 버스의 고양이. 인간에게는 보이지 않지만, 고양이 버스가 옆을 지나가면 회오리바람이 분 것처럼 느껴진다. 열두 개의 다리로 하늘 위도, 물 위도 달릴 수 있다.

토토로

인간보다 더 예전부터 일본에 살고 있는 신비한 생물. 도토리 등의 나무 열매를 먹으며, 숲에서 평화롭게 살아가고 있다. 토토로는 메이가 붙인 이름이다.

칸타 —할머니→ 할머니 토토로 고양이 버스

반 친구 | 보살핀다 | 구해준다 | 구해준다

사츠키 ←자매→ 메이

부모/자식

아빠 엄마

발견한다

검댕이

■ 아빠, 사츠키, 메이는 자전거 한 대를 함께 타고 입원한 엄마를 만나러 간다.

■ 혼자 마당에서 놀던 메이는 신비한 생물을 발견하고 쫓아간다. 도착한 곳에는……

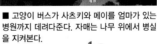

■ 고양이 버스가 사츠키와 메이를 엄마가 있는 병원까지 데려다준다. 자매는 나무 위에서 병실을 지켜본다.

■ 사츠키와 메이는 토토로와 함께 하늘을 날거나 나무 위에서 피리를 불며 즐거운 시간을 보낸다.

토토로란 이름은 '도코로자와의 이웃집 괴물'을 줄인 말. 캐릭터의 원형이 된 것은 미야자와 겐지의 『도토리와 산고양이』의 한 장면이다. 멍하니 서 있는 산고양이의 발밑에서 도토리가 시끌시끌 떠드는 장면을 보고 떠오른 이미지가 바탕이 되었다.

포스터

《이웃집 토토로》의 포스터는 토토로 그리고 사츠키와 메이의 특징을 합친 소녀로 구성되어 있다. 포스터를 위해 새로 그린 그림도 있다.

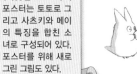

忘れものを、届けにきました。

忘れものを、届けにきました。

となりのトトロ

原作・脚本・監督・宮崎 駿

■ 1차 포스터. 토토로의 포스터 중에서 가장 많이 보이는 것이 극장용으로 새로 그린 이 버전이다.

となりのトトロ

原作・脚本・監督・宮崎 駿

■ 2차 포스터. 토토로와 그 소녀를 메인으로 두고 주위에 장면 컷을 넣었다. 의도적으로 그림을 거꾸로 뒤집은 컷에서 재치가 느껴진다.

徳間書店作品
となりのトトロ
原作・脚本・監督 宮崎 駿
'88年春東宝洋画系公開

■ 예매권 구매자 특전 포스터는 이를 위해 새로 그린 것이다. 팽이를 타고 하늘을 나는 토토로뿐만 아니라, 고양이 버스 안에도 토토로의 모습이 있다.

■ 이탈리아판 포스터.

■ 프랑스판 30주년 기념 리바이벌 상영 포스터.

■ 핀란드판 포스터.

■ 중국판 포스터.

■ 이탈리아판 다른 그림 포스터.

■ 한국판 포스터.

■ 한국판 다른 그림 포스터.

■ 한국판 또 다른 포스터.

제작 비화

미술을 담당한 오가 가즈오는 이 작품의 거의 모든 장면에 세피아색과 크롬그린을 사용했다. 실내 장면에도 이 두 가지 색을 섞어서 실외에서 실내로 장면이 바뀌어도 '같은 세계에 있다'는 통일감을 주었다.

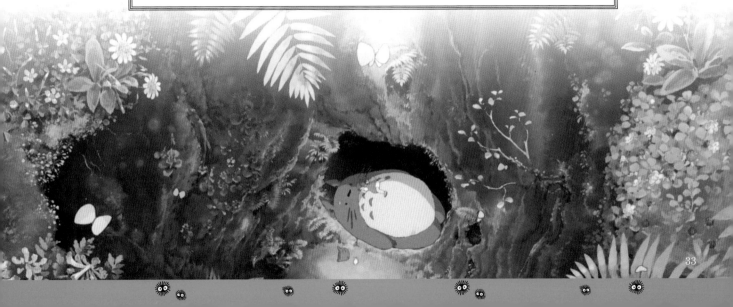

전쟁 속
남매의 비극.
지브리 작품의
평가를 높인
다카하타 이사오
감독의 작품

반딧불이의 묘 1988년

작가 노사카 아키유키가 자신의 체험을 바탕으로 쓴 나오키상 수상작을 처음으로 영상화한 작품이다. 1945년, 태평양 전쟁 말기의 고베를 무대로, 열네 살 오빠 세이타가 네 살 여동생 세츠코와 둘이서 살아가는 이야기다. 다카하타 이사오 감독은 역사를 철저하게 조사하고, 마을을 불태우는 소이탄의 구조를 비롯해 전시의 상황을 최대한 정확하게 재현했다. 또 관객이 자연스럽게 이야기에 몰입할 수 있도록, 당시 다섯 살로 나이가 비슷하던 시라이시 아야노를 세츠코 역의 성우로 기용했다. 그녀의 대사는 애니메이션의 입 모양에 맞추어 목소리를 녹음하지 않고, 목소리를 먼저 녹음한 뒤 입의 움직임을 그렸다. 다른 출연자는 그것을 듣고 연기를 했다. 캐릭터 디자인과 작화 감독을 담당한 곤도 요시후미를 비롯한 작화 스태프도 보육원의 아이들을 취재하여 세츠코의 움직임을 묘사할 때 참고했다.

이렇듯 리얼함을 추구하여 완성된 영화는 전쟁을 체험한 사람은 물론, 그 시대를 모르는 세대에게도 생동감을 안겨 주었다. 첫 부분부터 관객을 이끄는 듯 등장하는 남매의 모습은 영화 속 독자적인 연출이다. 두 사람 앞에 빌딩 숲이 떠오르는 마지막 장면에는, 현재의 평화가 과거의 전쟁 위에 세워진 것이라는 다카하타 감독의 의도가 드러나 있다. 《이웃집 토토로》와 연속 상영으로 개봉했으며, 당시에는 큰 흥행을 기록하지는 않았지만, 일본 국내뿐만 아니라 해외에서도 아동영화상을 수상하며 스튜디오 지브리의 평가를 드높였다.

개봉일 : 1988년 4월 16일
상영 시간 : 약 88분
ⓒ노사카 아키유키 / 신초샤, 1988

원 작	노사카 아키유키
각 본 · 감 독	다카하타 이사오
프 로 듀 서	하라 도오루
음 악	마미야 미치오
캐릭터 디자인 · 작 화 감 독	곤도 요시후미
레 이 아 웃 · 작화 감독 보좌	모모세 요시유키
미 술 감 독	야마모토 니조
색 채 설 계	야스다 미치요
삽 입 곡	〈즐거운 나의 집〉 (Home! Sweet Home!) 〈이웃집 토토로〉 (노래: 아멜리타 갈리쿠르치)
제 작	스튜디오 지브리
제 작 투 자	신초샤
세 이 타	다쓰미 쓰토무
세 츠 코	시라이시 아야노
엄 마	시노하라 요시코
친척 아주머니	야마구치 아케미

스토리

태평양 전쟁 중이던 1945년. 세이타와 세츠코가 사는 고베 거리에 B29의 폭탄이 떨어져 마을은 불바다가 된다. 이 공습으로 엄마를 잃은 두 사람은 친척 아주머니(미망인) 집에 맡겨진다. 전쟁이 오래 이어지면서 먹을 것은 점점 줄어들기만 하고 애물단지 취급을 받게 된 세이타와 세츠코는 엄마가 남긴 저금으로 풍로와 그릇을 사고, 적게나마 식재료를 손에 넣어 조촐하지만 즐거운 식사를 한다. 그 뒤 두 사람은 아주머니의 집을 나와 연못 근처에 있는 산굴 방공호에서 생활하기 시작한다.

밤이 되어 연못 주위를 날아다니는 반딧불이를 잡아 모기장 안에 풀어놓자, 어둠 속에 아름답고 환상적인 빛이 퍼진다. 하지만 그런 소꿉장난 같은 생활은 오래 이어지지 않았고, 두 사람은 점차 한계에 내몰린다.

원작 책 소개

◆ 원작: 노사카 아키유키 『미국 톳·반딧불이의 무덤』 (신초사문고 간행)

노사카 아키유키가 본인의 전쟁 체험을 소재로 그린, 제58회 나오키상을 수상한 단편 소설. 노사카는 본작에 대한 특별한 애착으로 인해 영화화는 불가능하다고 생각했으나, 지브리 작품을 보고 "애니메이션은 참으로 두렵다."라는 코멘트를 남겼다.

세이타
열네 살. 해군 대위인 아버지가 순양함에 출정을 나간 사이 공습으로 엄마를 잃는다. 언젠가 아빠가 돌아올 것이라 믿고 어린 여동생을 열심히 보살핀다.

세츠코
네 살. 오빠와 둘이 산굴 방공호에서 살게 되어 기뻐하지만, 식사를 제대로 할 수 없는 생활로 인해 기력을 잃어 간다.

엄마 (세이타·세츠코의 엄마)
심장이 약해서 공습 때 아이들보다 먼저 방공호로 향했으나 1945년 6월의 고베 대공습으로 목숨을 잃는다.

친척 아주머니
니시노미야에 사는 세이타와 세츠코의 먼 친척 아주머니. 엄마를 잃은 세이타와 세츠코를 맡아 보살피지만, 차츰 사이가 나빠진다.

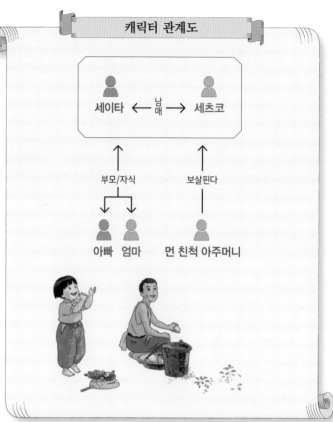

■ 영화 초반, 세이타와 세츠코가 나타나 관객을 이야기 속으로 이끈다.

■ 마을에 공습경보가 울려 퍼지고, 엄마는 더워하는 세츠코에게 방공 두건을 씌운다. 이것이 마지막 만남이 되었다.

■ 친척 아주머니의 집 근처에서 목욕을 하는 세이타와 세츠코. 세이타는 수건으로 장난을 쳐서 세츠코를 웃게 한다.

■ 은행에서 엄마의 예금을 인출해 돌아가는 전차 안에서 세이타는 세츠코에게 돈이 있으니 어떻게든 될 거라고 말한다.

■ 세츠코와 둘이서 산굴 방공호에서 생활하기 시작한 세이타는 세츠코와 함께 반딧불이를 잔뜩 잡아서 모기장 안에 풀어놓는다.

■ 세이타는 세츠코와 반딧불이의 빛 속에 누워서, 예전에 보았던 관함식에 대해 이야기하며 전쟁터로 나간 아빠를 생각한다.

■ 아침이 되자 반딧불이는 죽어 있었다. 돌아가신 엄마를 떠올리며 세츠코는 구멍을 파고 반딧불이의 무덤을 만든다.

■ 혼자가 된 세이타는 세츠코와 둘이서 생활하던 나날을 떠올린다.

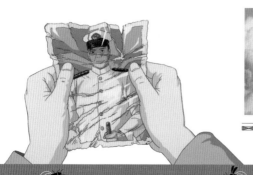

세이타가 엄마와 갔던 요코하마를 회상하는 장면에서, 엄마가 쓴 우산의 그림자에 약간 붉은색이 드리웠다. 이는 색채 설계(작품에 관한 모든 색을 결정한다)를 담당한 야스다 미치요가 다카하타 감독에게서 자료로 건네받은 모네의 화집을 참고하여 만든 색이다.

포스터

포스터에는 이토이 시게사토가 쓴 카피 "네 살과 열네 살 둘이서, 살아가기로 했다."가 사용되었다.

■ 1차 포스터의 비주얼은 가부키 등에서 남녀가 함께 여행을 떠나는 '도행' 장면을 의식해서 그렸다.

■ 2차 포스터는 1차의 비주얼에 반딧불이를 이미지화한 둥근 빛과 소이탄을 이미지화한 불똥의 빛, 장면 컷을 여기저기에 넣어 작품의 내용을 표현했다.

신문 광고

《반딧불이의 묘》의 신문 광고는 동시 상영한 《이웃집 토토로》와 더불어 "잃어버린 물건을 드리러 왔습니다."라는 카피와 함께 게재되었다.

■ 1988년 2월 19일 세이쿄신문에 실린 광고. 일반지보다 한 달 빠른 시기에 게재된 이 광고에는 민주음악협회 감상권 신청 공지가 실려 있다.

■ 2월 24일 세이쿄신문에 실린 《반딧불이의 묘》 광고에는 2차 포스터의 비주얼을 사용하여 작품 내용을 전달했다.

■ 3월 25일 요미우리신문에 실린 광고는 전화 카드가 포함된 한정 예매권 공지에 큰 공간을 할애했다.

36

■ 예매권 구매자 특전 포스터. 위쪽에 어렴풋이 보이는 검은 실루엣은 B29. 하늘을 나는 불똥 같은 오렌지색 빛은 소이탄을 표현한 것이다.

■ 25주년을 기념하여 《이웃집 토토로》와 동시 개봉했을 때의 영국판 포스터.

제작 비화

시대를 확실하게 묘사하기 위해, 다카하타 감독과 제작 스태프는 소이탄의 구조에서부터 B29의 비행 루트, 드롭스 사탕 캔, 축음기, 한큐 산노미야역, 어영공회당에 이르기까지 많은 걸 조사하여 작품의 리얼리티를 높였다. 또 세츠코를 그리기 위해 당시 네 살이던 스태프의 딸을 스케치하기도 했다.

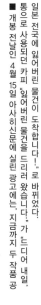

되었다.
■ 4월 8일에 실린 아사히신문 광고에 두 작품 모두 새로운 장면 컷이 추가

통으로 사용되던 카피 "잃어버린 물건을 드리러 왔습니다."가 드디어 내일
■ 개봉 전날인 4월 15일 아사히신문에 실린 광고에는, 지금까지 두 작품 공

일본 전국에 잃어버린 물건이 도착합니다!" 로 바뀌었다.

문의 평이 크게 실렸다.
■ 개봉 후인 4월 28일, 마이니치신문에 실린 광고에는 요미우리신

지브리가 그리는
"마을과 건물"

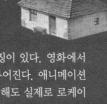

이야기의 무대로 지브리 작품에 등장하는 마을과 건물은 저마다 특징이 있다. 영화에서는 촬영에 적합한 장소를 사전에 찾아가 취재하는 로케이션 헌팅이 이루어진다. 애니메이션의 경우에도 마찬가지인데, 특히 지브리 작품에서는 내용이 판타지라고 해도 실제로 로케이션 헌팅을 해서 설정을 만들거나 배경 미술에 참고하는 경우가 많다. 지브리가 그리는 이야기의 리얼리티는 이렇게 꼼꼼한 밑 작업부터 시작한다.

■ 파즈와 시타가 도망치는 슬래그 계곡.

■ 지금은 사는 이가 없는 폐허로 변한 라퓨타의 정원.

■ 비행섬 라퓨타 전경.

《천공의 성 라퓨타》

라퓨타는 예전 번영했던 기계 문명이 낳은 비행섬이다. 지금은 사는 이가 없는 폐허로 변했으며, 정원을 관리하는 로봇과 멸종한 동물들이 산다. 파즈가 사는 슬래그 계곡은 벼랑을 따라 집과 정련 공장, 철도 등이 있는 광산 마을이다.

《센과 치히로의 행방불명》

센(치히로)이 일하는 아부라 온천과 주변의 마을 풍경은 '에도 도쿄 건물원' 등을 참고해 미야자키 하야오 감독이 고안했다. 아부라 온천은 유바바가 사는 최상층에서부터 보일러실이 있는 최하층까지 수많은 층으로 나뉘어져 있으며, 약탕이 있는 목욕탕과 연회장 등의 설비가 있다.

■ 치히로가 일하게 된 아부라 온천의 내부.

■ 유바바가 전권을 쥐고 있는 아부라 온천의 전경.

■ 여자들과 풀무질을 하는 아시타카.

■ 요새 같은 타타라 마을의 전경.

■ 마법사 거미의 성

■ 아렌이 테루와 만난 항구 마을 호트 타운.

《모노노케 히메》

에보시가 다스리는 '타타라 마을'은 주로 사철을 이용하는 제철소다. 서양의 기술이 유입되기 이전에 번영했다. 에보시가 여성과 차별받는 사람들을 보호하기 위해 만든 시설이기도 하다. 이곳에서 철기와 화포를 생산해서 영주의 세력에 대항한다.

《게드 전기: 어스시의 전설》

어둠의 힘에 지배된 마법사 거미는 여러 개의 탑을 지닌 거대한 성에 살고 있다. 밤에는 불길해 보이지만, 햇빛을 받으면 아름답다. 아렌이 테루와 만난 항구 마을 호트 타운은 클로드 로랭의 회화를 참고로 디자인했다.

《바람계곡의 나우시카》

바람계곡은 산성 바다에서 불어오는 바람을 풍차의 동력으로 삼는 농업 국가다. 사람들은 독과 곤충들의 침입을 막아내며 자연과 더불어 살아간다. 한편 '불의 7일간'의 유적에서 물자와 기술을 가져와 이용하는 군사 국가 토르메키아나 페지테 같은 공방 도시도 있다.

■ 키키가 살기로 결심한 코리코 마을. 시계탑 부근은 사람도 차도 많다.

■ 묵을 곳을 찾지 못한 키키가 어찌할 바를 모르고 앉아 있는 광장은 마을 사람들의 쉼터다.

■ 키키가 좋아하는 장소 중 하나인 시계탑과 그 주변.

《마녀 배달부 키키》

키키가 마녀 수행을 위해 찾아온 마을 코리코. 스웨덴의 수도 스톡홀름과 발트해의 고틀란드 섬에 있는 비스뷔가 모델이다. 중세 유럽의 분위기가 느껴지는 풍경에는 미야자키 하야오 감독이 다른 기획을 위해 해외에 갔을 때의 경험이 녹아 있다.

■ 마담 지나가 운영하는 호텔 아드리아노 전경.

■ 마담 지나가 혼자만의 시간을 즐기는 호텔의 정원.

■ 마담 지나와 포르코가 옛이야기를 나누는 호텔의 레스토랑. 벽에는 옛 사진이 걸려 있다.

《붉은 돼지》

마담 지나가 경영하는 호텔 아드리아노는 지중해의 한구석, 아드리아해에 떠 있는 수상 호텔이다. 술집과 레스토랑 외에도 배와 수상 비행기를 계류하는 부두와 항공 등대를 갖추고 있다. 지명 수배된 맘마유토단과 공중 해적들의 아지트이기도 하다.

■ 이야기의 주요 무대인 고치 시내의 거리.

■ 고치를 대표하는 관광지 '고치성'. 동창회 후 오랜만에 만난 주인공들이 성을 올려다본다.

《바다가 들린다》

주요 무대인 고치시의 시내와 고치성 등은 로케이션 헌팅을 한 실제 풍경을 바탕으로 그려졌다. 특히 리카코가 전학을 온 타쿠의 학교는 해당 지역 고등학교를 충실하게 재현했다. 사투리 대사와 함께 미술의 배경이 지역색을 보여준다.

《귀를 기울이면》

시즈쿠가 사는 무카이하라 주변은 도쿄 서부의 사철 연선이 모델이다. 돈대에 있는 지구옥을 중심으로 이탈리아 산악 도시와 같은 높이차를 의식한 설정이다. 시즈쿠가 만든 이야기 속에 등장하는 이노우에 나오히사의 이세계 그림과 더불어, 어딘지 모르게 이국적인 정취를 느끼게 하는 풍경이다.

■ 세이지의 할아버지가 경영하는 가게, 지구옥. 이 가게에서 시즈쿠는 바론과 만난다.

■ 시즈쿠가 쓴 《바론이 준 이야기》의 무대가 된 이바라드의 풍경.

■ 시즈쿠가 학교를 마치고 도서관에 갈 때 지나는 언덕으로, 스기노미야가 한눈에 내려다보인다.

■ 주인공들이 다니는 고등학교의 정면 입구.

■ 어긋났던 후지미 고원 요양소. 미쓰비시 내연기에 취직한 지로가

《바람이 분다》

지로가 취직한 곳은 아이치현 나고야시에 있는 미쓰비시 내연기였다. 나고야역 주변과 뱅크런이 일어난 은행 등, 자료를 바탕으로 당시의 풍경이 재현되었다. 지로의 아내 나호코가 들어간 고원의 요양소도 실존했던 시설이다.

■ 도착한 나고야역 앞 미쓰비시 내연기에 취직한 지로가

《고양이의 보은》

하루가 상담하러 찾아간 고양이 사무소는 십자로와 통하는 다른 차원의 광장에 있다. 처음에는 원래 인간의 크기였던 하루는 어느새 바론 일행과 같은 크기가 되고 만다. 하루가 끌려간 고양이 왕국의 성은 주위가 미로로 둘러싸여 있으며, 성벽은 고양이가 좋아하는 생선을 모티브로 디자인되었다.

■ 십자로와 연결된 다른 차원의 광장에 있는 고양이 사무소 앞.

■ 하루가 끌려간 고양이 왕국. 이곳이 고양이 대왕의 성이다.

《코쿠리코 언덕에서》

우미와 슌이 다니는 고난 학원에는 문화부 부실동으로 사용되는 낡은 건물, 통칭 카르티에라탱(파리에 있는 학생 거리의 호칭이 유래)이 있다. 각 부실에 모아 두었던 비품과 자료가 지층처럼 쌓여 어수선한 내부는 그야말로 미로 같다. 나중에 대청소로 싹 바뀐다.

수습 마녀
키키가
어엿한 마녀가
되기 위해
노력하는
지브리 최초
대히트작

마녀 배달부 키키 1989년

수많은 아동 문학상을 수상한 동화 작가 가도노 에이코의 원작을 바탕으로 한 극장 애니메이션이다. 지브리 작품으로서는 최초로 외부 회사에서 들어온 기획으로, 규모도 작았다. 그래서 미야자키 하야오가 프로듀서와 각본만 담당하고, 감독은 신인에게 맡길 예정이었다. 하지만 각본 단계에서 여러 이미지가 떠올랐던 미야자키 하야오가 결국 직접 감독까지 맡게 되었다. 미야자키 감독은 원래 키키가 노부인으로부터 선물을 받고 눈물을 머금는 장면에서 이야기를 끝낼 예정이었지만, 스즈키 도시오 프로듀서 보좌가 클라이맥스가 될 만한 장면이 있어야 한다고 제안하여 비행선 사고에서 톰보를 구하는 장면을 덧붙였다. 히로인 키키를 둘러싼 이야기 역시 지방에서 도시로 상경한 보통 여자아이가 경험하는 일상을 그리는 형태가 되었다. 이야기 속에 등장하는 마법, 즉 빗자루를 타고 하늘을 나는 키키의 능력은 그녀가 지닌 재능 가운데 하나이다. 이는 키키가 만난 화가 우르슬라가 지닌 그림을 그리는 재능과 마찬가지다. 키키가 우르슬라를 만나면서 자기 자신을 돌아보게 되는 전개는 미야자키 하야오가 각본을 쓴《귀를 기울이면》(1995년)과도 같다.

여행을 떠나기로 결심하는 초반부터 전체적으로 열세 살 수습 마녀 키키의 심정이 섬세하게 그려졌다. SF나 모험물에 머물지 않는, 미야자키 하야오의 애니메이션 감독으로서의 새로운 모습을 볼 수 있다. 개봉 당시 야마토 운수와의 제휴 및 TV 방송국 등의 협력으로 대규모 홍보가 이루어져, 애니메이션으로는 전에 없던 관객 동원 수인 264만 명을 기록했다.

개봉일 : 1989 년 7 월 29 일
상영 시간 : 약 102 분
© 1989 가도노 에이코 · Studio Ghibli · N

원작 ······· 가도노 에이코
프로듀서 · 각본 · 감독 ······· 미야자키 하야오
프로듀서 보좌 ······· 스즈키 도시오
음악 ······· 히사이시 조
음악 연출 ······· 다카하타 이사오
캐릭터 디자인 ······· 곤도 가쓰야
작화 ······· 오쓰카 신지
곤도 가쓰야
곤도 요시후미
미술 ······· 오노 히로시
색채 설계 ······· 야스다 미치요
삽입곡 ······· 〈루즈의 전언〉
〈따스함에 감싸인다면〉
(노래: 아라이 유미)
제작 ······· 스튜디오 지브리
제작 투자 ······· 도쿠마쇼
야마토 운수
니혼TV 방송망

키키/우르슬라 ······· 다카야마 미나미
지지 ······· 사쿠마 레이
코키리 ······· 노부사와 미에코
오소노 아주머니 ······· 도다 게이코
톰보 ······· 야마구치 갓페이
바사 ······· 세키 히로코
오키노 ······· 미우라 고이치
노부인 ······· 가토 하루코

스토리

키키는 이제 막 열세 살이 된 꼬마 마녀. 마녀는 열세 살이 되면 수행을 떠나야만 한다. 고향을 떠나 모르는 마을에서 1년간 생활하는 수행이다. 멋진 보름달이 뜬 밤, 키키는 검은 고양이 지지를 데리고 여행을 떠난다. 다음 날 아침, 키키가 찾아간 곳은 코리코라는 활기찬 바닷가 마을이었다.

빵집 빈방에서 살게 된 키키는 가게를 도우면서 자신이 사용할 수 있는 단 하나의 마법, 빗자루를 타고 하늘을 나는 힘을 이용해 '배달부' 일을 시작한다. 하지만 배달할 물건을 떨어뜨리기도 하고, 고생해서 배달했지만 받은 사람이 기뻐하지 않는 일도 벌어진다.

키키는 여러 가지 경험을 하면서, 사람들과의 만남 속에서 차츰 성장해 나간다.

원작 책 소개

◆ **원작: 가도노 에이코 『마녀 배달부 키키』 (후쿠인칸쇼텐 간행) 전6권＋특별편 2권**

2018년에 국제 안데르센상을 수상한 동화작가 가도노 에이코의 대표작. 지브리 작품의 뒷이야기에 해당하는 시리즈 제2권 이후에서는 일과 사랑, 새로운 만남과 이별을 통해 성인 여성으로 성장해 나가는 키키의 모습이 그려진다.

키키
열세 살 마녀. 하지만 사용할 수 있는 마법은 하늘을 나는 것뿐이다. 어엿한 마녀가 되기 위해 코리코 마을에서 수행을 시작한다. 마녀의 검은색 옷에 다소 불만이 있다.

지지
키키와 같은 시기에 태어나 함께 자란 수컷 검은 고양이. 키키와 이야기를 나눌 수 있으며, 함께 여행을 떠나는 파트너. 약간 빈정대는 성격이다.

톰보
코리코 마을에 사는 열세 살 소년. 하늘을 나는 것을 동경해서, 빗자루를 타고 날아다니는 키키에게 흥미를 느끼고 친구가 된다.

코키리
키키의 엄마, 37세. 하늘을 나는 것 말고도 마을 사람들을 위해 약을 만들어 주는 진짜 마녀다.

오키노
키키의 아빠, 40세. 마녀와 요정을 연구하는 민속학자로, 마녀인 코키리와 결혼했다. 자식 사랑이 끔찍하다.

오소노 아주머니
코리코 마을의 '구초키 빵집'을 운영하는 아주머니. 26세이며 임신 중. 남을 잘 보살피는 성격이며, 키키가 마음에 들어서 빈방을 내어준다.

빵집 주인
오소노 아주머니의 남편, 30세. 과묵한 빵 장인으로, 매일 아침 일찍부터 빵을 굽는다.

우르슬라
열여덟 살 화가. 숲속의 오두막에서 그림을 그리며 살고 있다. 꾸밈없는 성격으로 키키의 의논 상대가 되어 준다.

노부인
파란 지붕 저택에 사는 다정하고 품위 있는 노부인. 키키에게 배달을 부탁하면서 친해진다.

바사
오랫동안 노부인을 모시고 있는 도우미.

오키노·코키리　톰보　　노부인 ← 모신다 ─ 바사

부모/자식　흥미를 가진다　염려한다

키키 ← 파트너 → 지지

응원한다　협력한다

└ 오소노 아주머니 ← 부부 → 빵집 주인

우르슬라

■ 열세 살이 된 마녀 키키는 고향을 떠나 1년간 수행을 하게 되는데…….

■ 바닷가 마을 코리코에서 같은 나이의 톰보를 만난다. 둘이 함께 자전거를 타고 외출한다.

■ 배달부 일을 시작한 키키는 배달 중에 태풍을 만난다.

■ 마을에 정박해 있던 비행선이 돌풍에 휩쓸리면서 위기에 처한 톰보! 키키는 톰보를 구하러 가는데…….

우르슬라가 그리는 그림에는 바탕이 된 작품이 있다. 하치노헤시립 미나토중학교 양호학급의 학생들이 공동으로 제작한 판화 〈무지개 위를 나는 배〉다. 이 판화에는 키키를 모델로 삼았다는 소녀는 그려져 있지 않다.

■ 이 마을이 좋아요." 로 바뀌었다.
2차 포스터 카피인 "우울할 때도 있지만, 저는 잘 지내요."가 "우울할 때도 있지만, 저는

■ 빵집을 지키는 키키를 그린 1차 포스터. 영화의 한 장면을 이미지화한 것으로, 유리창의 반사를 이용해 깊이감과 입체감을 표현했다.

포스터

《마녀 배달부 키키》의 포스터는 히로인 키키를 그린 두 가지 버전이 만들어졌다.

■ 개봉 약 3개월 전, 예매권 발매 전날인 1989년 4월 28일 요미우리신문에 1차 광고가 실렸다.

신문 광고

포스터 그림을 사용했으며, 작품 타이틀을 크게 해서 눈에 띄게 만들었다.

■ 요미우리신문에 실린 6월 22일 광고에서는 2차 포스터가 메인 비주얼로 사용되었고, 그림에 맞춘 광고 카피가 들어갔다.

■ 6월 29일 아사히신문에는 시사회 초대 및 관련 책, 음악집의 발매 예고 등이 들어간 제휴 광고가 실렸다. 사운드트랙은 CD 이외에 카세트테이프, 아날로그 LP 레코드로도 발매되었다.

■ 한국판 포스터.

■ 이탈리아판 포스터.

■ 프랑스판 포스터.

■ 핀란드판 포스터.

■ 노르웨이판 포스터.

제작 비화

이 작품에 등장하는 여성 캐릭터는 '각 세대를 대표하는 여성'이 그려진 것이며, 모두 성장한 키키의 모습을 표현하는 것처럼 보인다. 키키와 우르슬라의 목소리를 다카야마 미나미가 연기한 이유도 여기에 있다. 키키는 우르슬라, 오소노 아주머니, 그리고 엄마인 코키리가 되며, 마지막에는 노부인으로 나이를 먹어갈 것이다.

■ 개봉 약 1개월 전부터 메인 비주얼을 1차 포스터로 되돌려 작품 이미지를 정착시키는 방침을 취했다. 7월 21일 요미우리 신문에는 그것을 반영한 내용이 실렸다.

■ 8월 18일 요미우리신문에 실린 3차 광고의 비주얼은 영화의 한 장면에서 키키와 지지를 잘라낸 것이다. 아라이 유미의 삽입곡 〈따스함에 감싸인다면〉에서 따온 '따스함'이라는 키워드가 사용되었다.

■ 상영과 관객 동원 수를 넣어 대히트를 강조했다. 9월 1일 아사히신문 등 후기 광고에서는 장기 흥행

■ 개봉 1주일 전, 7월 22일 도쿄타임즈에는 가로로 긴 공간을 이용해서 메인 캐릭터의 스크랩과 줄거리 소개를 조합한 광고가 실렸다.

두 개의
서로 다른
애니메이션
표현을 조합하여
그려낸,
자기 자신을
찾아가는 이야기

추억은 방울방울   1991년

작가의 실제 체험을 바탕으로 1966년 초등학교 5학년 무렵의 추억을 그린 순정 만화(원작 오카모토 호타루, 그림 도네 유코)를 다카하타 이사오 감독이 오리지널 요소를 첨가하여 애니메이션화한 작품. 회사원으로 일하는 27세의 히로인이 농업 체험을 하기 위해 야마가타의 친척 농가를 찾아가 어릴 적 에피소드를 떠올리는 한편, 그 지역의 청년과 만나 자신의 삶을 되돌아본다. 성인 여성을 주인공으로 한 이야기로, 쇼와*에서 헤이세이*로 접어들면서 변화해 온 가족의 형태, 여성의 삶과 연애·결혼관, 농촌의 후계자 문제 등 사회 상황도 반영되어 있다. 현재(1982년)를 그린 '야마가타 편'은 광대뼈와 웃는 얼굴의 주름까지 그려 넣은 사실적인 캐릭터와 로케이션 헌팅에 기반한 치밀한 배경이 특징적이

며, 소녀 시절(1966년)의 '추억 편'에서는 만화 특유의 여백을 살린 원작 그대로의 그림으로 구성하였는데, 이렇게 결이 다른 애니메이션 표현을 조합한 점도 이 작품의 큰 특징이다.

추억 편에서는 노스텔지어 한 시대 분위기를 표현하기 위해 인형극 〈횻코리효탄 섬〉과 〈NHK 노래자랑〉과 같은 당시의 TV 프로그램 자료를 모아 애니메이션의 형태로 충실하게 재현했다. 또 캐릭터의 모델로 이마이 미키, 야나기바 도시로와 같은 트렌디 드라마에서 활약하던 인기 배우의 이름이 거론되면서 그들이 목소리 연기를 담당하게 되었다. 녹음은 다카하타 작품에서 늘 하던 사전 녹음이었는데, 그때 두 사람의 표정과 연기를 촬영한 비디오를 작화에 참고했다.

스토리

1982년 여름. 27세 오카지마 타에코는 도쿄에 있는 회사에서 일하면서도 늘 스스로의 삶에 의문점이 있었다. 그런 가운데 타에코는 휴가를 얻어 형부의 본가가 있는 야마가타로 향한다. 도쿄에서 태어나고 도쿄에서 자라서 어릴 적부터 시골을 동경하던 타에코에게, 언니의 결혼으로 그제야 시골이 생긴 것이다.

야마가타로 가는 여행에서, 타에코의 머릿속에는 이

상하게도 초등학교 5학년 무렵이 끊임없이 떠오른다. 처음 먹었던 파인애플, 아빠에게 혼났던 일, 아련한 첫사랑……. 타에코가 야마가타역에 도착하니, 토시오가 마중을 나와 있다. 타에코는 홍화 따기와 벼 베기 등을 돕고 시골 생활을 즐기면서, 야마가타의 자연과 그곳에서 살아가는 사람들을 접하며 진정한 자기 자신을 발견하고자 한다.

개봉일 : 1991년 7월 20일
상영 시간 : 약 119분

ⓒ 1991 오카모토 호타루 · 도네 유코 · Studio Ghibli · NH

원 작 ……	오카모토 호타루 도 네 유 코
각 본 · 감 독 ……	다카하타 이사오
제작 프로듀서 ……	미야자키 하야오
프 로 듀 서 ……	스즈키 도시오
음 악 ……	호 시 가 쓰
캐릭터 디자인 ……	곤 도 요시후미
장면 설계·그림 콘티 ……	모모세 요시유키
작 화 감 독 ……	곤 도 요시후미 곤 도 가 쓰 야 사 토 요시하루
미 술 감 독 ……	오 가 가 즈 오
캐릭터 색채 설계 ……	야 스 다 미치요
주 제 가 ……	〈 사 랑 은 꽃 , 그대는 그 씨앗〉 ('THE ROSE'에서) (노래: 미야코 하루미)
제 작 ……	스튜디오 지브리
제 작 투 자 ……	도 쿠 마 쇼 텐 니혼TV 방송망 하 쿠 호 도
타 에 코 ……	이 마 이 미 키
토 시 오 ……	야나기바 도시로
타에코(초5) ……	혼 나 요 코
엄 마 ……	데 라 다 미치에
아 빠 ……	이 토 마사히로
할 머 니 ……	기 타 가 와 지에
나 나 코 ……	야마시타 요리에
야 에 코 ……	미 노 와 유 키

원작
책 소개

● 원작: 오카모토 호타루 글·도네 유코 그림 『추억은 방울방울』(센린도 간행)

『주간 묘조』 1987년 3월 19일호~1987년 9월 10일호에 연재된 만화. 영화 오리지널인 27세 타에코는 등장하지 않으며, 타에코의 초등학교 5학년 당시의 추억 에피소드가 그려진다.

※쇼와 : 1926년~1989년을 가리키는 일본의 연호.
※헤이세이 : 1989년~2019년을 가리키는 일본의 연호.

오카지마 타에코
도내 일류 기업에서 근무하는 회사원. 27세, 독신. 작년에 이어 형부 미츠오의 본가가 있는 야마가타의 농가로 휴가를 떠난다.

토시오
타에코가 야마가타에서 만난 25세 농업 청년. 미츠오의 육촌. 회사 생활을 그만두고 유기 농업의 길로 접어든 지 얼마 되지 않아 의욕이 넘친다.

초등학교 5학년 타에코
가이신 제3초등학교 5학년, 만 10세. 세 자매 중 막내로, 약간 제멋대로인 면이 있다. 작문이 특기이며 산수를 잘 못한다.

엄마
42세의 전업주부. 남편을 도와 오카지마 집안을 꾸려나가고 있다.

아빠
샐러리맨, 43세. 약간 완고한 성격이지만 타에코에게는 무르다.

할머니
늘 조용하지만 가끔 예리한 한 마디로 가족들을 깜짝 놀라게 한다.

나나코
오카지마가의 장녀, 만 18세. 미대 1학년으로 비틀즈의 팬이다. 훗날 야마가타 출신의 미츠오와 결혼한다.

야에코
오카지마가의 차녀, 만 16세. 고등학교 2학년의 수재로, 다카라즈카의 팬. 타에코와 자주 부딪친다.

나오코
중학교 1학년, 만 13세. 나나코의 남편인 미츠오의 형(본가의 주인)의 딸. 타에코를 잘 따른다

나오코의 할머니
나오코의 할머니. 타에코를 토시오의 아내로 삼고 싶어 한다.

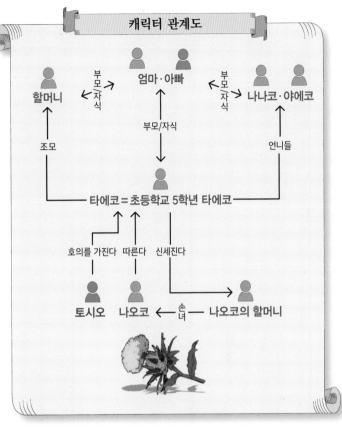

■ 27세인 타에코는 형부의 본가가 있는 야마가타로 향하는 도중, 초등학교 5학년 시절을 떠올린다.

■ 타에코는 야마가타에서 형부의 육촌 토시오와 친해진다.

■ 나오코의 할머니가 타에코에게 토시오의 아내가 되지 않겠냐고 묻지만, 대답하지 않은 채 도쿄로 돌아가는 전차를 탄 타에코.

■ 초등학교 5학년인 자기 자신에게 응원을 받는 기분으로, 타에코는 다시 한번 야마가타로 돌아가기로 한다.

다카하타 감독은 영화에 그림이 될 만한 작물과 유기 농업을 엮어서 등장시킬 생각이었다. 홍화에 흥미를 갖고 자료를 독파하여 스태프에게 요네자와시에 사는 홍화 권위자 스즈키 다카오 씨를 취재하도록 했다. 1990년 7월에는 홍화 시즌에 맞추어 작화·미술 스태프와 다카하타 감독이 다 함께 꽃 따기 등을 체험했다.

■ 2차 포스터. 여행을 떠나는 타에코를 이미지화해 그렸다.

■ 1차 포스터. 어른 타에코와 아이 타에코가 손을 잡고 있다.

■ 북미판 포스터.

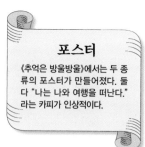

포스터

《추억은 방울방울》에서는 두 종류의 포스터가 만들어졌다. 둘 다 "나는 나와 여행을 떠난다." 라는 카피가 인상적이다.

제작 비화

이 작품에서는 '이 장면에는 이 곡을 쓰고 싶다'는 다카하타 감독의 강한 의향에 힘입어 꽤 많은 악곡이 원곡 그대로 사용되었다. '추억 편'에서 흘러나오는 〈도쿄 블루스〉 등 당시의 유행가부터, '야마가타 편'에서 흘러나오는 불가리아 국립 여성합창단의 악곡 등에 이르기까지 다양하다.

■ 6월 14일 아사히신문의 5단 1/2 광고에서는 메인 비주얼 주위에 소녀 시절의 타에코가 등장하는 장면이 들어가 있다.

■ 개봉 약 2주 전, 7월 5일 아사히신문 광고에는 개봉 기념 증정품에 대한 공지가 들어가 있다.

■ 1991년 4월 25일 요미우리신문에 실린 1차 광고(5단 1/2)는 개봉 약 3개월 전, 예매권 발매 전전날의 광고이다.

시사회 반응을을 카피로 사용했다.

7월 12일 아사히신문에 실린 광고에서는

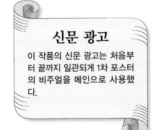

■ 개봉 전날인 7월 19일 아사히신문의 광고부터는 야마다 다이치·웃찬난찬 등 유명인의 코멘트가 들어가게 되었다.

■ 개봉 전날인 7월 19일 도쿄신문의 5단 통 광고(컬러)에는 "올여름, 최고의 인기입니다."라는 기대감을 높이는 카피를 실었다.

■ 8월 2일 요미우리신문 광고부터는 비주얼을 심플하게 통일했다.

■ 8월 9일 아사히신문 광고에서는 관객 동원 수를 넣어 히트작임을 강조했다.

붉은 돼지

1992년

이 작품은 일본항공의 기내 상영용 단편 영화로 기획했었다. 《바람계곡의 나우시카》 이후로 연달아 장편 극장 애니메이션을 만든 미야자키 하야오는 스태프들 기분 전환도 고려하여 부담 없는 작품을 만들어야겠다고 생각했다. 그래서 비행기를 좋아하는 자신의 취향을 살린 액션 영화를 구상한 것이다. 모형 잡지에 발표한 자작 만화『비행정 시대』를 원안으로 스토리를 짜다 보니 구상이 떠올라 극장 개봉 작품이 되었다. 무대는 제1차 세계 대전 후, 대공황의 폭풍이 불어오던 1920년대 말의 아드리아해다. 주인공 포르코는 아드리아해를 어지럽히는 공적들을 뒤쫓는 현상금 사냥꾼이다. 라이벌인 커티스를 포함해 공적 연합과 싸우는 포르코의 모습에서는 미야자키 감독이 이상적으로 여기는 남자다움과

히어로의 모습이 느껴진다. 포르코는 왜 돼지의 모습을 하고 있는 것일까? 그 비밀을 아는 것은 옛 친구인 마담 지나뿐이다. 두 사람의 관계는 외국 영화처럼 세련된 분위기인데, 소년 소녀를 주인공으로 한 작품이 많은 미야자키 감독치고는 다소 어른스러운 영화인 셈이다.

남자 냄새가 물씬 풍기는 액션 중심의 영화이지만, 작중에는 우수한 정비공 피오, 피콜로 영감의 공장에서 일하는 친척들 등 여성의 활약도 인상적으로 그려진다. 영화의 메인 스태프도 여성이 중심이었다. 작화 감독인 가가와 메구미, 미술 감독인 히사무라 가쓰는 둘 다 처음 발탁되었으며, 녹음 연출은 《마녀 배달부 키키》, 《추억은 방울방울》에 이어 아사리 나오코가 담당했다.

개봉일 : 1992년 7월 18일
상영 시간 : 약 93분
© 1992 Studio Ghibli · NN

원작·각본·감독 …… 미야자키 하야오
프 로 듀 서 …… 스즈키 도시오
음 악 감 독 …… 히 사 이 시 조
작 화 감 독 …… 가 가 와 메 구 미
　　　　　　　　　가와구치 도시오
미 술 감 독 …… 히사무라 가쓰
색 채 치 프 …… 야 스 다 미 치 요
주 제 가 …… 《체리가 익어갈 무렵》
엔 딩 테 마 …… 《가끔은 옛 이야기를》
　　　　　　　　　(노래: 가토 도키코)
제 작 …… 스튜디오 지브리
제 작 투 자 …… 도 쿠 마 쇼 텐
　　　　　　　　　일 본 항 공
　　　　　　　　　니 혼 T V 방송망
　　　　　　　　　스튜디오 지브리

포르코 롯소 …… 모리야마 슈이치로
마 담 지 나 …… 가 토 도 키 코
피콜로 영감 …… 가 쓰 라 산 시
맘마유토 보스 …… 가미조 쓰네히코
피오 피콜로 …… 오카무라 아케미
미스터 커티스 …… 오 쓰 카 아 키 오

스토리

파시즘의 기운과 제1차 세계 대전 후의 혼란 속에 있던 1920년대 아드리아해. 밥줄이 끊어진 비행기 조종사들이 공적이 되어 비행선을 습격하며 날뛰는 가운데, 공적들을 상대로 현상금을 사냥하는 남자가 있었다. 새빨간 시험작 전투정 '사보이아 S-21'을 조종하는 그를 공적들은 '포르코 롯소', 즉 '붉은 돼지'라고 부르며 두려워했다.

공적들은 포르코에게 대항하기 위해 미국인 파일럿 커티스를 경호원으로 고용한다. 비행정 조종사들이 동경하는 마돈나 마담 지나와 커티스에게 격추당해 너덜너덜해진 사보이아 S-21을 다시 설계한 열일곱 살 소녀 피오를 둘러싸고, 숙명의 라이벌 포르코와 커티스의 결투가 시작된다.

원작
책 소개

◆ 원작: 미야자키 하야오 『포르코 롯소 「붉은 돼지」 원작 비행정 시대』 (다이니혼카이가 간행)

『월간 모델 그래픽스』1990년 3월호~1990년 5월호에 연재된 만화. 풍부한 군사 지식과 망상으로 구축한 '초(超)취미적 세계'가 전개된다.

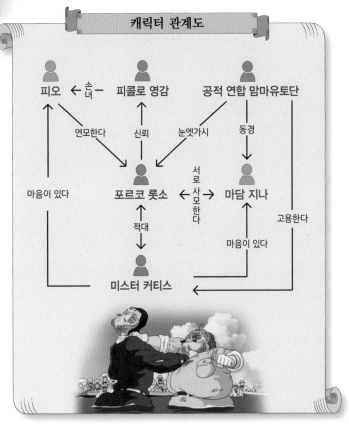

캐릭터 관계도

피오 ← 손녀 — 피콜로 영감　공적 연합 맘마유토단

연모한다　신뢰　눈엣가시　동경

마음이 있다　포르코 롯소　서로 사모한다　마담 지나　고용한다

적대　마음이 있다

미스터 커티스

캐릭터

포르코 롯소
본명 마르코 파곳. 전쟁 중에는 이탈리아 공군의 파일럿으로 활약했으나 전쟁이 끝나자 군을 떠났고, 스스로에게 마법을 걸어 돼지가 되었다.

미스터 커티스
포르코를 이겨서 유명해져 장래에는 미국 대통령이 되고자 하는 야심가. 아끼는 비행기는 짙은 남색의 수상 전투기 '커티스 R3C-0'.

마담 지나
호텔 아드리아노의 여주인. 비행정 조종사들은 그녀의 노래를 들으러 가게를 찾아온다. 젊었을 때 포르코 일행과 '비행클럽'을 결성하여 청춘을 함께 보냈다.

피오
열일곱 살의 비행정 정비사. 피콜로 영감의 손녀로, 나이는 어리지만 정비사로서 뛰어난 솜씨를 지녔다. 그녀의 긍정적이고 밝은 성격과 행동력이 포르코를 바꾸어 나간다.

피콜로 영감
포르코가 애용하는 밀라노의 비행정 수리 공장 피콜로사의 사장. 피오의 할아버지이며, 포르코가 가장 신뢰하는 정비공이다.

맘마유토단
위장 도색을 한 비행정 다보하제를 타고 활약하는 공적. 포르코에게 늘 험한 꼴을 당하다가 공적 연합과 손을 잡게 된다.

공적 연합
아드리아해를 거점으로 활동하는 일곱 개의 공적 단체가 만든 조직. 포르코를 타도하기 위해 미국에서 커티스를 불러들인다.

■ 공적들이 고용한 미국인 파일럿 커티스는 공중전에서 포르코를 격추한다.

■ 격추된 포르코에게서 전화를 받고 안심하는 지나.

■ 아끼는 기체를 수리하기 위해 피콜로사를 찾아간 포르코는 정비사 피오를 만난다.

■ 포르코가 살아 있다는 사실을 알게 된 커티스는 다시 싸움을 건다.

주목 포인트

포르코가 아끼는 비행기에 새로 단 엔진에 'GHIBRI'라는 글자가 있다. 스튜디오 이름과 같다. 정확한 발음은 '기브리'. 스튜디오명을 붙일 때 미야자키 감독이 착각해서 '지브리'가 되었다. 그래서 해외에서는 '스튜디오 기브리'라고 불리기도 한다.

49

포스터

《붉은 돼지》의 포스터는 두 종류가 있으며, 2차는 미야자키 감독이 직접 원안의 러프 스케치를 그렸다.

■ 1차 포스터는 원래 모노톤의 단체 사진 이미지였지만 나중에 그 앞에 포르코가 추가되며 완성되었다.

■ 한국판 포스터.

■ 스웨덴판 포스터.

■ 2차 포스터는 포르코와 지나의 어른스러운 분위기에 더해, 비행정의 활약이 느껴지는 비주얼이다.

제작 비화

지나는 원작에 없지만, 피오가 등장하기 전까지 이야기 초반에 히로인이 없으면 재미가 없다는 이유에서 탄생했다. 최초 설정에서는 공적이 날뛰는 탓에 가게에 손님이 들지 않아, 가게를 접고 모국으로 돌아간다고 되어 있다. 하지만 가게가 공적의 아지트처럼 되면서, 여성은 지나라는 캐릭터로 자리잡았다.

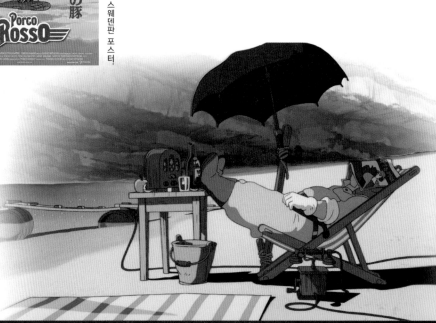

■ 1992년 5월 2일 아사히신문 광고. 신문 광고는 이보다 일주일 정도 전인 4월 24일부터 시작했다.

■ 6월 17일 세이쿄신문의 5단 통 광고에서는 카피 외에 극중의 명대사도 소개했다.

■ 6월 19일 도쿄신문에 실린 2색 광고(15단 통)는 타이틀과 카피, 개봉일을 붉은 글씨로 눈에 띄게 했다.

신문 광고

처음에는 2차 포스터의 비주얼을 사용했고, 개봉 후에는 장면 컷을 사용한 광고도 만들었다.

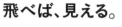

■ 6월 22일 요미우리신문에는 일본항공과의 제휴 광고가 실렸다. 15단 통, 2색으로 한 페이지 전면을 사용한 임팩트 강한 광고다.

■ 7월 8일 호치신문에서는 5단 통, 스프레드로 10단 통의 가로로 긴 광고가 등장했다. 오른쪽 페이지에 타이틀을 크고 대담하게 디자인했다.

■ 7월 16일 일간겐다이의 스프레드 지면 광고는 "올여름, 돼지가 하늘을 날다!"라는 카피와 타이틀을 병렬해 상당히 눈에 띈다.

■ 개봉 전날인 7월 17일에는 위의 아사히신문 외에도 요미우리신문, 마이니치신문, 도쿄신문, 산케이신문, 도쿄타임즈, 석간후지 등 각지에 저마다 다른 비주얼의 광고가 실렸다.

■ 후반에는 위의 9월 18일 아사히신문 광고처럼 지나를 크게 넣어서, 외국 영화나 어른스러운 러브 스토리의 분위기를 느끼게 하는 광고를 만들었다.

■ 부해 위에서 습격을 당한 나우시카는 건습을 발로 조종하며, 버지호에 탄 성지기 5인방 중 골, 무즈, 기쿠리에게 "반드시 모두를 구할 거예요. 절 믿으세요."라고 말한다.

■ 영화 초반, 나우시카는 오무에게 쫓기는 유파를 구하기 위해 메베를 타고 날아간다.

《바람계곡의 나우시카》

바람을 느끼고 다룰 수 있는 나우시카는 엔진이 달린 글라이더와 같은 메베를 애용한다. 무기를 장착한 건습 등과 마찬가지로, 1000년 전에 멸망한 산업 문명의 유물을 재이용한 것이다. 바람을 타기 때문에 나우시카는 연이라고 부른다.

■ 메베는 기동과 가속 시에 엔진을 사용하며, 바람을 타고 비행한다.

지브리가 그리는
"비행"

지브리 작품에는 하늘을 나는 장면이 많이 등장한다. 마법을 사용하거나 SF적인 기계 및 구식 프로펠러 비행기를 조종하는 등 그 방법도 다양하다. 급강하하는 콜벳의 박력, 천천히 비행하면서 지상을 불바다로 만드는 폭격기의 섬뜩함 등, 비행 기계의 묘사가 특히 인상적이다. 하지만 무엇보다 큰 볼거리는 나우시카나 키키가 너른 하늘을 나는 장면의 해방감과 속도감일 것이다. 지브리 작품의 매력을 이야기하는 데 있어서 빼놓을 수 없는 장면이다.

■ 손을 잡고 두 사람을 앞질러 간다. 하늘을 나는 공주와 스테마루.

《가구야 공주 이야기》

달에서 데리러 온다는 사실을 받아들이지 못하고 산으로 돌아온 공주는 소꿉친구 스테마루와 재회한다. 서로의 마음을 확인한 두 사람의 기쁨을 표현하는 듯 날아오르는 장면. 아래에 펼쳐진 풍경은 공주와 스테마루를 맞이해 주지만, 마지막에는 달의 힘으로 두 사람은 헤어진다.

■ 오리 떼를 두 사람의 아래에는 평화로운 마을 풍경이 펼쳐져 있다.

■ 영화 초반, 하울은 추격자에게서 도망치기 위해 소피의 손을 잡고 하늘로 올라가 공중 산책을 한다.

■ 하울은 스승인 설리먼의 요청으로부터 도망치기 위해 소피를 대신 보내지만, 결국 소피와 함께 플라잉 카약을 타고 도망친다.

《하울의 움직이는 성》

황야의 마녀에게 쫓기던 하울은 추격자를 속이기 위해 소피를 데리고 하늘로 올라간다. 이 공중 산책은 하울이 마법사라는 사실을 알 수 있는 인상적인 장면이다. 플라잉 카약과 괴물들이 타는 폭격기 등 군용 비행 기계도 등장한다.

《온 유어 마크》

인류가 지하에서 살아가게 된 세기말 이후의 미래 도시에서, 두 경관이 당국의 시설에 갇혀 있던 날개 달린 소녀를 구출하여 하늘로 돌려보낸다. 두 경관의 손을 벗어나 날개를 펼치고 웃으며 얼굴로 하늘을 나는 소녀의 모습은 미래를 향한 희망을 느끼게 하는 인상적인 장면이다.

《바람이 분다》

《붉은 돼지》와 마찬가지로 미야자키 하야오 감독이 비행기에 대한 동경을 담아 그린 영화로. 실제 인물과 일본의 근대사가 모티프이다. 주인공 호리코시 지로가 어린 시절에 가졌던 비행기에 대한 꿈과, 설계 기술자로서 목표하는 이상적인 비행기는 격동의 시대 속에서 농락당한다.

《마녀 배달부 키키》

빗자루를 타고 하늘을 나는 특기를 살려 배달부 일을 시작한 키키. 하지만 자신감을 잃으면서 마법이 사라지고 빗자루도 부러지고 만다. 친구 톰보를 구하기 위해 청소용 솔을 빌려 달려가는 클라이맥스에는 마법의 부활과 키키의 성장이 그려진다.

《붉은 돼지》

어릴 적부터 비행기를 동경했던 미야자키 하야오 감독은 실제 기체를 모델로 삼아 그린 것과 오리지널 디자인을 합쳐 다수의 수상 비행기와 비행정을 등장시켰다. 주인공 포르코와 라이벌 커티스가 바다 위에서 펼치는 고속 배틀이 볼거리다.

《이웃집 토토로》

팽이를 탄 토토로가 사츠키와 메이를 데리고 밤하늘로 날아오른다. 어린이뿐만 아니라 어른도 반할 듯한 꿈 같은 장면이다. 토토로의 커다란 몸이 가볍게 날아오르는 상쾌함은 그야말로 애니메이션의 즐거움 그 자체이다.

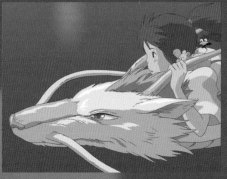

《센과 치히로의 행방불명》

아부라 온천에서 일하는 치히로에게 다정하게 대해주는 소년 하쿠는 사실 코하쿠 강의 신이었다. 하쿠는 치히로의 도움으로 자신의 진짜 이름을 떠올리고, 유바바의 지배에서 해방된다. 하쿠의 정체와 치히로와의 관계가 밝혀지는 것은 둘이 함께 하늘을 날고 있는 이 장면에서다.

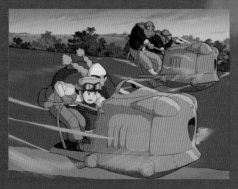

《천공의 성 라퓨타》

파즈와 공중 해적 도라 일가는 날갯짓을 하는 비행기 플랩터로 시타를 구출하러 간다. "40초 안에 준비해."라는 도라의 대사가 유명하다. 공중 해적의 비행선 타이거 모스, 비행 전함 골리앗 등의 기계도 활약하지만, 가장 큰 볼거리는 라퓨타 그 자체다.

《추억은 방울방울》

타에코가 초등학교 5학년일 때의 '남녀 교제' 에피소드에도 하늘을 나는 묘사가 있다. 자신을 좋아한다고 말한 옆 반 히로타와 소소한 대화를 나눈 뒤, 타에코는 기쁜 나머지 하늘로 달려 올라가 거침없이 헤엄친다. 첫사랑의 두근거림을 표현한 인상적인 장면이다.

젊은 스태프가
TV 스페셜로
그려낸,
달콤쌉쓸한
청춘의
한 페이지

바다가 들린다

1993년

방송일 : 1993년 5월 5일
방영 시간 : 약 72분
ⓒ 1993 히무로 사에코 ·Studio Ghibli·N

원   작 ······ 히무로 사에코
각   본 ······ 나카무라 가오리
감   독 ······ 모치즈키 도모미
기   획 ······ 스즈키 도시오
                      오쿠다 세이지
제작 프로듀서 ······ 다카하시 노조무
음   악 ······ 나가타 시게루
캐릭터 디자인 ·
작화 감독 ······ 곤도 가쓰야
미술 감독 ······ 다나카 나오야
색   지정 ······ 후루야 유미
주 제 가 ······ 《바다가 될 수 있다면》
                      (노래: 사카모토 요코)
제   작 ······ 스튜디오 지브리
                      청년 제작 집단
제 작 투 자 ······ 도 쿠 마 쇼 텐
                      니혼TV 방송망
                      스튜디오 지브리

순정 소설 분야의 인기 작가 히무로 사에코의 원작을 바탕으로 한 TV 스페셜용 중편 애니메이션이다. 원래는 지브리의 젊은 스태프를 키울 목적으로 기획했었다. 원작 소설의 연재 당시 일러스트를 담당해 호평을 받았던 곤도 가쓰야가 캐릭터 디자인과 작화 감독을 맡았다. 그 밖에도 미술 감독의 다나카 나오야, 각본의 니와 게이코(필명 나카무라 가오리) 등 훗날 지브리 작품을 뒷받침하는 인재가 참가했다. 지브리 작품으로서는 처음으로 외부 연출가인 모치즈키 도모미가 감독을 맡았다. 모치즈키 감독은 극장판 《메종일각 완결편》 등의 섬세한 연출로 이름을 알렸으며, 이 작품에서도 주인공인 고등학생들의 희로애락을 생생하게 그려냈다. 이야기는 원작과 마찬가지로 시코쿠 고치에 있는 고등학교를 무대로, 도쿄에서 전학을 온 강한 성격의

히로인 무토 리카코와 주인공인 모리사키 타쿠, 그 친구인 마츠노 유타카를 중심으로 전개된다. 원작의 전반에 해당하는 고등학생편을 중심으로, 후반의 대학생편의 일부를 살려 현재 시점에서 고등학교 시절의 에피소드를 회상하는 형식으로 되어 있다. 삼각관계라고 하기에는 아직 미숙한 세 사람의 마음의 향방이 누구나 경험하는 청춘 시절의 추억과 겹치면서 많은 팬들의 마음을 사로잡았다.

주요 무대가 고치라는 점에서, 출연자이기도 한 고치 출신의 성우 시마모토 스미와 와타베 다케시가 사투리 지도를 했다. 주인공들이 나누는 사투리(도사 지역 사투리) 대사가 미술로 재현된 해당 지역의 풍경과 어우러져 이야기의 리얼리티를 높인다. 지브리 작품으로서는 《코쿠리코 언덕에서》와 나란히 판타지 요소가 없는 영화이다.

스토리

고치의 사립 학교에서 도쿄에 있는 대학으로 진학한 모리사키 타쿠는 기차조역과 반대편 플랫폼에 서 있는 사람에게 눈길이 멎는다. 곧 도착한 전철에 올라타 모습을 감춘 그가 고등학교 동창인 무토 리카코처럼 보였기 때문이다. 리카코는 고향의 대학에 갔을 텐데……. 여름 방학을 맞아 귀성하는 비행기 안에서, 타쿠는 처음 리카코를 만났던 고등학교 2학년 여름을 떠올린다.

전학생 리카코는 공부도 운동도 잘하는 미인이다. 타쿠의 친구인 마츠노는 그런 리카코를 좋아했다. 타쿠는 리카코와 거리를 뒀지만, 고등학교 3학년 수학여행에서 돈을 빌려주면서 리카코와 친해지게 된다. 리카코의 제멋대로이고 변덕스러운 성격에 휘둘리면서도, 타쿠는 그녀에게 끌리게 된다.

모리사키 타쿠 ······ 도 비 타 노 부 오
무토 리카코 ······ 사 카 모 토 요 코
마츠노 유타카 ······ 세 키 도 시 히 코

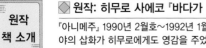 **원작: 히무로 사에코 『바다가 들린다』** (도쿠마쇼텐 간행)

『아니메주』 1990년 2월호~1992년 1월호에 연재된 청춘 소설. 히무로의 구상 메모를 바탕으로 그린 곤도 가쓰야의 삽화가 히무로에게도 영감을 주었다고 한다. 속편 『바다가 들린다Ⅱ~사랑이 있으니까~』는 1995년에 집필되었다.

모리사키 타쿠

고치의 명문 사립 중고일관교에 다닌다. 우등생이지만 순수하고 반골※ 정신을 지녔다. 리카코에게 끌리면서도 그 마음을 스스로 부정한다.

무토 리카코

고등학교 2학년 여름, 부모의 이혼으로 엄마의 본가가 있는 고치로 오게 된 전학생. 성적 우수, 스포츠 만능의 미인이지만 친구들과 어울리지 못한다.

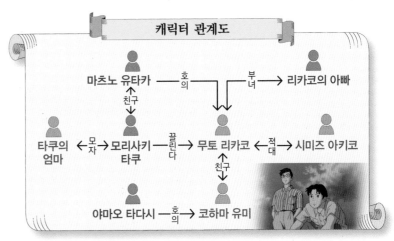

마츠노 유타카 ──호의── 부녀 → 리카코의 아빠
　　↑친구
타쿠의 엄마 ←모자→ 모리사키 타쿠 ─끌린다→ 무토 리카코 ─적대→ 시미즈 아키코
　　　　　　　　　　　　　　　　　친구
야마오 타다시 ──호의→ 코하마 유미

마츠노 유타카

중학교 때부터 타쿠의 친구. 리카코가 전학을 온 뒤부터 그녀를 짝사랑하며, 반에서 겉도는 리카코를 염려한다.

코하마 유미

리카코의 유일한 친구. 고등학교 3학년 첫날 옆자리에 앉은 것을 계기로 친해졌지만, 주위 사람들은 여왕님과 시녀의 관계처럼 여긴다.

야마오 타다시

체격이 좋으며, 남몰래 코하마 유미를 좋아했다는 사실을 동창회에서 고백한다.

시미즈 아키코

반장 타입의 야무진 아이로, 여자아이들의 리더 격 존재. 리카코를 싫어했지만 고등학교 졸업 후에 우연히 거리에서 재회하며 화해한다.

리카코의 아빠

이혼 후 도쿄에 남아 리카코 가족이 생활했던 아파트에서 다른 여성과 함께 살고 있다.

타쿠의 엄마

아이를 데리고 본가로 돌아온 리카코의 엄마를 동정하며, 타쿠에게 리카코에게 친절하게 대해 주라고 말한다.

■ 낸 듯한 그림이 참신하다! 일본판 포스터. 히로인을 중심으로 졸업 앨범의 단체 사진을 잘라

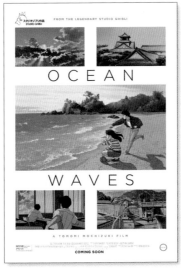

■ 미국에서 극장 개봉되었을 당시의 포스터. 바다를 메인 컷으로 삼
■ 아 일본판과는 전혀 다른 비주얼이 되었다!

■ 리카코는 주변과 전혀 어울리려고 하지 않는다. 그런 리카코가 수학여행에서 돈을 빌려 달라고 부탁한 것을 계기로, 타쿠는 그녀에게 휘둘리게 된다.

■ 억지를 부려서 타쿠와 함께 도쿄로 온 리카코는 아빠와 함께 살고 싶어 했다. 하지만 리카코의 기대는 무참히 깨지고, 리카코는 눈물을 흘린다.

메인 스태프들은 고치를 면밀하게 취재해서 진짜 고치의 모습을 그리는 데 집중했다. 원작의 삽화에도 등장하는 고치 시내의 덴진 대교에서 바라보는 풍경은 광활함이 느껴졌으면 해서 높은 빌딩을 전부 삭제했다. 애니메이션이기에 가능한 일 중 하나다.

시나리오에서 가장 고민했던 부분은 마지막 장면이다. 감독인 모치즈키가 '모습을 본 것도 같고 아닌 것도 같은, 그러나 확인할 수 없는 듯한 상황'을 고집했기 때문이다. 원래는 시부야역 앞 교차로에서 서로를 알아차리게 되어 있었지만, 여러 상황을 고려한 끝에 역의 플랫폼 장면이 되었다.

※반골 : 어떤 권력이나 권위에 순응하거나 따르지 아니하고 저항하는 기골.
　　　또는 그런 기골을 가진 사람.

사라져 가는 자연 속에서 필사적으로 살아가는 현대의 너구리들 이야기

폼포코 너구리 대작전　　　1994년

이 영화는 《붉은 돼지》(1992년) 제작 중, 돼지 다음은 너구리라고 생각한 미야자키 하야오의 기획에서 탄생했다. 감독을 맡은 다카하타 이사오도 이전부터 너구리에 얽힌 설화나 이야기에 흥미가 있었다. 너구리는 일본 자생 동물인데 그런 너구리가 주인공인 애니메이션이 없는 게 이상하다고 생각한 다카하타 이사오 감독은 여러 자료를 연구해서 헤이세이 시대에 걸맞은 너구리 영화를 만들어냈다. 인간의 이기적인 주택 단지 조성으로 자연이 파괴되면서 살 곳을 잃은 너구리들이 주인공이다. 그들은 전국의 동료들과 힘을 합쳐, 조상 대대로 내려온 변신 능력인 '변신학'을 이용해 인간들을 쫓아내려고 한다. 진지하지만 어딘가 얼빠진 듯한 너구리들의 좌충우돌을 그린 판타지이지만, 스토리는 타마 뉴타운 건설 등 실제 역사를 바탕으로 하고 있다.

동물을 주역으로 삼은 애니메이션에서는 의인화된 캐릭터가 등장하는 경우가 많지만, 이 영화에서 너구리는 어디까지나 너구리 그 자체다. 단, 사실적인 동물의 모습으로 그려진 리얼 타입에서부터 두 다리로 선 둥글둥글한 모습, 만화 같은 데포르메* 표현 등 네 가지의 다양한 타입이 등장한다. 장면에 따라 모습을 바꾸는 너구리들이나 변신학을 구사한 비술* '요괴 대작전(백귀야행)' 장면 등 애니메이션의 백미를 느낄 수 있는 볼거리가 많다. 내레이션을 담당한 고콘테이 신초를 비롯하여 라쿠고 계의 대가와 베테랑 희극 배우들이 성우를 맡아 장로 너구리들의 목소리를 연기한 점도 매력이다.

스토리

오랫동안 풍요로운 자연 속에서 느긋하게 살아온 타마 지역의 너구리들에게 위기가 찾아온다. 인간이 타마의 산들을 개간하여 대규모 주택 단지 조성을 시작한 것이다. 이대로 가면 먹을 게 없어질 뿐만 아니라 살 곳도 잃는다. 타마의 너구리들은 대규모 집회를 열어 선조 대대로 전해 내려온 변신학을 부흥시켜 인간에게 맞서 개발을 저지하기로 결의한다.

젊은 너구리들은 나이 든 너구리에게 변신학을 배워 수행에 힘쓰면서, 큰 나무로 변해 공사 트럭을 방해하거나, 기괴한 현상을 일으켜 인간들을 겁먹게 한다. 하지만 태평한 너구리보다 인간이 한 수 위인지라, 주택 단지 조성은 착실히 진행된다. 너구리들은 시코쿠에서 전설의 세 장로를 불러와 요괴 대작전을 결행, 마지막 도박에 나선다.

개봉일 : 1994년 7월 16일
상영 시간 : 약 119분
© 1994 하타 사무소 · Studio Ghibli · NH

원작·각본·감독	다카하타 이사오
기　　　획	미야자키 하야오
프 로 듀 서	스즈키 도시오
음　　　악	고　　　류
	와타노베 만토
	이 노 요 코
	고 토 마 사 루
	(상상 타이푼)
	후루사와 료지로
화 면 구 성	모모세 요시유키
캐릭터 디자인	오쓰카 신지
작 화 감 독	오쓰카 신지
	가가와 메구미
미　　　술	오가 가즈오
캐릭터 색채 설계	야스다 미치요
폼 포 코	〈아시아의 이 마을에서〉
사랑의 테마	
엔 딩 테 마	〈언제나 누군가가〉
	(노래·연주: 상상 타이푼)
제　　　작	스튜디오 지브리
	청년제작집단
제 작 투 자	도쿠마쇼텐
	니혼TV 방송망
	하쿠호도
	스튜디오 지브리

내 레 이 션	고콘테이 신초
쇼 키 치	노노무라 마코토
키 요	이시다 유리코
세 이 자 에 몬	미키 노리헤이
오로쿠 할멈	기요카와 니지코
곤 타	이즈미야 시게루
이누가미 쿄부	아시야 간노스케
분 타	무라타 다케히코
폰 키 치	하야시야 고부헤이
류 타 로	후쿠자와 아키라
오 타 마	야마시타 요리에
6 대 킨 쵸	가쓰라 베이초
다사부로 하게타누키	가쓰라 분시
쓰루가메 스님	야나기야 고산

※데포르메 : 어떤 대상의 형태가 달라지는 일. 또는 달라지게 하는 일.
※비술 : 남몰래 비밀히 전해 오는 술법.

■ 인간들이 시작한 주택 단지 조성 때문에 먹을 것도 살 곳도 잃게 된 타마의 너구리들은 시코쿠와 사도에 사는 전설의 장로들에게 지원을 부탁하게 된다. 그 심부름꾼은 뜨거운 열기 속에 가위바위보로 정해졌다.

■ 시코쿠에서 기다리고 기다리던 세 명의 장로가 도착했다. 그들이 선언한 계획이란 과연…….

■ 타마 전역에 사는 너구리들이 한자리에 모여, 인간들이 시행하는 주택 단지 개발을 저지하기 위한 대규모 집회를 열었다.

■ 변신학 부흥을 목표로 변신술을 배우는 너구리들.

■ 훈련한 보람이 있어 인간의 모습으로 변신할 수 있게 되었지만…….

■ 암컷 너구리들도 적극적으로 변신학을 배웠는데, 개중에는 남성으로 변신하고 싶어 하는 암컷 너구리도 있었다.

■ 인간들의 주택 단지 개발을 중지시키기 위해, 타마에 사는 너구리들은 시코쿠의 장로들과 함께 요괴 대작전을 결행하지만, 그 결과는…….

주목 포인트

인간들 때문에 밀려난 너구리들이 결행한 '요괴 대작전'. 너구리들이 보여주는 요괴 중에 《마녀 배달부 키키》의 키키가 날고 있다. 그 밖에도 토토로와 《붉은 돼지》의 포르코가 애용하는 비행기도 날고 있다. 다카하타 감독의 서프라이즈 선물이다.

캐릭터

쇼키치
가게숲에 사는 젊은이. 어릴 적부터 인간에게 흥미를 가졌으며 변신학도 가장 먼저 습득한다. 하지만 인간을 상대로 하는 작전에서는 신중파.

키요
미미키리산의 미인 너구리. 인간을 몰아내기 위해 쇼키치가 제안한 '쌍둥이별 작전'을 함께 실행하고, 서로 좋아하게 된다.

곤타
다카가숲의 강자. 거칠지만 변신은 잘한다. 인간을 근본적으로 싫어하며, 인간을 상대로 하는 작전에서는 강경파.

오타마
곤타의 가정적인 아내. 다혈질인 곤타를 지켜주는 야무진 성격.

다마자부로
오니숲에 사는 잘생긴 너구리. 변신학을 가르쳐 줄 선생을 초빙하기 위해 시코쿠로 떠나, 시코쿠의 세 장로를 데려온다.

코하루
6대 킨쵸의 딸. 시코쿠에 도착해 병으로 쓰러진 다마자부로를 헌신적으로 간병하다 인연을 맺는다.

분타
위기에 빠진 타마의 너구리를 구하고자 변신학 선생을 초빙하러 사도로 향하지만, 사도의 장로 너구리는 이미 세상을 떠나 목적을 이루지 못한 채 돌아온다.

폰키치
쇼키치의 소꿉친구. 착하고 태평한 성격으로, 변신학에 관해서는 낙제생.

사스케
쇼키치의 동료. 함께 변신학에 도전한다.

하야시
타마의 개발 과정에서 버려지는 흙이 불법 투기되는 바람에 피해를 입은 가나가와의 산에서 온 너구리.

류타로
호리노우치의 변신 여우. '요괴 대작전'이 너구리의 짓임을 간파하고 살아남기 위해 자신처럼 인간으로 변신해 살아가도록 권한다.

세이자에몬
스즈가숲의 장로. 곤타가 있는 다카가숲의 너구리들과 영역 다툼을 했지만, 사실은 속 편한 기회주의자.

오로쿠 할멈
통칭 도깨비불 오로쿠. 나이 불명. 젊은 너구리들에게 변신학을 가르치는 선생이며, 믿음직하고 대담한 성격.

이누가미 쿄우부
시코쿠 808 너구리의 총괄자. 603세. 교호* 17년의 마쓰야마번 소동 때 활약했다고 한다.

6대 킨쵸
덴포*의 '아와타누키 전투'*에서 이름을 떨친 킨쵸타누키의 6대손. 58세. 시코쿠 세 장로 중 하나로, 이누가미 쿄우부와 다사부로 하게타누키와 함께 '요괴 대작전'을 지휘한다.

다사부로 하게타누키
본명은 조간지 다사부로. 헤이케* 수호신의 혈통이며, 야시마에서 벌어진 겐페이 전투*를 직접 봤다는 999세의 대장로.

쓰루가메 스님
보타모치산 만복사에 자리를 잡은 105세의 늙은 너구리. 타마의 너구리 일족을 통솔한다.

사장
'요괴 대작전'을 자신이 건설하는 유원지 원더랜드의 선전에 이용하려고 한다.

※교호17년 : 1732년.
※덴포 : 1830년~1844년을 가리키는 일본의 연호.
※아와타누키 전투 : 에도 시대 말기, 아와국(훗날의 도쿠시마현)에서 일어났다는 전설 속 너구리들의 대전쟁.
※헤이케 : 헤이안 시대 말기에 정권을 잡았던 다이라(平) 성을 가진 일족.
※겐페이 전투 : 헤이안 시대 말기, 일본 각지에서 벌어진 겐지와 헤이케의 전투.

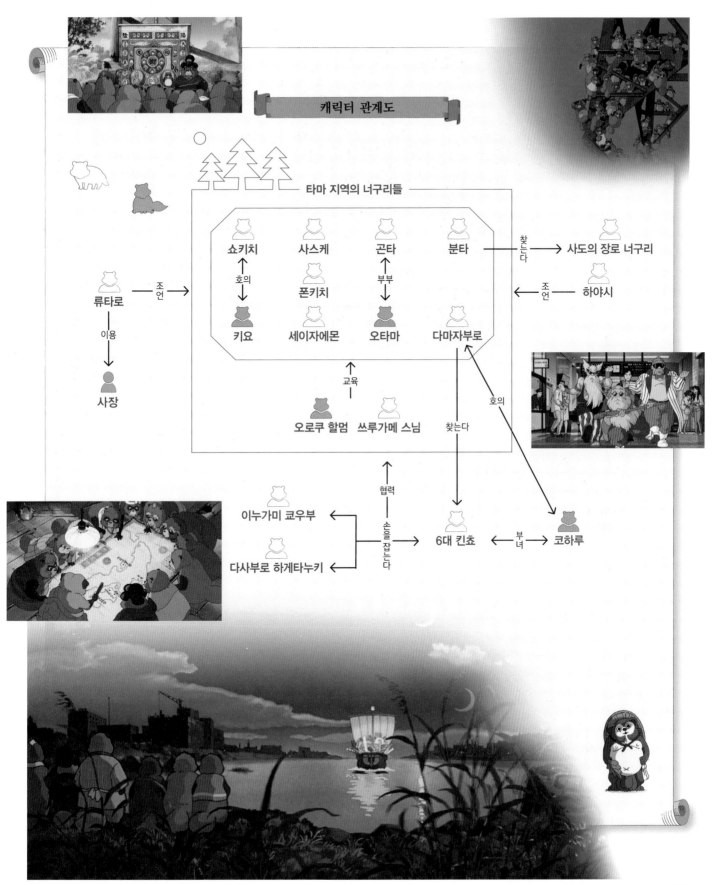

캐릭터 관계도

타마 지역의 너구리들

쇼키치 ↕ 호의 키요

사스케
폰키치
세이자에몬

곤타 ↕ 부부 오타마

분타 —찾는다→ 사도의 장로 너구리

다마자부로

류타로 —조언→

류타로 ↓이용 사장

↑교육 오로쿠 할멈 쓰루가메 스님

하야시 ←조언—

호의

찾는다

6대 킨쵸 ←부녀→ 코하루

이누가미 쿄우부
다사부로 하게타누키

협력 ↕ 손을 잡는다

59

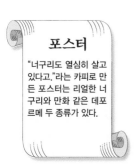

포스터

"너구리도 열심히 살고 있다고."라는 카피로 만든 포스터는 리얼한 너구리와 만화 같은 데포르메 두 종류가 있다.

■ 1차 포스터는 새까만 배경 한가운데에 리얼 타입 너구리가 우두커니 그려진 것. 컬러풀한 글씨로 '총천연색 만화 영화'라고 쓰인 타이틀과의 갭이 흥미를 돋운다.

■ 2차 포스터는 동물 만다라를 배경으로 데포르메 너구리들이 이야기를 나누는 장면으로 구성해, 작품의 세계관과 유머러스한 분위기를 표현했다.

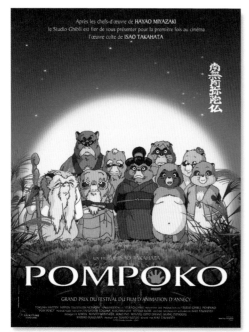

■ 프랑스판 포스터.

■ 한국판 포스터.

신문 광고

이 작품의 신문 광고는 포스터 자체 그림은 사용하지 않고, 만화처럼 데포르메한 너구리들을 많이 등장시켰다.

■ 6월 30일 도쿄신문 10단 통 광고도 동물 만다라 앞에 너구리들이 늘어선 그림을 컬러로 실었다.

■ 개봉 약 1개월 전, 1994년 6월 20일 요미우리신문에 실린 광고. 메인 비주얼은 동물 만다라 앞에 늘어선 너구리들이다. 이 그림이 이후에도 광고에 종종 등장한다.

■ 개봉 전날인 7월 15일 요미우리신문에 실린 광고는 곤타를 전면에 내세워 작품의 재미를 표현했다. 심으로 너구리들이 전투에 임하는 자세를 내세워 작품의 재미를 표현했다.

■ 개봉 첫날인 7월 16일 산케이신문에 실린 광고에는 "오늘 개봉인으로 둔 광고로 승부수를 던졌다.

"타누키의 여름"의 막이 오른다!" 라는 비주얼보다 글자를 메인으로 한 광고는 "오늘 개봉 !" 이라는 "타누키의 여름"의 막 열린다!

■ 개봉 약 일주일 뒤인 7월 22일 요미우리신문에 실린 광고는 "대히트! 너구리의 여름, 쾌조." 라는 문구를 실어 관객을 한층 더 기뻐하면서도 아직 전투 의지로 가득한 주인공들을 메인으로 불러 모았다.

■ 8월 5일 요미우리신문 광고에는 "올여름 No.1 너구리의 저력" 이라고 홍보하며 개봉 3주간에 138만 명이 영화를 봤다고 전했다.

■ 고단샤 21지 연합 기획 시사회 포스터. 지하철 안에 매다는 현수막 광고로 만들었다.

도서관에서 오로쿠 할멈이 젊은 너구리에게 자료를 보여주며 강의하는 장면에서, 잔뜩 늘어선 책장을 카메라가 훑듯이 이동하는 컷은 지브리 작품 첫 CG다. 다카하타 감독의 강한 요청으로 삽입했지만, 이 컷이 완성되기까지 약 1년이 걸렸다.

미래로
나아가는
아이들을 향한
격려를 담은
청춘
러브 스토리

귀를 기울이면

1995년

오랜 동료로서 다카하타 이사오·미야자키 하야오 두 감독의 작품을 지탱했던 명 애니메이터, 곤도 요시후미의 감독으로는 첫 작품이다. 사춘기 어린이들의 일상을 그리고 싶어 한 곤도 감독을 위해 미야자키 하야오가 제작 프로듀서를 담당하고, 히이라기 아오이의 원작 만화를 바탕으로 각본·그림 콘티도 담당했다. 곤도 감독은 중학생의 순수한 첫사랑과 학교생활의 미묘한 관계, 4인 가족이 사는 아파트 단지의 생활 등을 생생하게 그려내어 주인공과 동세대인 소년 소녀들의 공감을 얻었다. 지금까지 많은 젊은 팬들에게 사랑받고 있는 작품이다.

지브리 작품에서는 드물게도 판타지가 아니며, 히로인 시즈쿠가 고양이 인형 바론과 함께 이세계를 날아다니는 장면은 어디까지나 시즈쿠가 쓴 이야기 속의 이미지 신, 일종의 극중극 형태이다. 이 부분은 매끄러운 부유감과 입체감을 표현하기 위해, 『이바라드 이야기』의 작가인 화가 이노우에 나오히사가 지브리의 의뢰로 새롭게 그린 배경 그림을 컴퓨터로 겹쳐서 합성하는 디지털 합성 기술이 사용되었다. 음향에도 디지털을 도입하여, 애니메이션으로는 일본 첫 시도인 5.1ch 입체 음향의 돌비 스테레오 디지털을 채용했다. 전편에 흐르는 주제가 〈컨트리 로드〉는 미야자키 하야오가 각본에서 의도한 '도시에 사는 사람들의 고향'이라는 테마에 딱 맞아서 고른 음악이다. 지구옥에서 세이지와 시즈쿠, 니시 노인 일행이 합주하는 장면은 사전 녹음을 한 뒤, 연주 풍경의 녹화 영상을 참고해 작화했다.

스토리

중학교 3학년인 츠키시마 시즈쿠는 독서를 좋아하는 소녀다. 도서관에서 책을 빌려서 차례차례 읽어 나가던 시즈쿠는 대출 카드에서 '아마사와 세이지'라는 이름을 발견한다. 시즈쿠가 읽는 책에는 반드시 그 이름이 있다. 얼굴도 나이도 모른 채, 그 이름은 시즈쿠의 마음속에서 커져만 간다.

어느 날, 시즈쿠는 한 소년을 만난다. 같은 중학교 학생이며 바이올린 장인을 꿈꾸는 그 소년이 바로 아마사와 세이지였다. 중학교를 졸업하면 이탈리아로 바이올린 제작 수업을 떠난다는 세이지. 시즈쿠는 세이지에게 끌리면서도, 진로도 미래도 재능도 불확실한 자기 자신에게 초조함을 느끼며, 스스로를 시험해 보기 위해 세이지의 할아버지가 아끼는 바론이라는 인형을 주인공으로 삼아 이야기를 쓰기 시작한다.

개봉일 : 1995 년 7월 15 일
상영 시간 : 약 111 분

© 1995 이라기 아오이 / 슈에이샤 · Studio Ghibli · NH

원　　　　작 …… 히이라기 아오이
제작 프로듀서
각본 · 그림 콘티 …… 미야자키 하야오
감　　　　독 …… 곤도 요시후미
프 로 듀 서 …… 스즈키 도시오
음　　　　악 …… 노 미 유 지
작 화 감 독 …… 고사카 기타로
미 술 감 독 …… 구로다 사토시
캐릭터 색채 설계 …… 야스다 미치오
『바론이 준 이야기』
미　　　　술 …… 이노우에 나오히사
주 　 제 　 가 …… 〈컨트리 로드〉
　　　　　　　　 (노래: 혼나 요코)
제　　　　작 …… 스튜디오 지브리
제 작 투 자 …… 도쿠마 쇼텐
　　　　　　　　 니혼TV 방송망
　　　　　　　　 하쿠호도
　　　　　　　　 스튜디오 지브리

츠키시마 시즈쿠 …… 혼 나 요 코
아마사와 세이지 …… 다카하시 잇세이
츠키시마 야스야 …… 다치바나 다카시
츠키시마 아사코 …… 무로이 시게루
바　　　　론 …… 쓰유구치 시게루
니 시 시 로 …… 고바야시 게이주
츠키시마 시호 …… 야마시타 요리에
하 라 다 유코 …… 요시야마 마이코
스 기 무 라 …… 나카지마 요시미

원작 책 소개

◆ 원작: 히이라기 아오이 『귀를 기울이면』 (슈에이샤 간행)

『리본』 1989년 8월호~1989년 11월호에 연재된 순정 만화. 지브리 작품에는 등장하지 않는 세이지의 형 코우지가 원작에서는 중요한 역할을 하는 한편, 쌍둥이 검은 고양이 루나&문의 존재, 시즈쿠의 학년, 세이지의 장래 희망 등에도 차이가 있다.

캐릭터

츠키시마 시즈쿠
무카이하라 중학교 3학년. 자립심이 강하고 독서를 좋아하는 만 14세. 밖에서는 밝고 활발하지만, 집에서는 뭐든지 잘하고 잔소리가 많은 언니에게 반항하며 말수도 줄어들었다.

아마사와 세이지
무카이하라 중학교 3학년. 바이올린 장인을 꿈꾸는 소년. 시즈쿠를 전부터 알고 있었고, 자신의 존재를 깨닫길 바라면서 시즈쿠보다 앞서 책을 읽었다.

캐릭터 관계도

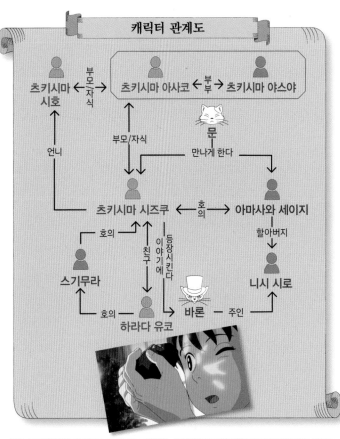

츠키시마 야스야
시즈쿠의 아버지. 시립도서관의 사서. 본업은 돈이 안 되는 향토역사가, 일찍부터 아이들의 독립심을 존중해서 딸들이 하는 일에는 간섭하지 않는다.

츠키시마 아사코
시즈쿠의 엄마. 활발하고 에너지가 넘치는 여성으로, 딸들이 성장하자 대학원에 진학했다. 집안일과 공부를 병행하며 고군분투하고 있다.

츠키시마 시호
시즈쿠의 언니. 대학생이며 행동파 미인. 엄마를 도와 집안일도 척척 해치우고, 툭하면 시즈쿠에게 명령을 하지만 사실은 동생을 걱정한다.

■ 도서관으로 향하는 전철 안에서 고양이 문과 만난 시즈쿠는 문의 뒤를 쫓는다.

■ 서로 끌리는 시즈쿠와 세이지. 학교 옥상에서 서로의 마음을 털어놓는데……

■ 세이지의 바이올린에 맞춰 노래하는 시즈쿠. 그 자리에 세이지의 할아버지 일행이 끼어들고……

■ 이야기를 쓰기 시작한 시즈쿠는 주인공 바론과 함께 신비한 나라로 여행을 떠난다.

하라다 유코
시즈쿠와 가장 사이 좋은 반 친구. 스기무라를 좋아하지만 소심한 성격이라 고백하지 못한다.

스기무라
시즈쿠의 반 친구로, 야구부에서 활동하는 스포츠 소년. 시즈쿠를 좋아한다.

니시 시로
세이지의 외할아버지. 클래식 가구와 태엽 시계 등을 수리하고 판매하는 가게 '지구옥'을 운영한다. 동료들과 모던 재즈 연주를 즐기는 취미가 있다.

문
시즈쿠와 세이지를 만나게 한 고양이. 문이라는 이름은 세이지가 붙인 것인데, 주인은 없고 여러 집을 돌아다니며 여러 가지 이름으로 불린다.

바론
니시 할아버지가 독일에서 유학하던 청년 시절에 갖게 된 고양이 남작 인형. 바론은 통칭이며, 정식 이름은 훔베르트 폰 지킹겐 남작.

주목 포인트

시즈쿠가 직접 이야기를 쓰기 시작하면서 도서관에서 조사를 할 때 발견한 책이 있다.

그 책 안에, 감옥에서 바이올린을 만드는 사람의 그림은 미야자키 하야오의 차남이자 목구목판 화가로 활약하는 미야자키 게이스케의 작품이다.

포스터

《귀를 기울이면》에서는 현실과 공상 세계를 그린 서로 다른 이미지의 두 개의 포스터를 만들었다.

■ 날아오르는 시즈쿠와 바론을 비주얼화했다.
■ 2차 포스터는 극중에서 시즈쿠가 쓴 이야기의 한 장면에서, 이세계의 하늘을

■ 은 뒤쪽에서 바라본 지구옥이 그려져 있다.
■ 1차 포스터는 미야자키 하야오의 러프 스케치를 바탕으로 한 비주얼로, 배경

실레이는 첫사랑의 기억이 들려옵니다!!

귀를 기울이면

11월 22일, 당신의 꿈무던 사랑이 찾아옵니다!

■ 한국판 포스터.

7·15 今年も翔びます!

■ 6월 16일 스포츠닛폰에 실린 돌출 광고. 작은 광고가 기사 끄트머리에 돌출되어 있는 것처럼 보이기 때문에 이렇게 불린다.

■ 이 높은 평가를 받아 제52회 요미우리 영화광고상에 입
■ 7월 6일 요미우리신문에 실린 컬러 전면 광고는 디자인

■ 상했다.
■ 7월 21일 요미우리신문에 실린 광고는 개봉 첫날 극장 앞의 사진(실사)과 시즈쿠의 그림(애니메이션)을 조합했다.

■ 를 달리 사용했다. 그 후로는 매체에 따라 비주얼 종류의 포스터 그림을 실어 작품의 이미지를 내세웠다.
■ 전 세계 교신문에 실린 1차 광고에서는 두
■ 1995년 5월 16일, 개봉 약 2개월

신문 광고

신문 광고는 포스터의 비주얼 이외에도 영화의 한 장면이나 개봉 첫날에 줄을 선 관객의 사진 등 다양한 아이디어가 담겼다.

이 夏, 怪しいネコが 素敵な愛を届けます。

■ 미야자키 감독의 단편 애니메이션 《온 유어 마크》의 동시 상영이 결정되어, 6월 23일 요미우리신문의 5단 통 광고와 아사히신문의 광고로 공지했다. "수상한 고양이"라는 카피에 맞추어 커다란 문의 얼굴이 사용되었다.

제작 비화

이 작품은 그림의 선이 굵다. 그 이유는 TV용 작은 프레임을 사용해 그렸기 때문이다. 극장용 커다란 프레임에 그리면 그만큼 많이 그려야만 한다. 신인 감독에게는 부담이 크다는 이유로 의도적으로 작은 프레임을 사용한 것이다.

미야자키 하야오 감독이 처음으로 담당한 뮤직 프로모션

온 유어 마크 1995년

《귀를 기울이면》과 함께 상영된 이 작품은 원래 CHAGE and ASKA의 곡 〈On Your Mark〉의 프로모션 필름으로 제작된 것이다. CHAGE and ASKA의 1995~1996년 콘서트 투어 공연장에서도 상영되었다.

ASKA는 '프로모션 영상을 애니메이션으로 만들고 싶다'는 의향을 밝히면서, 이왕이면 최고의 실력자에게 해야 한다고 했다. 그래서 밑져야 본전이라는 생각으로 스튜디오 지브리의 스즈키 프로듀서에게 연락을 했는데, 이때는 《모노노케 히메》 제작을 준비하던 무렵이었다. 그 무렵 장편 제작에 대해 망설이던 미야자키 감독을 지켜보던 스즈키 프로듀서가 '단편 작품을 완성하면 기분이 좀 바뀌지 않을까' 하는 생각으로 이 의뢰를 받아들였다.

미야자키 감독은 이 작품에서 실마리가 되는 장면을 반복해서 사용하면서 몇 가지 다른 결말을 제시하여 미래의 가능성을 단적으로 표현했다.

개봉일 : 1995 년 7 월 15 일
상영 시간 : 6 분 48 초
Animation ⓒ 1995 Studio Ghibli
Music ⓒ 1994 YAMAHA MUSIC PUBLISHING, Inc. & Rockdom Artists Inc.

원작·각본·감독 …… 미야자키 하야오
프 로 듀 서 …… 스즈키 도시오
음   악 …… 〈On Your Mark〉
                      (노래: CHAGE and ASKA)
작 화 감 독 …… 안 도 마 사 시
미 술 감 독 …… 다 케 시 게 요 지
캐릭터 색채 설계 …… 야 스 다 미 치 요
제   작 …… 스튜디오 지브리
제 작 투 자 …… Real Cast Inc.

*《귀를 기울이면》과 함께 상영

스토리

방사능 오염, 질병이 만연하여 인류가 어쩔 수 없이 지하 생활을 하게 된 세기말 이후의 미래 도시. 무장 경찰대가 '성 NOVA's CHURCH'라고 적힌 종교 단체의 탑을 습격, 제압한다. 그때 두 경관이 종교 단체의 시설 안쪽에서 날개 달린 소녀를 발견한다. 두 사람은 그녀를 구출하지만, 당국이 연구를 위해 소녀를 가두고 만다.

소녀를 잊을 수 없었던 두 사람은 그녀를 하늘로 돌려보내기로 결심하고, 당국에서 소녀를 빼낼 계획을 세워 실행한다.

■ 1995년 6월 30일 스포츠닛폰 광고는 〈온 유어 마크〉의 유일한 단독 신문 광고로, 미야자키 감독 작품이라는 점을 강조한 카피를 썼다.

■ CHAGE and ASKA를 떠올리게 하는 두 경관이 날개 달린 소녀를 당국으로부터 구출한다.

■ 애써 추격자를 따돌린 두 경관은 겁먹은 소녀와 함께 자동차를 타고 오염 지대를 달린다.

■ 두 경관 덕분에 하늘로 해방된 소녀는 미소를 지으며 날갯짓을 한다.

신과 인간,
자연과 문명의
대립을 그린
중후하고
장대한
시대극 판타지

모노노케 히메

1997년

이 작품은 소위 말하는 사무라이 액션이나 전국 시대 전투물이 아니다. 무로마치 시대의 일본을 무대로 하여 신들이 깃든 대자연과 이를 파괴하며 살아가는 인간 문명의 대립을 그린 미야자키 하야오 감독의 오리지널 판타지다.

단순한 선악의 싸움이 펼쳐지는 모험 활극이 아니며, 스토리는 다소 어렵게 느껴지는 데다 액션 장면에는 지브리 작품답지 않게 잔혹한 묘사도 포함되어 있다. 하지만 그렇게 하드한 내용에도 불구하고 큰 반향을 일으키며, 흥행 수입 193억 엔, 관객 동원 수 1420만 명으로 일본 개봉작 일본 국내·국외 영화의 기록을 다시 쓰는 대히트작이 되었다. 계속 이어지는 증오의 고리를 끊어 내려는 주인공 아시타카와 들개에게 길러진 소녀 산의

만남이 감동을 불러 이르킨다. 또한 숲에 사는 다양한 모노노케들과 에보시, 지코 스님 등 복잡한 개성을 지닌 서브 캐릭터도 매력적이다. 그리고 자연과 인간의 공생이라는 21세기 현대에도 통용되는 절실한 테마가 세대를 뛰어넘어 관객의 마음을 사로잡았다.

그리고 미야자키 작품으로서는 최초로 디지털 기술을 도입해, 생명을 관장하는 시시신을 비롯하여 모노노케의 변형 묘사 등에 CG를 많이 사용했다. 그 밖에도 대량의 셀에 색을 칠하는 채색과 그 촬영을 컴퓨터상에서 처리하는 디지털 페인팅이 사용되는 등, 일부 작업 공정에 디지털화가 도입된 작품이다.

개봉일 : 1997년 7월 12일
상영 시간 : 약 133분

© 1997 Studio Ghibli · ND

원작·각본·감독	미야자키 하야오
프 로 듀 서	스즈키 도시오
음 악	히사이시 조
작 화 감 독	안도 마사시
	고사카 기타로
	곤도 요시후미
미 술	야마모토 니조
	다나야 나오야
	다케시게 요지
	구로다 사토시
	오가 가즈오
색 채 설 계	야스다 미치요
주 제 가	〈모노노케 히메〉
	(노래 : 메라 요시카즈)
제 작	스튜디오 지브리
제 작 투 자	도쿠마 쇼텐
	니혼TV 방송망
	덴 쓰
	스튜디오 지브리

아 시 타 카	마쓰다 요지
산	이시다 유리코
에 보 시	다나카 유코
지 코 스 님	고바야시 가오루
고 로 쿠	니시무라 마사히코
곤 자	가미조 쓰네히코
토 키	시마모토 스미
들 개	와타나베 데쓰
재 앙 신	사토 마코토
소 몰 이 꾼	나고야 아키라
모 로	미와 아키히로
히 이 님	모리 미쓰코
옷 코 토 누 시	모리시게 히사야

스토리

북쪽 땅끝에 숨어 살고 있는 에미시 부족의 마을을 검은 뱀 같은 촉수에 뒤덮인 '재앙신'이 습격한다. 아시타카는 마을을 구하기 위해 어쩔 수 없이 재앙신을 쓰러뜨리지만 그로 인해 저주를 받고 만다. 재앙신이 온 방향인 서쪽으로 가면 저주를 풀 방법을 찾을 수 있을지도 모른다는 무녀 할머니 히이 님의 말에 따라, 아시타카는 서쪽으로 여행을 떠난다.

며칠이 걸려 도착한 서쪽 나라에는 '시시신의 숲'이라고 불리는 깊은 숲이 펼쳐져 있었고, 태곳적 모습 그대로 살아가는 커다란 짐승들과 풍요로운 생활을 위해 숲을 개간하려는 인간이 싸우고 있었다. 그 땅에서 아시타카는 들개에게 길러져 숲을 침략하는 인간을 증오하는 '모노노케 히메', 산을 만난다.

■ 들개에게 길러진 산은 인간에게 공격을 가하려는 멧돼지신 옷코토누시와 함께 싸울 결의를 굳힌다.

■ 재앙신의 저주를 받은 아시타카는 저주를 풀기 위한 여행을 나서는데…….

■ 산은 아시타카가 신세를 진 타타라 마을의 우두머리 에보시를 노린다.

■ 산과 에보시의 싸움을 말린 아시타카는 크게 다치지만 산이 구해준다.

■ 산은 옷코토누시와 함께 인간들과의 싸움에 참여하지만…….

■ 에보시는 신수 시시신의 머리를 사냥하는 데 성공하는데…….

■ 썩어 가는 숲속에서 산과 아시타카는 시시신의 머리를 돌려준다.

주목 포인트

지브리 작품의 인기 캐릭터 코다마는 '숲의 정신적 이미지를 어떻게 구현하면 좋을까' 하고 고민을 거듭한 미야자키 감독이 만들었다. 캐릭터의 힌트를 잡은 건, 형광등을 옆에서 봤을 때였다. 그 형태와 색에서 상상력을 키워 탄생시켰다.

아시타카

야마토 조정과의 싸움에서 패배해 북쪽 땅끝에 숨어 사는 에미시 일족의 소년. 일족의 우두머리가 될 인물이었지만, 재앙신의 저주를 받아 여행을 떠난다.

산

시시신의 숲에서 들개에게 길러진 소녀. 숲을 침략하는 인간을 증오하며, 섬뜩한 가면을 쓰고 타타라 마을을 반복적으로 습격한다.

에보시

깊은 산의 산기슭에서 철을 만드는 타타라 마을을 이끄는 냉정하고 침착한 여성. 숲을 개간하여 인간의 것으로 만들고자 화포를 이용해 짐승들과 싸운다.

모로

300살 먹은 암컷 견신으로 산을 딸로서 키웠다. 인간의 말을 하며 고도의 지능과 강인한 힘을 지녔다. 에보시를 증오하며 그 목숨을 노린다.

히이 님

에미시 일족의 나이 든 무녀. 돌과 나뭇조각 등을 늘어놓고 길흉을 점친다.

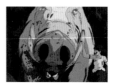

옷코토누시

500살이 된 진제이(규슈) 멧돼지신의 우두머리로, 모로와는 오래 알고 지낸 사이다. 멧돼지신들을 이끌고 인간 공격을 감행한다.

지코 스님

시쇼렌이라고 하는 수수께끼 조직의 일원. 시쇼렌의 명령에 따라 시시신의 머리를 노린다. 여행을 하던 아시타카를 만나 시시신의 숲에 대해 알려준다.

고로쿠

타타라 마을에 사는 소몰이꾼. 소를 길들여 철과 쌀을 운반한다. 쌀을 운반하던 중, 모로의 습격을 받아 계곡에 떨어지지만 아시타카가 구해준다.

곤자

에보시의 충직한 부하. 소몰이꾼과 와랏토라고 불리는 호위대 남자들을 통솔하는 두목.

토키

고로쿠의 아내. 풀무질을 하는 여자들의 리더 격 존재. 성격이 드세서 곤자를 찍소리 못하게 만들기도 한다.

나고신

에보시가 이끄는 화포 부대에 의해 깊은 상처를 입은 멧돼지신. 그 괴로움과 인간에 대한 증오로 재앙신이 되어, 끊임없이 달리다가 에미시 마을을 공격한다.

시시신

생물에게 생명을 부여하거나 빼앗는 신수. 달이 차고 이지러짐에 따라 생과 사를 반복한다. 그 머리에는 불로불사의 힘이 있다고 하여 인간들의 표적이 된다.

데다라신

시시신의 밤의 모습. 독특한 무늬가 있는 반투명의 거대한 몸을 지녔으며, 몸 안에서 푸른 빛을 발하며 밤의 숲을 배회한다.

코다마

풍요로운 숲에 사는 일종의 정령 같은 존재로, 옅은 녹색을 띤 반투명한 몸을 지녔다. 달그락달그락 머리를 흔들며 시시신을 부른다고 한다.

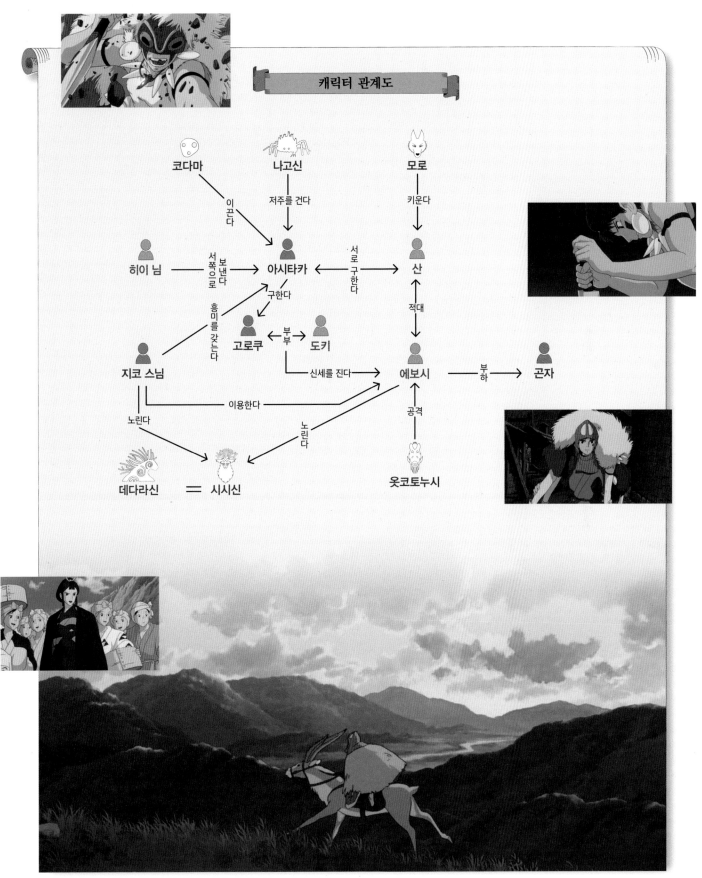

캐릭터 관계도

코다마 · 나고신 · 모로

나고신 → (저주를 건다) → 아시타카

코다마 → (이끈다) → 아시타카

모로 → (키운다) → 산

히이 님 → (서쪽으로 보낸다) → 아시타카

아시타카 ↔ (서로 구한다) ↔ 산

산 ↕ (적대) ↕ 에보시

아시타카 → (구한다) → 고로쿠

지코 스님 → (흥미를 갖는다) → 아시타카

고로쿠 ↔ (부부) ↔ 도키

고로쿠 → (신세를 진다) → 에보시

에보시 → (부하) → 곤자

지코 스님 → (이용한다) → 에보시

지코 스님 → (노린다) → 데다라신

에보시 → (노린다) → 시시신

에보시 ↕ (공격) ↕ 옷코토누시

데다라신 = 시시신

포스터

《모노노케 히메》의 포스터는 주인공 아시타카와 산을 메인으로 한 두 종류가 만들어졌다.

■ 야쿠르를 탄 아시타카를 메인으로 한 1차 포스터.

■ 산과 모로를 그린 2차 포스터. 산의 입가에 묻은 피가 작품의 심상치 않은 분위기를 느끼게 한다.

신문 광고

신문 광고는 포스터의 비주얼 외에도 산의 옆얼굴 등 장면 컷을 사용해 하이라이트를 소개했다.

■ 1997년 7월 3일 아사히신문에 실린 임팩트 강한 컬러 광고.

■ 6월 20일 아사히신문에 실린 광고는 싸우는 히로인 산의 옆얼굴을 메인으로 했다!

■ 7월 5일부터 10일까지 아사히신문에 실린 카운트다운 돌출 광고는 1997년 아사히광고상 영화부문을 수상했다.

 한국판 포스터.

프랑스판 포스터.

이탈리아판 포스터.

스웨덴판 포스터.

노르웨이판 포스터.

제작 비화

이 작품은 자연과 문명의 대립이 중요한 테마였다. 따라서 미술감독은 5인 체제로 진행했다. 미야자키 감독이 미술 쪽에 요구한 것은 '인간 따위 없어도 개의치 않는 자연을 그렸으면 한다'는 것이었다. 시시신의 숲은 야쿠시마를, 아시타카가 사는 에미시 마을은 도호쿠의 시라카미 산지를 모델로 그렸다.

■ 5월 7일 산케이신문에 실린 1차 광고와 거의 같은 디자인으로 6월 25일 요미우리신문에 실린 이 광고는 요미우리 영화 광고상 우수상을 수상했다.

■ 개봉 전날인 7월 11일 스포츠닛폰에 실린 광고는 내일 개봉이라는 점과 첫날 무대인사에 관한 상세 사항을 중점으로 정보를 압축해서 게재했다. 캐릭터도 코다마뿐이며, 귀여운 대사를 덧붙여 구성했다.

손으로
그린 작화와
디지털 기술을
조합하여
네 컷 만화의
재미를
영화화한 작품

이웃집 야마다군

1999년

1991년에 연재를 시작한 아사히신문 조간 네 컷 만화 『이웃집 야마다군』을 애니메이션화한 작품((작가 이시이 히사이치, 후에 제목을 『노노짱』으로 변경). 다카하타 이사오 감독은 이전부터 캐릭터(셀)와 배경화라는, 질감이 다른 두 그림을 겹쳐서 조합하는 기존 애니메이션 작법에 불만을 느끼고 있었다. 애니메이션 본연의 즐거움을 느낄 수 있는 영화를 만들고 싶다. 컴퓨터를 이용하면 그것이 가능해진다. 그렇게 생각한 다카하타 감독은 여러 궁리 끝에 원작의 영화화에 돌입했다. 본작에서는 디지털 기술을 이용해 캐릭터와 배경화를 한 장의 그림처럼 그려서 움직이기로 했다. 그래서 캐릭터도 배경도 심플한 선으로 그렸다.

우선 네 컷 만화의 템포를 살리기 위해 짧은 에피소드를 블록별로 '만화 편'으로 모으고, 그 사이를 '봅슬레이 편'으로 이어 붙였다. 만화 편은 따뜻한 일상의 장면을 그린 짧은 콩트 모음과 같은 구성이다. 한편 야마다 가족이 여러 가지 탈것을 타고 이동하는 봅슬레이 편은 CG 등을 이용해 생동감 넘치는 장면으로 완성했다. 둘 다 손으로 그린 수채화 터치로, 만화 특유의 여백이 남겨져 있다. 배경 그림도 일반적으로 사용되는 포스터컬러가 아니라 부드러운 색 조합의 수채화 물감으로 그렸다. 이들 소재를 컴퓨터로 처리·가공하여 원작이 그대로 살아 움직이는 듯한 영상을 만들어 낼 수 있었다.

《추억은 방울방울》(1991년)에서도 만화의 질감을 재현하는 데 집중했던 다카하타 감독다운 실험 정신이 넘치는 작품이다.

개봉일 : 1999년 7월 17일
상영 시간 : 약 104 분
© 1999 이시이 히사이치 · 하타 사무소 · Studio Ghibli · NHD

원　　　　작	이시이 히사이치
각 본 · 감 독	다카하타 이사오
프 로 듀 서	스즈키 도시오
음　　　　악	야 노 아키코
연　　　　출	다나베 오사무 모모세 요시유키
작 화 감 독	고니시 겐이치
미 술 감 독	다나카 나오야 다케시게 요지
채 화 감 독	야스다 미치요
주 제 가	〈 외톨이는 그 만 뒀어 〉 (노래: 야노 아키코)
제　　　　작	스튜디오 지브리
제 작 투 자	도쿠마 쇼텐 스튜디오 지브리 니혼TV 방송망 하쿠호도 디즈니

마 츠 코	아사오카 유키지
타 카 시	마스오카 도루
시 게	아라키 마사코
노 보 루	이소하타 하야토
노 노 코	우노 나오미
후지와라 선생님	야 노 아키코
안경 쓴 여자	나카무라 다마오
키쿠치의 할머니	미 야 코 조초
내 레 이 션	야나기야 고산지

스토리

마츠코와 타카시, 노보루와 노노코. 그리고 시게. 잊으면 안 되는 개 포치까지. 한 지방 도시 외곽 단층주택에 사는 다섯 사람과 개 한 마리로 구성된 태평한 가족의 일상. 백화점에서 미아가 되어도 "가족 네 명이 미아가 돼 버렸어."라며 태연한 장녀. 시험 결과가 엉망으로 나오자 그제야 반성하고 공부하는 장남. 보고 싶은 TV 프로그램 때문에 채널권 다툼을 벌이는 부부. 입도 몸도 튼튼한 할머니. 그런 가족을 쿨하게 지켜보는 애견. 일본인이라면 매우 친숙한 에피소드들. 무슨 일이 벌어져도 케세라세라, '어떻게든 되겠지' 하고 생각하는 야마다 가족의 이야기이다.

원작 책 소개

◆원작: 이시이 히사이치 『이웃집 야마다군』 (아사히신문사 간행) 전6권

1991년 10월 10일에 아사히신문에서 연재를 시작한 네 컷 만화(1997년 4월 1일부터 제목을 『노노짱』으로 변경). 태평한 사람들만 모인 야마다 가족의 일상을 세태에 대한 풍자와 함께 그렸다. 통산 연재 기간은 아사히신문 사상 최장 기록을 매일 갈아치운다.

마츠코

대략 42~43세. 간사이 지역 사투리를 쓰는 전업주부. 게으른 성격으로, 어떻게 하면 저녁 식사를 편하게 차릴 수 있을지를 늘 고민한다.

시게

마츠코의 엄마로, 대략 70세. 기운이 넘쳐서 할머니 배구나 쓰레기 줍기 자원봉사에도 참가하고 있다. 간사이 지역 사투리를 쓴다. 젊은이에게 꽤 엄격하다.

노노코

야마다 가족의 장녀로 초등학교 3학년. 특징은 커다란 입과 큰 목소리, 특기는 많이 먹기. 공부는 잘 못하지만 '오빠가 걱정된다'는 야무진 아이이다.

노보루

야마다 가족의 장남으로 중학교 2학년. 시험 성적도 중간 정도로, 무얼 해도 평범한 소년. 학교에서는 야구부이다.

타카시

대략 43~45세. 지방 도시의 회사에서 근무하는 샐러리맨. 하는 일은 잡무 과장. 간사이 출신인 듯하지만 표준어를 쓴다. 취미는 일요일에 목공하기이다.

포치

야마다 가족의 애완견 겸 파수견. 늘 불퉁한 얼굴로 이름을 불러도 대답하지 않고 짖지도 않는다. 손도 주지 않고 꼬리도 흔들지 않는다. 때때로 갑자기 물기도 한다.

키쿠치 마미

노보루의 반 친구. 남동생은 노노코의 반 친구인 키쿠치 군.

후지와라 선생님

노노코의 담임으로 20대 후반. 부모님이 시켜서 몇 번이나 선을 봤지만 실패했다. 느긋한 성격으로 교육 태도는 '적당히'를 추구한다.

─ 야마다 가족 ─

시게 ←부모/자식→ 마츠코 ←부부→ 타카시 ─애견→ 포치

할머니

마츠코 ↓ 부모/자식 타카시

노노코 ←남매→ 노보루

노노코 ─담임→ 후지와라 선생님

노보루 ←반 친구─ 키쿠치 마미

적당히

■ 백화점에 갔다가 돌아오는 길, 차에 노노코가 없다! 야마다 가족은 난리가 나는데…….

■ 야구 중계를 보고 있는 타카시. 그 자리에 나타난 마츠코. 부부의 채널권 다툼이 시작되었다.

■ 빨래를 마친 세탁기 안을 보니 무언가 부족한 느낌……. 마츠코와 시게는 고타쓰 안에서 미처 세탁기에 넣지 않은 세탁물을 발견한다.

■ 현관의 형광등이 나갔다. 예비 형광등이 없던 마츠코는 자고 있는 노보루의 책상에서 형광등을 빌린다.

이 작품의 마지막 장면에서 캐릭터가 전부 모여 노래하는 〈케세라세라〉는 인상적인 장면 중 하나다. 사실 이 노랫소리는 스튜디오 지브리의 사원들이 부른 것. 40명 정도의 지원자가 미야자키 하야오 감독의 아틀리에에 모여 녹음한 뒤, 목소리 출연자의 노랫소리와 합쳐서 사용했다.

■ 1차 포스터. 제목의 '꾀꼴꾀꼴'*을 따서, 화투짝 그림 같은 꾀꼬리와 매화가 주인공인 야마다 가족보다 크게 그려져 있다.

■ 제목을 패러디한 듯한 그림의 2차 포스터. 원작자 이시이 히사이치가 그린 성냥갑 크기의 그림을 확대해 사용했다.

■ 2006년 6월에 한국에서 개최된 다카하타 이사오 감독 작품 상영 이벤트의 포스터. 한국에서는 이러한 이벤트를 제외하면 《이웃집 야마다군》의 일반 극장 개봉은 이루어지지 않았다. 원제는 《꾀꼴꾀꼴 이웃집 야마다군》이다.

　　　※꾀꼴꾀꼴 : 원제는 《꾀꼴꾀꼴 이웃집 야마다군》이다.

■ 1999년 5월 28일 아사히신문에 실린 15단 통 광고에서는 2차 포스터를 그대로 포스터처럼 크게 사용했다.

신문 광고

신문 광고는 코믹한 그림으로 시작해서 가족이 테마인 광고로 바뀌었다.

■ 5월 31일 니혼케이자이신문 광고(7단 통)처럼, 이 작품부터 일본을 대표하는 영화감독으로서 다카하타 이사오 감독의 이름을 카피에도 사용했다.

■ 6월 29일 아사히신문에 실린 광고. 6월 18일 광고와 마찬가지로 작품의 분위기를 드러내는 '적당히'를 돋보이게 했다.

■ 6월 18일 아사히신문 광고에서는 극중에 등장하는 후지와라 선생님의 대사 일부를 광고 카피로 사용했다. '적당히'라는 글자는 그림 콘티를 확대해서 사용했다.

■ 7월 9일 마이니치신문의 광고는 6월 30일 광고와 마찬가지로 야마다 가족 다섯 명이 환하게 웃는 비주얼을 메인으로 사용했다.

■ 6월 30일 요미우리신문의 8단 통 광고에서는 야마다 가족이 하늘을 나는 장면을 메인 비주얼로 사용했다.

제작 비화

영화는 접이식 밥상(겨울에는 고타쓰)을 중심으로 이야기가 진행된다. 그래서 동작과 포즈를 그리기 위해 메인 스태프 코너에 돗자리와 접이식 밥상을 준비했다. 연출을 한 다나베 오사무는 그곳에서 매일 연구를 했는데, "역시 일본인은 이거죠." 라며 스태프들 사이에서도 휴식 공간으로 종종 사용되었다.

■ 고양이 버스 주위의 잡목림이 휘어지며 길을 열어 준다.

《천공의 성 라퓨타》
비행석을 노리는 정부 기관과 공중 해적 도라 일가가 양쪽에서 좇아오
자, 시타와 파즈는 경철 선로 위를 달린다. 두 사람은 장갑 열차의 포격
을 피해 도망치며, 비행석의 힘으로 위기를 벗어난다. 주인공과 악한들
이 펼치는 추격전은 영화 전반부의 볼거리이다.

■ 밭 위를 전속력으로 달리는 고양이 버스.

《이웃집 토토로》
미아가 된 메이를 찾기 위해, 사츠키를 태운 고양이 버스가 달린다. 눈이 라이
트가 되고, 하늘로 날아올라 전선을 타고 달리는 등, 회오리바람 같은 속도 이
외에도 엄청난 능력을 발휘한다. 앞쪽의 나무들이 방해가 되지 않도록 길을 열
어 주는 묘사가 재미있다.

지브리가 그리는 "질주"
지브리 작품의 매력 중 하나로 캐릭터의 역동적인 움직임이 있다. 개중에
서도 "질주" 표현은 보는 사람까지 두근거리게 만든다. 사츠키가 여동생을
찾아 있는 힘을 다해 달린다. 자신들의 꿈을 찾은 세이지와 시즈쿠가 자전거
로 달린다. 달리는 모습에는 그 순간의 감정도 표현되어 있다.

《마녀 배달부 키키》
불시착한 비행선을 구경하기 위해 키키를 태운 톰보
의 프로펠러 자전거가 달린다. 엔딩에서는 톰보가 인
력 비행기로 키키와 나란히 나는 장면도 등장한다. 톰
보의 발명 능력은 키키의 마법, 우르슬라의 그림과 마
찬가지로 누구나 가진 재능 중 하나이다.

《귀를 기울이면》
시즈쿠를 태운 세이지의 자전거가 동트기 전 언덕길
을 달린다. 오르막길 도중에 시즈쿠가 내려 자전거를
미는 장면에서는 함께 성장하고 싶은 시즈쿠의 마음
이 엿보인다. 자전거는 두 사람의 관계가 가까워졌음
을 드러내는 이야기의 소도구로 활용되었다.

《코쿠리코 언덕에서》
언덕 아래의 상점가로 장을 보러 가던 우미는 지나가
던 슌의 자전거를 얻어 탄다. 길게 이어지는 코쿠리코
언덕을 몇 개의 커브를 돌며 자전거가 달린다. 다채로
운 움직임과 공간의 깊이감, 흐르는 듯한 배경의 속도
감 등이 CG를 이용해 표현되었다.

《고양이의 보은》
달리는 장면 중에서도 특히 색다른 것
이 '고양이 뗏목'이다. 고양이 왕자의 신
붓감으로 뽑힌 여고생 하루는 바론과
의논하던 도중 난입한 고양이 무리에게
끌려가고 만다. 하루를 태우고 웜홀을
빠져나가는 고양이 뗏목을 좇아, 바론
일행도 고양이 왕국으로 향한다.

■ 마치 뗏목처럼 하루를 태우고 달리는 고양이들.

■ 고양이 뗏목은 웜홀로 뛰어들어 고양이 왕국으로 향한다.

■ 물고기 떼와 함께 달려가는 포뇨.

《벼랑 위의 포뇨》

물고기 아이 포뇨는 소스케가 있는 인간 세계를 찾아간다. 여동생들이 변신한 모습인 거대 물고기 떼 위를 달리다가, 소스케가 탄 자동차를 발견하자 포뇨는 신이 났다. 하지만 포뇨가 도망치면서 세계의 균형이 깨져 태풍이 몰려온다.

■ 태풍 속을 맹렬히 달려 빠져나가는 리사카.

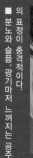 려 나간다! 공주는 예복을 벗어 던지며 큰길로 달

《이웃집 야마다군》

타카시가 폭주족에게 주의를 주려다가 결국 하지 못하는 에피소드에서는 아버지 세대가 동경하던 정의의 편, 오토바이를 타고 달리는 월광가면이 등장한다.

《가구야 공주 이야기》

가구야 공주의 이름 짓기 연회가 열린 날 밤, 공주는 자신을 뒤에서 욕하는 손님들의 목소리를 듣고 만다. 가차 없는 조롱에, 분노와 슬픔으로 제정신을 잃고 저택을 뛰쳐나간 공주는 큰길을 빠져나가 갈대밭으로, 대나무 숲으로 달려간다. 그 모습을 보고 있던 것은 달뿐이다.

의 표정이 충격적이다. 분노와 슬픔. 광기마저 느껴지는 공주

■ 공주의 달리는 에너지가 흐르는 듯한 작화로 표현되었다.

■ 악한에게 납치된 마츠코와 시게를 쫓아가는 노보루와 노노코.

■ 타카시는 상상 속에서 월광가면이 되어 마츠코와 시게를 구한다.

터널을
빠져나오자
나타난
신비한 마을.
미야자키 하야오
감독이 현대의
소녀들에게
바치는 판타지

센과 치히로의 행방불명

2001년

일대 사회 현상을 불러일으킨《모노노케 히메》(1997년) 이후 4년 만에 나온 미야자키 하야오 감독의 장편 영화이다. 미야자키 감독에게는 매년 여름에 산속 오두막에서 함께 지내는 '작은 친구들'이 있었다. 그 친구들이 10대가 된 것을 보고 그녀들이 진심으로 즐길 수 있는 작품을 만들고자 한 것이 제작의 계기가 되었다. 히로인은 왠지 기운이 없는 열 살 소녀 치히로다. 길을 잃고 다른 세계로 들어가게 된 치히로는 마녀 유바바에게 센이라는 이름을 받고 신들을 위한 목욕탕에서 일하게 된다. 그곳에서 센(치히로)이 여러 가지 체험을 하며 자기도 모르게 살아갈 힘을 얻는 모습이 테마다. 욕망으로 인해 폭주하는 가오나시, 쓰레기와 오물로 뒤덮여 진정한 모습이 보이지 않게 되어 버린 오물신처럼, 현대 일본 사회의 축소판이라고 볼 수 있는 존재도 등장한다. 미야자키 감독다운 풍자를 담은 설정인데, 말이 없고 외로움을 타는 가오나시는 작품의 매력을 대표하는 인기 캐릭터가 되었다. 다정한 소년 하쿠와 센의 마음의 교류, 그리고 목욕탕 선배 린, 보일러실에서 일하는 가마 할아범과 숯검댕이들 등 서브 캐릭터의 활약도 놓칠 수 없는 재미있는 작품이다.

개봉 후에는 1년 이상 롱런했고, 최종적으로 흥행 수입 308억 엔이라는 경이로운 기록을 남기며 국민 애니메이션으로 등극했다. 2020년의 재상영 때도 많은 관객을 동원하여 그 인기를 새삼 실감케 했다. 일본 국내에서뿐만 아니라 세계적으로도 높은 평가를 받아, 미국 아카데미상 장편 애니메이션상, 베를린 국제영화제 최고상인 황금곰상 외에 다수의 상을 수상했다.

개봉일 : 2001년 7월 20일
상영 시간 : 약 125분
© 2001 Studio Ghibli · NDDTM

원작·각본·감독 ……	미야자키 하야오
프 로 듀 서 ……	스즈키 도시오
음 악 ……	히사이시 조
작 화 감 독 ……	안도 마사시
	고사카 기타로
	가가와 메구미
미 술 감 독 ……	다케시게 요지
색 채 설 계 ……	야스다 미치요
영 상 연 출 ……	오쿠이 아쓰시
주 제 가 ……	〈언제나 몇 번이라도〉
	(노래: 기무라 유미)
제 작 ……	스튜디오 지브리
제 작 투 자 ……	도쿠마 쇼텐
	스튜디오 지브리
	니 혼 T V
	덴 쓰
	디 즈 니
	도 호 쿠 신 샤
	미 쓰 비 시 상 사

치 히 로 ……	히이라기 루미
하 쿠 ……	이리노 미유
유바바·제니바 ……	나쓰키 마리
아 빠 ……	나이토 다카시
엄 마 ……	사와구치 야스코
촐싹 개구리 ……	가슈인 다쓰야
보 ……	가미키 류노스케
린 ……	다 마이 유미
카운터 개구리 ……	오이즈미 요
강 의 신 ……	하야시 고바
지 배 인 ……	가미조 쓰네히코
부 지 배 인 ……	오노 다케히코
가마 할아범 ……	스가와라 분타

스토리

열 살 소녀 치히로는 부모님과 함께 길을 잃고 신비한 마을로 들어가게 된다. 어디선가 풍겨오는 맛있는 냄새에 마음을 빼앗겨 식당 앞에 놓인 음식을 먹은 부모님은 돼지로 변해 버리고 만다. 공포에 질린 치히로는 자신을 하쿠라고 밝힌 소년의 도움을 받아, 마녀 유바바가 지배하는 '아부라 온천'에서 일하게 된다. 그곳은 수많은 신들이 피로를 풀러 오는 목욕탕이었다.

치히로는 유바바에게 이름을 빼앗기고 '센'이라는 이름으로 일하기 시작한다. 넓은 마루에 걸레질을 하고, 더러워진 목욕탕을 청소하며, 손님인 신들의 시중을 드는 등 돼지가 된 부모님을 구하기 위해 열심히 일하며, 치히로의 마음속에 숨어 있던 '살아가는 힘'이 차츰 눈을 뜨게 된다.

■ 치히로는 하쿠를 구하기 위해, 모습이 바뀌어 버린 보와 유버드, 가오나시와 함께 기차를 타고 제니바를 찾아간다.

■ 하쿠의 등에 올라타 하늘을 날던 치히로는 하쿠 강의 이름을 기억해낸다.

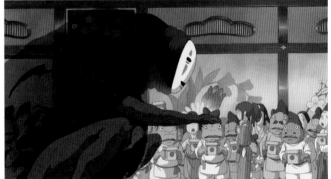

■ 가오나시는 치히로의 관심을 끌려고 금을 내밀지만 치히로는 "필요 없어."라며 거절한다.

■ 목욕탕에서의 일을 마친 치히로는 목욕탕 아래에 펼쳐진 수면을 바라보며 식사를 한다.

■ 소중한 아들 보가 없어졌다는 말을 들은 유바바는 무시무시한 모습으로 하쿠에게 다가간다.

■ 제니바가 사는 곳으로 향하는 기차 안에서 보이는 풍경은 광대하고 아름답다. 예전에는 돌아가는 기차도 있었지만 지금은 없다.

■ 제니바는 치히로 일행을 따뜻하게 맞아 준다.

주목 포인트

2001년 3월 26일, 미야자키 감독은 에도 시대부터 쇼와 시대까지의 민가·상점 등을 옮겨 지어놓은 야외 시설 '에도 도쿄 건물원'에서 이 영화의 제작 보고회를 가졌다. 이유는 자신이 좋아하는 그 장소를 영화 무대의 모델로 삼았기 때문이다. 아부라 온천 주변의 거리는 이곳의 간판 건축을 참고했다.

캐릭터

오기노 치히로
지극히 평범하고 연약한 열 살 소녀. 길을 잃고 신비한 마을로 들어가, 역경 속에서 의외의 적응력과 힘을 발휘한다.

하쿠
신비한 마을로 들어온 치히로를 돕고 격려하는 열두 살 정도의 소년. 유바바의 제자이며, 아부라 온천의 장부를 관리하고 유바바에게 마법을 배운다.

아빠
치히로의 아빠, 38세. 낙천적인 성격으로, 뭐든지 잘될 거라는 근거 없는 자신감을 지녔다.

엄마
치히로의 엄마, 35세. 현실적이고 기가 세며, 남편과 대등하게 행동하는 여성.

유바바
아부라 온천을 경영하고 지배하는 거대한 머리를 가진 마녀. 나이는 불명. 욕심이 많고 잔소리가 심하며 거침없는 성격. 이름을 빼앗아서 상대방을 지배한다.

제니바
유바바의 쌍둥이 언니. 여동생과 성격이 맞지 않아서 '늪의 바닥'이라는 곳에서 조용히 살고 있다.

가마 할아범
아부라 온천의 지하에 있는 보일러실을 관리하는 여섯 개의 팔을 가진 노인. 숯검댕이들을 부리며 목욕물을 끓이고 약탕을 배합한다.

촐싹 개구리
아부라 온천에서 일하는 개구리 남자. 개구리 모습을 하고 있다.

지배인
아부라 온천의 종업원인 개구리 남자들을 통솔하는 지배인. 부하에게는 허세를 부리지만 유바바 앞에서는 꼼짝도 못 한다.

부지배인
지배인을 도와 개구리 남자들을 관리한다.

보
유바바의 아들인 거대 아기. 유바바에게 엄청나게 사랑을 받으며 제멋대로 응석을 부리는 도련님. 치히로와 함께 모험을 하며 성장한다.

린
아부라 온천에서 치히로의 선배인 열네 살 정도의 소녀. 통명스러운 성격이지만 사실은 다정하며, 치히로를 잘 돌봐 준다.

카운터 개구리
아부라 온천의 카운터를 담당하는 개구리. 약탕의 팻말을 관리하며, 손님인 신의 지위에 따라 약탕의 종류를 결정한다.

누에신
무의 신. 머리에 붉은색 술잔을 쓰고, 붉은색 훈도시를 두르고 있다.

오물신
오물 같은 몸에서 악취를 풍기지만, 그 정체는 인간이 버린 쓰레기로 오염된 강의 신. 치히로의 노력으로, 할아버지 가면을 쓴 얼굴에 흰색 뱀의 몸을 되찾는다.

가오나시
아부라 온천이 있는 세계와는 다른 세계에서 온 수수께끼의 남자. 자아가 없는 슬픈 존재로, 상대방을 집어삼켜 얻은 목소리로만 말을 할 수 있다.

돌머리 삼총사
유바바의 방에 있는 세 개의 아저씨 머리. "어이, 어이"라는 소리를 내며 폴짝폴짝 뛰어다닌다.

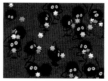

숯검댕이
보일러실에서 석탄을 옮기며 가마 할아범을 돕는다. 별사탕을 좋아한다.

유버드
얼굴이 유바바와 똑 닮은 파수꾼 새.

하쿠 용
하쿠의 또 다른 모습인 흰색 용. 하쿠의 진짜 이름은 니기하야미 코하쿠누시이며, 예전에 물에 빠진 치히로를 구해줬던 강의 신이었다.

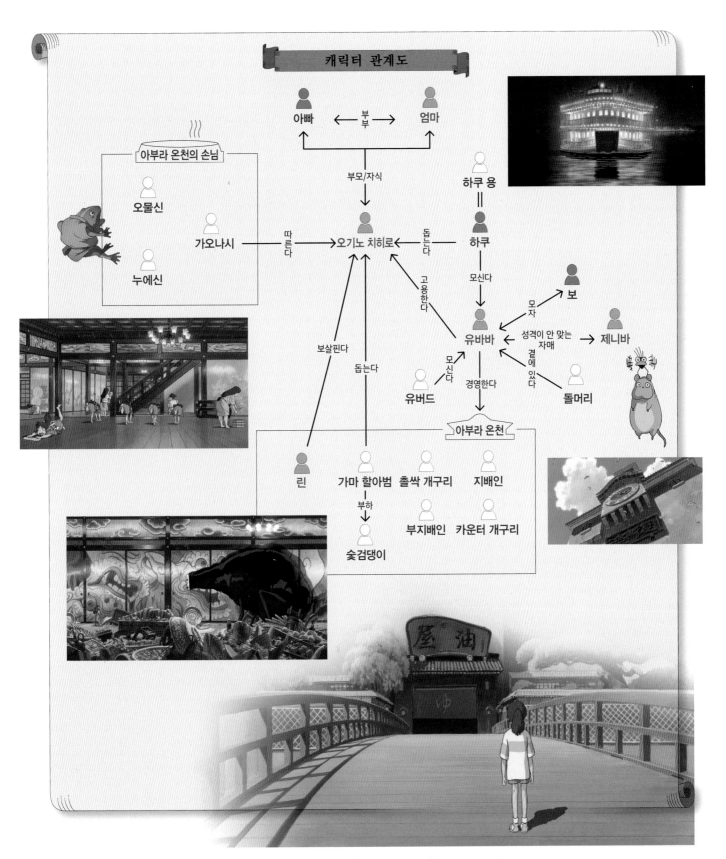

캐릭터 관계도

아빠 ←부부→ 엄마

아부라 온천의 손님

오물신

가오나시 →따른다→ 오기노 치히로

누에신

하쿠 용
=
하쿠 →돕는다→ 오기노 치히로

모신다

유바바 →모자→ 보

성격이 안 맞는 자매 → 제니바

곁에 있다 ← 돌머리

유버드 →모신다→ 유바바

부모/자식

고용한다

경영한다

보살핀다

돕는다

아부라 온천

린 가마 할아범 촐싹 개구리 지배인

부하
숯검댕이

부지배인 카운터 개구리

81

포스터

일본판 포스터는 세 종류다. 1차, 2차, 3차로 달라지며 치히로의 표정이 변화해 간다. 살아가는 힘에 눈을 뜨는 모습이 느껴진다.

■ 2차 포스터는 살아남기 위해 일하기 시작한 치히로를 메인으로 했다. 그 모습에서는 꿋꿋함이 느껴진다.

■ 3차 포스터에서는 살아가는 힘에 눈을 뜬 치히로를 느낄 수 있는 표정을 사용했다.

■ 1차 포스터. 부루퉁한 표정을 한 치히로의 모습은 어디에나 있는 열 살 소녀로 보인다.

신문 광고

2001년 7월 20일에 개봉되어 메인 관에서는 이듬해 4월까지 롱런 상영된 이 작품에서는 사회 이슈나 주인공 이외의 캐릭터를 사용한 재미있는 신문 광고가 각지를 장식했다.

■ 개봉을 4일 앞둔 7월 16일부터 산케이신문에 돌출 광고로 매일 다르게 실린 광고. 왼쪽부터 순서대로, 개봉일까지 카피와 그림의 변화를 즐길 수 있다.

■ 7월 13일 요미우리신문에 실린 15단 통 광고는 요미우리 영화광고상 우수상을 수상했다.

■ 2001년 6월 26일 아사히신문에 실린 15단 통 광고는 2차 포스터의 그림을 메인으로 한 비교적 심플한 광고였다.

■ 개봉 전날인 7월 19일에 아사히신문에 실린 7단 통 광고는 컬러였다. 영화를 전체적으로 봤을 때 미야자키 감독이 "이것은 가오나시의 영화다."라고 말했던, 가오나시와 치히로의 장면 컷을 사용했다.

■ 한국에서 상영되었을 당시의 포스터.

■ 브라질에서 상영되었을 당시의 포스터는 일본판과 전혀 다른 그림으로 만들어졌다.

■ 한국의 다른 버전 포스터.

■ 오스트레일리아의 포스터도 일본판 포스터와는 다른 그림으로 만들어졌다.

■ 영국 포스터는 검은색 바탕에 치히로와 아부라 온천의 그림으로 구성되었다.

■ 이탈리아판 포스터.

■ 독일판 포스터.

■ 다르게 만들어졌다. 러시아의 포스터는 배경을 일본판과

■ 르다. 미국의 포스터도 배경이 일본판과 다

■ 으로 만들어졌다. 중국의 포스터도 일본과는 다른 배경

■ 를 바탕으로 만들어졌다. 홍콩의 포스터는 일본의 2차 포스터

■ 개봉하고 일주일이 지난 7월 27일, 5단 통으로 요미우리신문에 실린 광고는 7월 29일의 참의원 선거를 엮어서 "지지율 천%※ 정답입니다~ 올여름, 영화 보고 선거하러 가자."라고 선전했다.

■ 강조한 내용이다! 치신문에 실린 광고는, 9월 14일, 7단 1/2 크기로 '살아가는 힘'을 메인

■ 10월 12일, 5단 1/2 크기로 아사히신문에 실린 광고는 지금까지 사용되지 않았던 치히로의 얼굴을 메인으로, 이치로 선수에게 보내는 "이치로. 수위타자 축하해."라는 메시지가 메인 카피로 사용되었다.

■ 10월 5일, 7단 1/2 사이즈로 아사히신문에 실린 광고에는 이치로 선수에 대한 응원 메시지와 지브리 미술관이 오픈됐다는 소식이 실려 있다.

■ 나시를 메인으로 놓았다. 답입니다~ 라는 카피와 함께 가오나시로의 모습은 없고, 섣에도. 정기로 아사히신문에 실린 광고에는 2002년 1월 1일, 5단 1/2 크

제작 비화

제작 초기의 제니바는 치히로가 유바바를 쓰러뜨린 뒤에 등장하고, 치히로 혼자서는 상대할 수 없어 하쿠와 함께 해치운 뒤 이름을 되찾고 부모님을 원래대로 되돌린다는 구상이었다. 하지만 그러다간 세 시간이나 되는 장편이 되어서 가오나시를 통한 지금의 이야기로 형태를 바꿨다.

※지지율 천% : 센이 한자로 천구임을 이용한 말장난.

《귀를 기울이면》의 바론이 활약하는 고양이가 가득한 판타지

고양이의 보은 　　2002년

《귀를 기울이면》(1995년)의 원작자 히이라기 아오이가 미야자키 하야오 감독의 요청으로 새롭게 집필한 오리지널 코믹을 애니메이션화한 작품이다. 《귀를 기울이면》의 주인공 츠키시마 시즈쿠가 쓴 이야기라는 발상의 작품으로, 고양이 인형 바론도 재등장하지만 직접적인 속편은 아니다. 고양이 왕국으로 끌려간 여고생 하루와 그녀를 도우려는 '고양이 사무소'의 바론 일행의 모험을 그린 판타지. 고양이 대왕이 지배하는 고양이 왕국은 평화롭고 밝은 세계. 늦잠꾸러기 하루는 느긋한 세계가 아주 마음에 들어서, '고양이 왕국도 좋을지 모르지……'라고 생각한다. 하지만 알고보니 그곳은 자신의 시간을 살아갈 수 없는 자들이 가는 곳이었다. 점점 고양이로 변해 가는 하루와 난폭한 고양이 대왕의

모습에는 주변에 휩쓸리기 쉬운 이들을 비꼬는 의도도 들어 있다. 영화 자체는 하루를 구출하는 장면의 액션 등 통쾌한 볼거리가 아주 많다. 무사히 원래 세계로 돌아온 하루의 성장도 놓칠 수 없는 부분이다.

감독은 애니메이터 출신인 모리타 히로유키로, 각본의 요시다 레이코, 캐릭터 디자인과 레이아웃을 담당한 모리카와 사토코 등, 지브리뿐만 아니라 외부의 스태프가 다수 참가한 작품이다. 하루를 점찍은 고양이 대왕을 소름 돋게 연기한 단바 데쓰로를 비롯하여 목소리 출연자도 다채롭다. 《귀를 기울이면》에서 시즈쿠를 연기한 혼나 요코가 하루의 반 친구 역할로 출연한다. 또한 상영 시간이 다소 짧아서, 단편 작품 《기브리즈 에피소드 2》를 함께 상영했다.

개봉일 : 2002년 7월 20일
상영 시간 : 약 75분

© 2002 네코노테도 · Studio Ghibli · NDHMT

원　　　　작	……	히이라기 아오이
각　　　　본	……	요시다 레이코
감　　　　독	……	모리타 히로유키
기　　　　획	……	미야자키 하야오
제작 프로듀서	……	스즈키 도시오 다카하시 노조무
음　　　　악	……	노미 유지
캐릭터 디자인· 레 이 아 웃	……	모리카와 사토코
작 화 감 독	……	이노우에 에이 오자키 가즈타카
미 술 감 독	……	다나카 나오야
색 채 설 계	……	미카사 오사무
주　　　　제	……	〈바람이 되다〉 (노래: 쓰지 아야노)
제　　　　작	……	스튜디오 지브리
제 작 투 자	……	도쿠마 쇼텐 스튜디오 지브리 니 혼 T V 디 즈 니 하 쿠 호 도 미 쓰 비 시 상 사 도　　　　호

하　　　루	……	이케와키 지즈루
바　　　론	……	하카마다 요시히코
유　　　키	……	마 에 다 아 키
룬	……	야마다 다카유키
히　　로　　미	……	사토 히토미
나　토　리	……	사토이 겐타
나　　토　　루	……	하마다 마리
무　　　타	……	와타나베 데쓰
토　　　토	……	사이토 요스케
하루의 엄마	……	오카에 구미코
고양이 대왕	……	단바 데쓰로

스토리

열일곱 살 고등학생 하루는 무척 평범한 여자아이다. 어느 날 하굣길, 트럭에 치일 뻔한 고양이를 구해주었는데, 고양이가 두 다리로 서서 인간의 말로 감사 인사를 하는 것이 아닌가. 고양이는 고양이 왕국에서 온 룬 왕자였고, 그 뒤로 아버지인 고양이 대왕의 '보은'이 시작된다.

보은이라 해 봤자 고양이풀과 개다래나무, 쥐 등 달

갑지 않은 선물들뿐이다. 끝내는 하루를 룬 왕자의 신부로 맞기 위해 고양이 왕국에 초대하겠다고 한다. 난처해진 하루는 수수께끼 목소리가 이끄는 대로 신비한 세계에서 일어나는 사건을 해결한다는 '고양이 사무소'를 찾아간다. 하지만 그곳으로 수많은 고양이가 찾아와 하루를 고양이 왕국으로 끌고 가고 만다.

원작 책 소개

🔲 원작: 히이라기 아오이 『바론 고양이 남작』 (도쿠마쇼텐 간행)

《귀를 기울이면》에 등장하는 '바론 · 문 · 지구옥'을 모티프로 한 스핀오프 작품. 미야자키 하야오의 요청으로 히이라기 아오이가 새롭게 집필하여 2002년 5월에 출간했다. '츠키시마 시즈쿠가 쓴 이야기'라는 설정으로 《귀를 기울이면》 팬들의 탄탄한 인기를 자랑하는 작품이다.

하루

어디에나 있을 법한 평범한 열일곱 살. 엄마와 둘이 산다. 다소 우유부단한 성격으로, 반 친구인 마치다를 짝사랑하고 있지만 먼저 표현하진 않는다.

바론

'고양이 사무소'의 주인이며 냉정하고 침착한 성격. 진짜 이름은 훔베르트 폰 지킹겐 남작으로, 평소에는 고양이 인형이지만 날이 저물면 생명이 깃든다.

무타

바론의 동료로, 평소에는 마을을 어슬렁거리며 지낸다. 예전에 르날도 문이라는 이름으로 고양이 왕국의 물고기를 전부 먹어 치웠다는 전설의 주인공.

토토

바론의 동료인 까마귀. 평소에는 '고양이 사무소'가 있는 광장 한가운데에 있는 석상. 바론처럼 해가 지면 생명이 깃든다.

고양이 대왕

고양이 왕국을 지배하는 왕이자 룬의 아버지. 자기중심적인 성격이라, 자기 마음대로 되지 않으면 직성이 풀리지 않는다. 페르시아고양이로, 이마에는 왕의 표식인 고양이눈 보석이 있다.

하루의 엄마

집에서 패치워크 퀼트 일을 한다. 혼자서 하루를 키워낸 야무진 인물이다.

룬

아버지와 달리 신사적인 고양이 왕국의 왕자. 유키에게 줄 선물을 가지러 인간 세계로 갔다가 트럭에 치일 뻔한 순간, 하루가 목숨을 구해준다.

■ 고양이 왕국의 왕자 룬을 구한 하루의 집에 한밤중에 예상치 못한 손님이 찾아온다.

■ 룬 왕자의 아버지 고양이 대왕이 직접 하루의 집을 찾아와 하루를 고양이 왕국으로 초청한다.

유키

룬의 연인이자 고양이 대왕의 성에서 급사로 일하는 흰고양이. 예전에 인간 세계에 있을 때 하루에게 쿠키를 받은 적이 있으며, 하루를 '고양이 사무소'로 안내한다.

나토리

고양이 대왕의 제1비서. 제멋대로인 고양이 대왕을 싫은 소리 한 번 하지 않고 모신다. 샴고양이와 앙고라 종의 믹스.

나토루

고양이 대왕의 제2비서. 항상 냉정한 나토리에 비해 다소 경박한 성격. 귀가 접힌 스코티시 폴드 종.

■ 고양이 왕국에 초청을 받고 어떻게 할지 고민하던 하루는 수수께끼의 목소리에 이끌려 '고양이 사무소'를 찾아가는데……

■ 고양이 왕국에서 고양이 모습이 되어 버린 하루. 그곳에 바론이 나타나는데…….

원작에서 '고양이 왕국'은 빛이 넘치는 단절된 세계로 그려지는데, 영화에서는 감독과 미술 감독인 다나카 나오야의 생각에 따라, 중심에 성이 있고 하늘에서 일곱 색깔의 빛이 쏟아지는 나른하고 따뜻한 곳이 되었다. 따라서 하루가 "고양이 왕국도 좋을지 모르지……"라고 말할 수 있었던 것이다.

■ '고양이 사무소'를 메인 비주얼로 놓고 무타를 그린 1차 포스터.

■ 고양이 왕국의 풀숲에서 뒹구는 하루를 그린 2차 포스터는 넓은 공간에 제목을 크게 넣은 심플하고 대담한 디자인이다.

포스터

《고양이의 보은》의 포스터는 밤의 광장에 있는 무타를 그린 것과, 히로인 하루가 메인인 두 종류가 있다.

■ 이탈리아판 포스터.

■ 한국판 포스터.

■ 영국판 포스터.

■ 《고양이의 보은》과 《기브리즈 에피소드 2》의 연속 상영 공지는 2002년 6월 14일 스포츠닛폰에 실린 돌출 광고가 최초였다.

■ 6월 21일 아사히신문에 실린 컬러 전면 광고에는 《고양이의 보은》의 포스터 비주얼을 크게 사용하여 임팩트 있는 광고를 실었다.

■ 6월 20일 세이쿄신문 광고(5단 1/2).

신문 광고

신문 광고는 개봉 25일 전부터 시작했다. 비주얼은 2차 포스터의 그림으로 거의 통일했다.

■ 지하철 안에 매다는 현수막 광고로 만들어진 고단샤 30지 연합 기획 시사회 포스터.

제작 비화

'한국의 인기 관광지 롯데월드를 일본에 만든다. 그곳의 메인 캐릭터는 고양이. 그 고양이가 활약하며 그곳에서만 볼 수 있는 영화를 만들었으면 한다'는 광고 에이전시의 오퍼로부터 이 작품의 기획이 시작되었다.

실존하는
지브리 사원과
관계자를
데포르메한
인물들을 그린
옴니버스
코미디

기브리즈 에피소드 2   2002년

가공의 회사 '스튜디오 기브리' 사원들의 일상을 그린 단편 작품이다. 2000년에 니혼TV 계열의 스페셜 프로그램에서 방영된 《기브리즈》의 확대 신작판이라 할 수 있으며, 《고양이의 보은》과 연속 상영으로 극장 개봉했다. 노나카, 유카리 등의 등장인물은 실제 지브리 사원과 관계자를 데포르메한 스즈키 도시오 프로듀서의 낙서에서 탄생했다. 스즈키 프로듀서 본인도 '도시'로 등장하는데, 캐릭터 디자인은 《이웃집 야마다군》의 원작자 이시이 히사이치가 그린 초상화를 사용했다. 도시를 연기하는 고바야시 가오루, 주인공 노나카 역의 니시무라 마사히코를 비롯한 목소리 출연자는 실사 코미디를 만들 수 있을 법한 호화로운 캐스팅이다.

작품 전체는 옴니버스 형식으로 〈화려한 승부〉, 〈첫 사랑〉, 〈점심〉, 〈댄스〉, 〈미녀와 노나카〉, 〈에필로그〉의 여섯 개 에피소드로 구성했다. 상금을 걸고 엄청나게 매운 카레를 먹는 〈화려한 승부〉의 엉뚱한 개그, 노나카의 따뜻한 〈첫사랑〉의 추억, 유카리 일행이 스트레스 해소를 위해 마구 춤을 추는 뮤직비디오 같은 〈댄스〉 영상 등 저마다 다른 재미를 즐길 수 있다. 1편에 이어 각본도 담당한 모모세 요시유키 감독은 《반딧불이의 묘》, 《추억은 방울방울》부터 《가구야 공주 이야기》까지, 다카하타 이사오 감독의 작품을 뒷받침한 중요한 스태프다. 미야자키 하야오 감독의 《모노노케 히메》에서는 CG도 담당했고, 이 작품도 CG를 살려 개성 있는 매력적인 영상을 만들었다.

개봉일 : 2002년 7월 20일
상영 시간 : 약 25분

© 2002 TS·Studio Ghibli·NDHMT

캐릭터 원안 ······ 스즈키 도시오
특별 캐릭터 원안 ······ 이시이 히사이치
각본·감독 ······ 모모세 요시유키
제작 프로듀서 ······ 스즈키 도시오
　　　　　　　　다카하시 노조무
음　　　악 ······ 와타노베 만토
미술 감독 ······ 요시다 노보루
색 지정 치프 ······ 야스다 미치요
삽　입　곡 ······ 〈No Woman, No Cry〉
　　　　　　　　　　　(Tina)
제　　　작 ······ 스튜디오 지브리
제　작　투 ······ 도쿠마 쇼텐
　　　　　　　　스튜디오 지브리
　　　　　　　　니 혼 T V
　　　　　　　　디 즈 니
　　　　　　　　하 쿠 호 도
　　　　　　　　미 쓰 비 시 상 사
　　　　　　　　호

노　나　카 ······ 니시무라 마사히코
유　카　리 ······ 스즈키 교카
오　쿠 ······ 후루타 아라타
도　쿠 ······ 사이토 사토루
호　타　루 ······ 시노하라 도모에
요　네 ······ 이마다 고지
도　시 ······ 고바야시 가오루

*《고양이의 보은》과 연속 상영

스토리

가공의 애니메이션 제작 회사 '스튜디오 기브리'에서 일하는 평범한 사람들='기브리즈'의 일상을 여섯 편의 에피소드로 그렸다. 오랫동안 같은 곳에서 일을 하다 보면 점심시간마다 어디서 무엇을 먹을지가 매일 직면하는 큰 고민거리다. 〈화려한 승부〉 편에서는 노나카와 오쿠, 유카리가 새로운 가게를 개척하고자 소문난 매운맛 카레 가게를 찾아가 매운맛 카레에 도전한다. 〈미녀와 노나카〉 편에서는 막차로 퇴근 중인 노나카가 옆자리에 앉은 미녀가 잠들면서 자신에게 기대자 어쩔 줄 모르고 허둥댄다. 결국 떨쳐 내지 못하고 내릴 역을 지나쳐, 종점까지 가서 택시로 돌아간다. 그런 착한 노나카의 첫사랑 상대는 초등학교 때 같은 반이었던 '아이'라는 친구였다.

캐릭터

노나카
'스튜디오 기브리' 저작권 관리
실 과장. 38세 독신. 소심한 성
격 탓에 본인은 우왕좌왕하지
만, 겉보기에는 마이웨이인 성
격으로 보인다.

유카리
'스튜디오 기브리' 출판부를 이
끄는 활기찬 커리어 우먼. 나이
는 비밀. 미인으로 이름났지만
대범한 성격에 지는 것을 싫어
한다.

오쿠
'스튜디오 기브리' 제작부 부장.
42세. 먹성이 좋다. 항상 배가
부른 상태라 회의 중에 조는
경우도 종종 있다.

도쿠
'스튜디오 기브리' 광고부 부장.
58세. 아재 개그를 날려서 주
위 사람들이 싫어하지만 본인
은 눈치채지 못한다.

호타루
'스튜디오 기브리' 애니메이터.
24세. 사내, 사외를 불문하고
모두의 아이돌. 활발한 성격에
사교적이지만, 굳이 말하자면
백치미 계열.

요네
'스튜디오 기브리' 홍보 담당.
간사이 출신의 27세. 모 라이벌
회사에서 보낸 스파이였으나,
지금은 폐업.

도시
'저렴함과 매운맛으로 승부하
는 가게'인 매운맛 카레 가게
'도시짱'의 주인. 다짜고짜 상
대방을 자신의 페이스에 말려
들게 한다. 나고야 출신으로 드
래곤즈의 팬.

캐릭터 관계도

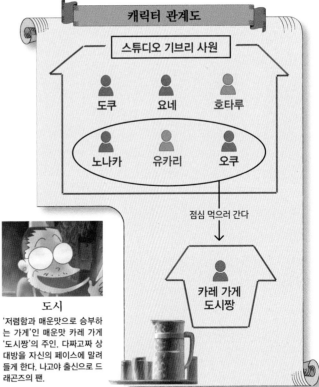

스튜디오 기브리 사원

도쿠　요네　호타루

노나카　유카리　오쿠

점심 먹으러 간다

카레 가게
도시짱

스튜디오기브리作品
STUDIO GHIBLI

《기브리즈 에피소드 2》의 포스터!

■ 빨리 점심을 먹으러 가자며 의논하는 노나카와 오쿠. 유카
리가 합류하여 카레 가게로 향한다.

■ 가게 주인인 도시가 메뉴는 저쪽이라고 가리키자 벽에 붙
은 메뉴를 보는 세 사람. 그 후 유카리가 승부에 나선다.

■ 빨강, 파랑, 노랑의 세 가지 색을 테마 컬러로, 노나카, 오
쿠, 유카리가 마구 춤을 춘다.

■ 노나카의 아스라한 첫사랑의 기억. 그중 하나가 포스터
에도 사용한 이 학급 사진이다.

주목 포인트

이 작품의 CG는 수채화와 색연필 풍으
로 보이지만 실제로는 3DCG가 많다. 초
반에 나오는 노나카의 일러스트도 그중
하나. 토토로 마크에서 노나카로 바뀔
때, 선화처럼 보이는 노나카는 3DCG로
만든 것이다.

제작 비화

모모세 감독의 의향으로 이 작품에서는 배경
과 인물을 같은 터치로 그렸다. 〈화려한 승부〉
에서는 전체를 유화풍으로 그려서 끈적한 느
낌을 연출했고, 〈댄스〉는 원화 스태프가 그린
이미지 보드를 바탕으로 미술 스태프가 치덕
치덕한 세계관으로 완성했다.

**꽃미남
마법사와
아흔 살
할머니의
신비한
사랑 이야기**

하울의 움직이는 성 2004년

　일본 영화사상 전무후무한 흥행을 한 《센과 치히로의 행방불명》(2001년)에 이은 미야자키 하야오 감독의 아홉 번째 장편 애니메이션이다. 원작은 영국의 판타지 작가 다이애나 윈 존스가 1986년에 발표한 『하울의 움직이는 성』이다. 미야자키 감독은 움직이는 성 그리고 히로인이 마법에 걸려 90세 할머니가 되고 말았다는 아이디어에 매력을 느껴 영화로 만들만하다고 판단했다. 당초에는 다른 감독으로 기획이 진행되었지만, 어려움을 겪으며 중단되었고, 최종적으로는 미야자키 감독이 담당하게 되었다.

　미야자키 감독은 우선 작품의 주역이라고 할 수 있는 움직이는 성의 디자인부터 작업을 시작해, 기계라고도 괴물이라고도 할 수 없는 특별한 성을 만들어 냈다. 이

야기의 무대는 미야자키 감독이 방문한 적이 있는 프랑스의 알자스 지방이 모델이 되었다. 미술 스태프는 로케이션 헌팅을 통해 낡은 건물의 풍취와 유럽 특유의 분위기, 빛이 내리쬐는 정도 등, 실제로 느낀 인상을 배경에 담았다. 스토리는 히로인 소피와 마법사 하울의 사랑이 중심이지만, 소피를 중심으로 성을 움직이는 불의 악마 캘시퍼, 허수아비 순무, 소피에게 저주의 마법을 건 황야의 마녀까지 모두 가족이 되어가는 일종의 홈드라마이기도 하다. 소녀에서 노파까지 혼자 연기해 낸 소피 역의 바이쇼 지에코, 전쟁에 협력하라는 국왕의 요청을 받고 고뇌하는 하울 역의 기무라 다쿠야, 왕실 전속 마법사 설리먼 역의 가토 하루코를 비롯해 다채로운 배우진의 목소리 연기도 매력 포인트다.

스토리

　움직이는 거대한 성에 사는 마법사 하울에게는 젊고 아름다운 아가씨의 심장을 먹는다는 소문이 있다. 모자 가게에서 일하는 열여덟 살 소피. 군대 퍼레이드로 붐비는 거리에서 젊은 병사가 말을 걸어 난처해하고 있는 소피를 하울이 구해준다. 하지만 하울과 엮인 탓에 소피는 황야의 마녀의 저주를 받아 아흔 살 할머니의 모습으로 변하고 만다.

　집을 나와 하울의 성에 청소부로 들어가게 된 소피는 성에 사는 불의 악마 캘시퍼, 소년 마르클과 가족처럼 지내며 하울이 사실은 마음 약하고 다정한 청년임을 알게 되고, 점차 그를 사랑하게 된다. 하지만 전황은 점점 악화되고, 하울에게 위기가 다가오는데…….

개봉일 : 2004년 11월 20일
상영 시간 : 약 119분
ⓒ 2004 Studio Ghibli · NDDMT

원　　　작 …… 다이애나 윈 존스
각 본 · 감 독 …… 미야자키 하야오
프 로 듀 서 …… 스즈키 도시오
음　　　악 …… 히사이시 조
작 화 감 독 …… 야마시타 아키히코
　　　　　　　　 이나무라 다케시
　　　　　　　　 고사카 기타로
미 술 감 독 …… 다케시게 요지
　　　　　　　　 요시다 노보루
색 채 설 계 …… 야스다 미치요
영 상 연 출 …… 오쿠이 아쓰시
주 제 가 …… 〈세계의 약속〉
　　　　　　　　 (노래: 바이쇼 지에코)
제　　　작 …… 스튜디오 지브리
제 작 투 자 …… 도쿠마 쇼텐
　　　　　　　　 스튜디오 지브리
　　　　　　　　 니 혼 T V
　　　　　　　　 덴 　 쓰
　　　　　　　　 디 즈 니
　　　　　　　　 미쓰비시상사
　　　　　　　　 도 호

소　　　피 …… 바이쇼 지에코
하　　　울 …… 기무라 다쿠야
황야의 마녀 …… 미와 아키히로
캘 시 퍼 …… 가슈인 타쓰야
마 르 클 …… 가미키 류노스케
허수아비 순무 …… 오 이즈미
국　　　왕 …… 오쓰카 아키오
힝 …… 하라다 다이지로
설 리 먼 …… 가토 하루코

**원작
책 소개**

◆ **원작: 다이애나 윈 존스 『하울의 움직이는 성』** (니시무라 준코 번역·도쿠마쇼텐 간행)
　◇ 원어판: 1986년 (원제: Howl's Moving Castle)

『마녀와 살면(Charmed Life)』으로 가디언상을 수상한 저자의 인기 시리즈. 원작에서는 지브리 작품보다도 더욱 농후한 인간 군상을 그리며, 폭풍 같은 전개가 제트 코스터처럼 펼쳐진다. 하울과 소피는 자매편 두 작품에도 등장한다.

캐릭터

소피
해터 모자 가게의 장녀. 돌아가신 아버지가 남긴 가게를 이어받아 일하고 있다. 황야의 마녀의 저주로 아흔 살 할머니가 되어 하울의 성에서 살기 시작한다.

하울
움직이는 거대한 성의 주인으로, 젠킨스, 펜드래건 등 여러 이름을 사용하는 마법사. 강한 힘을 지니고 있지만 매일 무의미하게 살아가는 꽃미남.

캐릭터 관계도

황야의 마녀
하울을 노리는 마녀. 예전에는 킹스베리의 왕실 전속 마법사였지만, 50년 전에 왕궁에서 쫓겨나 황야에서 숨어 지낸다.

캘시퍼
하울의 성의 난로에 살며, 거대한 성을 움직이는 불의 악마. 하울과의 계약으로 난로에서 나갈 수 없기 때문에 자유를 바라고 있다.

마르클
하울의 제자이며 달리 의지할 곳 없는 소년. 노인으로 변신해서 하울을 찾아오는 손님을 응대한다.

허수아비 순무
머리가 순무로 된 허수아비. 황야에서 소피의 도움을 받은 뒤로 소피를 따라다닌다.

힝
"힝!"하고 재채기 소리처럼 우는 늙은 개. 설리먼이 기르는 개이지만 어째선지 소피를 잘 따른다.

설리먼
킹스베리의 왕실 전속 마법사. 하울의 옛 스승이며, 강대한 힘으로 왕궁의 실권을 장악하고 있다.

■ 군대 퍼레이드로 붐비는 거리에서 난처한 상황에 처한 소피를 마법사 하울이 구해준다.

■ 하울과 엮였다는 이유로, 황야의 마녀가 소피에게 저주를 걸어 아흔 살 할머니로 만들어 버린다.

■ 할머니가 된 소피는 하울이 사는 성이 있다는 황야를 찾아 여행을 떠난다.

■ 소피는 하울의 성에서 청소부로 일하게 되는데……

주목 포인트

이 작품은 원작 책의 제목을 본 미야자키 감독이 '성이 움직이다니 재미있다'고 매력을 느끼면서 제작이 결정되었다. 그러나 성의 디자인으로 고민하다가, 스즈키 프로듀서를 찾아가 이야기를 나누면서 대포와 지붕, 굴뚝 등을 넣어 영화의 성을 완성했다. 성의 다리는 학 다리와 센고쿠 시대의 보병의 다리 중에서 고민하다가 학의 다리로 결정했다.

91

この城が動く。

포스터

《하울의 움직이는 성》에서는 타이틀의 '움직이는 성'을 그린 1차 포스터를 포함해 각각 카피를 바꾼 세 종류의 포스터가 만들어졌다.

未来で待ってて。私、きっと行くから。

■ 3차 포스터. 영화 후반에 등장하는 소피와 소년 시절의 하울을 조합하고, 드라마틱한 대사를 카피로 사용했다.

■ 1차 포스터. 그대로 포스터에서 튀어나올 것만 같은 움직이는 성의 박력과, "이 성이 움직인다."라는 직접적인 카피가 기대감을 높인다.

ふたりが暮らした。

■ 2차 포스터. 스즈키 도시오 프로듀서의 원안을 바탕으로 그렸으며, 할머니 소피를 메인으로 한 의외성이 있는 비주얼이다.

신문 광고

신문 광고는 우선 할머니 소피를 메인으로 시작하여, 개봉에 맞추어 젊은 소피와 하울을 조합하여 전개했다.

ふたりが暮らした。

■ 2004년 10월 22일 아사히신문, 요미우리신문, 마이니치신문에 실린 15단 통 광고를 시작으로 컬러 광고가 다수 실렸다.

この城が動く。

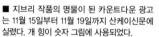

■ 지브리 작품의 명물이 된 카운트다운 광고는 11월 15일부터 11월 19일까지 산케이신문에 실렸다. 개 힝이 숫자 그림에 사용되었다.

■ 11월 19일 아사히신문 등, 개봉이 임박한 11월 광고에서부터 꽃미남 하울과 할머니 소피를 메인 비주얼로 사용했다.

■ 영국판 포스터.

■ 그림이 다른 영국판 포스터.

■ 러시아판 포스터.

■ 북미판 포스터.

■ 폴란드판 포스터.

■ 타이완판 포스터.

■ 멕시코판 포스터.

■ 홍콩판 포스터.

■ 독일판 포스터.

■ 이탈리아판 포스터.

■ 오스트레일리아판 포스터.

■ 포르투갈판 포스터.

■ 스웨덴판 포스터.

■ 12월 21일 요미우리신문의 컬러 전면 광고는 소피의 밝은 미소가 인상적이다. 스즈키 도시오 프로듀서가 직접 쓴 "연일 밤낮으로 만원사례"라는 글자가 추가되었다.

■ 2005년 2월 4일 아사히신문에는 밸런타인데이에 맞춘 광고가 실렸다. 롱런 상영 작품의 경우에는 그 밖에도 히나마쓰리 등 계절 이벤트에 맞춘 광고를 많이 만들었다.

■ 2월 18일 아사히신문 광고는 베네치아 국제영화제에서 미야자키 하야오 감독의 영예 금사자상 수상을 축하하며, 전 세계의 관객에게 감사를 전하는 내용이다.

■ 4월 15일 아사히신문에서는 극장을 바꾸어 상영을 이어간다는 사실이 공지되었다. 엔딩 장면의 하늘을 나는 성이 메인 비주얼로, "자, 이사하자!"라는 센스 있는 카피가 달렸다.

제작 비화

소피와 황야의 마녀가 왕궁의 긴 계단을 올라가는 장면은 원래 먼저 올라가 있던 소피가 도중에 멈춰 서서 황야의 마녀에게 손을 뻗을 예정이었다. 그 장면을 오쓰카 신지가 담당하기로 하자, 미야자키 감독은 해당 장면의 길이를 두 배로 늘리고 그에게 일임했다. 그 결과 마치 경쟁하듯 필사적으로 계단을 오르는 인상적인 장면이 완성되었다.

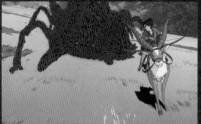
■ 아시타카는 마을로 다가오는 재앙신을 저지하려고 한다.

■ 다친 모로의 복수를 하고자 타타라 마을로 잠입한 산.

《모노노케 히메》

신들이 사는 숲에서 살아가는 모노노케들과 숲을 개간하여 자연을 파괴하는 인간의 싸움을 그린다. 산과 에보시는 각각 자연과 인간을 대표하는 존재. 재앙신을 쓰러뜨리고 저주를 받은 아시타카는 증오와 원망이 인간들을 멸망시킬 것이라는 사실을 안다. 그래서 두 사람의 싸움을 말리려고 한다.

■ 망대에서 재앙신을 발견한 아시타카.

■ 대결하는 산과 에보시.

■ 세이타와 세츠코는 공습에서 도망쳐 강가로 피난한다.

■ 아시타카는 오른팔에 재앙신의 저주를 입는다.

■ 두 사람 사이에 끼어든 아시타카.

■ 공습으로 불탄 마을. 아직 불씨가 남아 있다.

지브리가 그리는
"싸움"

지브리 작품의 주인공들은 다양한 것들과 싸운다. 사람들을 지키고, 세계를 구하기 위해 적이 되는 존재와 격렬한 전투를 펼친다. 현실의 역사에서 일어난 전쟁의 비극을 바라본 작품도 있다. 순수하게 애니메이션의 움직이는 재미를 추구한 액션 장면과 더불어 캐릭터의 마음 속 갈등 역시 "싸움"이다. 그로부터 탄생하는 드라마틱한 감동과 흥분이 몇 번을 봐도 즐길 수 있는 지브리 작품의 비밀이다.

■ 세이타가 재회한 엄마는 이미 빈사 상태였다.

《반딧불이의 묘》

쇼와 시대에 일본인이 경험한 태평양 전쟁을 배경으로 한 이야기다. 고베를 덮친 공습이 남매의 행복을 빼앗으면서 두 사람의 운명은 크게 바뀌고 만다. 소이탄의 불길에 휩싸인 마을, 알아볼 수 없게 변한 엄마의 모습 등, 전쟁의 무서움이 박진감 넘치는 영상으로 그려진다.

■ 아버지의 죽음을 알고 흥분한 나우시카.

■ 도시를 불태우는 거신병들.

■ 토르메키아 병사를 기습하는 유파.

《바람계곡의 나우시카》

크샤나가 이끄는 토르메키아 군은 거신병을 부활시켜 다시 전쟁을 일으키려고 한다. 영화에서는 그것을 막으려는 나우시카 일행의 싸움이 그려진다. 토르메키아 병사를 쓰러뜨리는 나우시카와 검의 달인인 유파의 활약 등 액션 볼거리도 풍부하다.

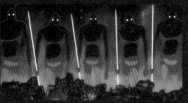

■ 유파는 나우시카의 폭주를 막는다.

■ 크샤나의 명령으로 오무를 공격하는 거신병.

■ 유파의 검은 사람을 구하기 위한 검이다.

■ 우타가와 구니요시의 우키요에※에서 인용한 거대 해골.

■ 작은 뇌신을 본 아이들은 무척 기뻐한다.

■ 노점에서 술을 마시는 두 사람의 등 뒤로 요괴 행렬이 지나간다.

《폼포코 너구리 대작전》

인간에게 자연을 빼앗긴 너구리들이 끝내 일어섰다. 변신술로 인간들에게 겁을 주고 쫓아내려는 태평한 싸움 방식이 그야말로 너구리답다. 열심히 훈련한 요괴 대작전은 테마파크 측이 자신들의 홍보 활동이었다고 발표하면서 그 성과를 가로채고 만다.

■ 절을 하는 거대 후쿠스케.※

■ 테니스 코트를 지나가는 다리말뚝들.

■ 아주 작은 크기의 아와오도리춤※도 등장.

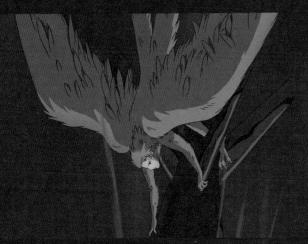
■ 하울은 폭탄에 달려들어 불발탄으로 만들어 소피를 지킨다.

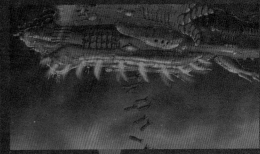
■ 소피가 사는 마을을 덮치는 폭격함.

《하울의 움직이는 성》

소피가 사는 나라는 대마법사 설리먼의 지휘 아래 다른 나라와 전쟁을 하고 있다. 예전에 설리먼의 제자였던 하울은 국왕의 명령으로 전쟁에 협력하도록 요청받지만, 계속해서 도망치며 전투를 방해함으로써 자신의 의사를 표현하고 있다.

■ 포르코를 둘러싼 공적연합 사람들.

■ 대지를 가득 메운 군용기의 잔해.

■ 포르코와 커티스의 결투는 일대 쇼가 되고 만다.

《붉은 돼지》

현상금 사냥꾼 포르코와 공적들은 견원지간이라 항상 서로 으르렁대지만, 사실은 여성과 아이에게 다정하고 착한 녀석들이라 큰 싸움은 벌어지지 않는다. 공적의 경호원이었던 커티스와 포르코는 피콜로 영감의 손녀 피오를 둘러싸고 결투를 벌이는데, 결국에는 완력 싸움이 되고 만다.

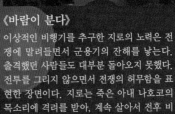
■ 지로 일행이 지켜보는 가운데 편대가 출격한다.

《바람이 분다》

이상적인 비행기를 추구한 지로의 노력은 전쟁에 말려들면서 군용기의 잔해를 낳는다. 출격했던 사람들도 대부분 돌아오지 못했다. 전투를 그리지 않으면서 전쟁의 허무함을 표현한 장면이다. 지로는 죽은 아내 나호코의 목소리에 격려를 받아, 계속 살아서 전후 비행기의 역사를 새겨나간다.

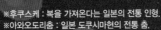

※우키요에 : 에도 시대에 서민 계층 사이에서 유행하였던 목판화.
※후쿠스케 : 복을 가져온다는 일본의 전통 인형.
※아와오도리춤 : 일본 도쿠시마현의 전통 춤.

아버지 미야자키 하야오도 영향을 받았던 판타지의 명작을 아들 미야자키 고로가 첫 감독 데뷔작으로 애니메이션화

게드 전기: 어스시의 전설 2006년

1968년에 제1권이 출간된 이래, 현재까지도 전 세계에서 읽히고 있는 어슐러 K. 르 귄의 장편 판타지 소설을 애니메이션화한 작품이다. 원작은 미야자키 하야오 감독의 애독서로, 《바람계곡의 나우시카》나 그림 동화 『슈나의 여행』 등 자신의 작품에도 큰 영향을 받았다고 말했던 명작이다. 영화로 만들고 싶어 원작자에게 요청했던 적도 있었다. 지브리 작품을 마음에 들어 한 원작자 측에서 반대로 '미야자키 감독이 애니메이션화했으면 좋겠다'며 2003년에 연락했다. 이 원작자로부터의 타진 이후에 시작된 기획 검토 팀에 처음부터 참가했던 장남 미야자키 고로가 최종적으로 감독에 발탁되었다.

미야자키 고로 감독은 '미타카의 숲 지브리 미술관' 창설 이래로 줄곧 관장을 맡고 있었다. 애니메이션 영화 제작은 물론, 그 설계도가 되는 그림 콘티를 그리는 것도 처음이었다. 하지만 아버지의 일을 나름대로 연구하고 있었기 때문에 처음부터 완성도 높은 그림 콘티를 그려내 지브리 스태프를 감탄하게 했다. 자신이 나아갈 길을 찾아 방황하는 왕자 아렌이 대현자 새매(=게드)와 소녀 테루를 만나고, 사악한 마법사 거미와의 대결을 통해 성장해 나가는 이야기다. 스토리는 원작의 제3권 『머나먼 바닷가』를 축으로, 미야자키 하야오의 『슈나의 여행』의 캐릭터와 미술 설정을 더해 재구성했다. 말하자면 르 귄의 원작을 통한 미야자키 부자의 컬래버레이션이라고 볼 수 있는 작품이다.

개봉일 : 2006년 7월 29일
상영 시간 : 약 115분
© 2006 Studio Ghibli · NDHDMT

원 작	어슐러 K. 르 귄
원 안	미야자키 하야오
각 본	미야자키 고로 니와 게이코
감 독	미야자키 고로
프로듀서	스즈키 도시오
음 악	데라지마 다미아
작화 연출	야마시타 아키히코
작화 감독	이나무라 다케시
미술 감독	다케시게 요지
색채 설계	야스다 미치오
영상 연출	오쿠이 아쓰시
주제가	〈시간의 노래〉
삽입곡	〈테루의 노래〉 (가창: 데시마 아오이)
제 작	스튜디오 지브리
제작 투자	스튜디오 지브리 니혼 TV 덴 쓰 하쿠호도 DYMP 디즈니 미쓰비시 상사 도 호

아 렌	오카다 준이치
테 루	데시마 아오이
거 미	다나카 유코
토 끼	가가와 데루유키
테 나	후부키 준
하지아 장수	나이토 다카시
여 주 인	바이쇼 미쓰코
왕 비	나쓰카 와이
국 왕	고바야시 가오루
새매(게드)	스가와라 분타

스토리

이야기의 무대는 어스시. '다도해 세계'라고도 불리는 이곳은 광대한 바다에 수많은 섬이 떠 있으며, 인간은 동쪽에서 살고 서쪽에는 용이 산다. 인간과는 결코 얽힐 일이 없는 용이 인간의 땅에 모습을 드러내면서, 각지에서 작물이 말라붙고 가축이 죽어 나간다. 세계의 균형이 무너지기 시작한 것이다.

재앙의 근원을 찾기 위해 여행하던 대마법사 게드는 인라드의 왕자 아렌을 만난다. 아렌은 마음속 어둠에 사로잡힌 채 정체불명의 '그림자'에 쫓기며 겁먹고 있었다. 아렌과 함께 여행을 계속하던 게드는 재앙의 배후에 거미라는 남자가 있다는 것을 알게 된다. 죽음을 두려워하여 영원한 생명을 손에 넣으려고 하는 그 남자는 예전에 게드와 싸워서 패배한 마법사였다.

원작 책 소개

원작: 어슐러 K. 르 귄 『어스시의 마법사』 (시미즈 마사코 번역 · 이와나미쇼텐 간행) 전5권 + 외전
◇ 원어판: 1968년~2001년 (원제: Earthsea)

'SF의 여왕' 르 귄이 '마법이 존재하는 세계'의 초석을 쌓은 걸작 판타지 소설. 미야자키 하야오를 비롯하여 많은 작가와 영화감독에게 영향을 미쳤다. 『반지의 제왕』, 『나니아 연대기』와 어깨를 나란히 하는 세계 3대 판타지 중 하나이다. 그리고 이 영화에는 내용에 깊은 영향을 준 책이 하나 더 있다. 원안으로 영화 본편의 크레디트에도 이름을 올린, 미야자키 하야오가 쓴 『슈나의 여행』(도쿠마쇼텐 간행)이다. 티벳 설화 '개가 된 왕자'를 바탕으로 미야자키 하야오가 새롭게 쓴 올컬러 수채화 그림책으로, 르 귄의 『게드 전기』에서 받은 사상적 영향을 강하게 엿볼 수 있다. 《바람계곡의 나우시카》, 《모노노케 히메》의 원점이 되기도 한 책이다.

아렌

인라드의 왕자. 훌륭한 부모님 밑에서 무엇 하나 부족함 없이 자랐지만, 아버지인 국왕을 죽이고 나라를 떠난다. 그 후 여행 도중에 게드를 만난다.

테루

얼굴에 화상 자국이 있는 소녀. 옛날에 부모로부터 학대를 받고 버려졌다. 테나와 함께 살며, 테나 이외의 사람에게는 마음을 열지 않는다.

새매(게드)

어스시에서 가장 위대한 마법사로 '대현자'라고 불린다. 세계의 균형이 무너지고 있다는 사실을 깨닫고 재앙의 근원을 찾기 위해 여행 중이다.

거미

죽음을 극도로 두려워한 나머지 삶의 의미를 잃고, 영원한 생명을 손에 넣기 위해 삶과 죽음의 두 세계를 가르는 문을 열고 만다. 과거의 인연으로 게드를 증오한다.

하지아 장수

'그림자'를 두려워하는 아렌에게 접근해 하지아를 권한다. 하지아는 마약의 일종으로, 중독되면 육체와 정신이 병들고 끝내 죽음에 이른다.

여주인

가짜만 파는 옷감 가게의 여주인. 예전에는 주술사였지만, 세계의 균형이 무너지면서 마법을 믿지 않게 되었다.

토끼

거미의 부하들의 리더이며 인간 사냥꾼이다. 소심하지만 거미의 힘을 등에 업고 안하무인으로 행동한다.

테나

게드의 옛 친구. 소녀 시절 무녀로서 아투안의 묘지를 지켰으나 게드에 의해 구출된다. 남편이 먼저 죽고 지금은 테루와 둘이 살고 있다.

왕비

아렌의 어머니. 국가를 이끌 후계자가 될 아렌을 혹독하게 가르친다.

국왕

인라드의 국왕이자 아렌의 아버지. 성군으로 이름이 높으며, 국민을 생각하는 마음으로 밤낮을 가리지 않고 나랏일에 힘을 쏟는다.

왕비 ─부부─ 국왕   토끼 ←수하─ 거미
붙잡는다
죽인다   이용한다   대결
부모/자식
습격한다   돕는다
            아렌 ←── 새매(게드) ←
유혹한다   신세진다   가짜를 팔려고 한다
        서로 돕는다
하지아 장수   여주인
            테루 ←함께 산다→ 테나

■ 사막에서 늑대 무리에게 둘러싸인 아렌은 분노에 휩싸여 싸우려고 하지만……

■ 대마법사 게드에 의해 목숨을 건진 아렌은 게드와 한동안 같이 여행하게 된다.

■ 호트 타운에 도착한 아렌은 테루가 토끼에게 붙잡히는 장면을 목격한다.

■ 자신의 그림자에 겁먹고 계속 도망치다 의식을 잃은 아렌을 마법사 거미가 구하는데……

절망했던 아렌은 게드를 만나고 테나가 사는 곳에서 농사일을 하면서 기운을 되찾는다. 이 장면은 미야자키 고로 감독이 '미타카의 숲 지브리 미술관'의 관장으로 일하며 만난 어린 스태프들로부터 '태양 아래에서 노동을 하면 고민 따위 사라진다'는 것을 경험했기 때문에 넣은 장면이다.

포스터

《게드 전기: 어스시의 전설》의 포스터는 두 종류가 있으며, 그림에 맞춰 저마다 다른 카피가 달렸다.

■ 2차 포스터. 이야기의 무대가 된 호트 타운을 그린 미야자키 고로의 러프 스케치를 바탕으로 만들었다.

■ 1차 포스터. 미야자키 고로 감독이 원작에서 받은 이미지로 그린 러프 스케치가 바탕이 되었다.

신문 광고

신문 광고는 포스터의 비주얼과 더불어 주인공 아렌과 테루를 메인으로 삼은 이미지로 많이 만들었다.

■ 7월 21일 요미우리신문 등, 초반에는 대조적인 표정의 아렌과 테루를 조합한 비주얼을 사용했다.

■ 개봉 전날인 7월 28일에는 산케이신문을 비롯한 닛케이신문, 도쿄신문, 석간후지, 일간겐다이 등에 컬러 광고가 실렸다.

■ 2006년 7월 7일에는 마이니치신문, 닛케이신문, 산케이신문, 도쿄신문 각지에 컬러 전면 광고가 실렸다.

■ 이탈리아판 포스터.

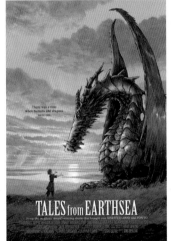

■ 북미판 포스터.

■ 한국판 포스터.

■ 그림이 다른 홍콩판 포스터.

■ 홍콩판 포스터.

■ 프랑스판 포스터.

■ 영국판 포스터.

■ 8월 11일 아사히신문과 요미우리신문에 실린 광고. "고로"라고 시작되는 카피는 스즈키 프로듀서가 미야자키 고로 감독에게 보내는 메시지라고 할 수 있다.

■ 9월 1일 아사히신문과 요미우리신문에 실린 광고의 메인 비주얼은 영원한 생명을 욕망하는 마법사 거미였다.

제작 비화

극중에서 흘러나오는 〈테루의 노래〉를 작사할 때, 미야자키 고로 감독은 하기와라 사쿠타로의 「마음」이라는 시를 참고했다. 이 영화에 나오는 사람은 모두 고독하다. 그런 영화의 정서가 이 시에 그려져 있기 때문이다. 완성한 가사에는 '여러 사람에게 무언가를 나누어 주기도 하고 받기도 하는 것이 살아가는 것이다'라는 감독의 마음이 담겼다.

■ 8월 25일 아사히신문과 요미우리신문에 실린 광고. 스즈키 프로듀서가 자필로 적은 출연진들을 향한 메시지가 인상적이다.

인간을
사랑하게 된
물고기 소녀
포뇨가 기적을
일으키는
신비한 바다
판타지

벼랑 위의 포뇨

2008년

미야자키 하야오 감독의 열 번째 작품인 극장용 장편 애니메이션으로, 《센과 치히로의 행방불명》(2001년) 이후 첫 오리지널 작품이다. 지브리 사원 여행에서 세토 내해의 한 마을에 머물렀던 미야자키 감독은 바다에 면한 벼랑 위의 집이 마음에 들어 그곳에서 신작 기획을 시작했다. 제목과 주인공 이름의 힌트가 된 「문」 등 나쓰메 소세키의 소설을 읽은 것도 이 바닷가의 집이었다. 그리고 다양한 아이디어를 더해 완성한 것이 바로 물고기 소녀 포뇨와 인간 소년 소스케가 펼치는 작은 사랑 이야기다.

이 영화에서 미야자키 감독이 목표한 것은 두 가지였다. 하나는 어린아이를 비롯해 폭넓은 세대가 즐길 수 있고, 이론을 뺀 오락 영화를 만드는 것. 다른 하나는

CG를 사용하지 않고 전통적인 수작업 작화의 맛을 살리는 것이었다. 주인공 소스케와 보육원 아이들뿐만 아니라, 소스케의 엄마 리사와 요양원의 활기찬 할머니들도 저마다 활약하며 볼거리를 만든다. 포뇨의 신비로운 엄마 그랜맘마레를 비롯해 특히 여성 캐릭터를 매력적으로 그려낸 것이 인상 깊다. 또 지브리 작품이라고 하면 늘 섬세하게 그린 사실적 배경 미술이 주목을 받았는데, 이 영화에서는 전체적으로 그림책을 연상케 하는 컬러풀한 색감과 소박한 그림체가 채용되었다. 이런 점들이 수작업으로 그린 캐릭터의 선이나 부드러운 움직임과 잘 맞아떨어져, 애니메이션의 원점으로 돌아간 듯한 즐거움을 느낄 수 있다.

스토리

바닷가의 작은 마을, 벼랑 위 단층집에 사는 다섯 살 소년 소스케는 어느 날 빨간색 물고기 소녀를 만나 포뇨라고 이름을 지어주고 귀여워한다. 아버지 후지모토에 의해 바다에서 자란 포뇨는 바깥세상으로 가 보고 싶어서 해파리를 타고 바다 위로 나온 것이었다. 포뇨와 소스케는 서로를 좋아하게 되지만, 후지모토가 포뇨를 다시 바다로 데려가고 만다.

포뇨는 소스케를 만나고 싶다는 생각에 후지모토가 바다에서 정제한 액체 '생명의 물'의 힘을 빌려 인간 소녀로 변신한다. 그리고 다시 소스케가 있는 곳으로 찾아간다. 소스케도 무척 기뻐하지만 생명의 물이 넘쳐버린 탓에 태풍이 일어나 마을이 바다에 잠기고 마는데…….

개봉일 : 2008 년 7 월 19 일
상영 시간 : 약 101분
© 2008 Studio Ghibli·NDHDMT

원작·각본·감독	미야자키 하야오
프 로 듀 서	스즈키 도시오
제 작	호시노 고지
음 악	히사이시 조
작 화 감 독	곤도 가쓰야
미 술 감 독	요시다 노보루
색 채 설 계	야스다 미치요
영 상 연 출	오쿠이 아쓰시
주 제 가	〈바다의 엄마〉 (노래: 하야시 마사코) 〈벼랑 위의 포뇨〉 (노래: 후지오카 후지마키 오하시 노조미)
제 작	스튜디오 지브리
제 작 투 자	스튜디오 지브리 니 혼 T V 덴 쓰 하쿠호도 DYMP 디 즈 니 미쓰비시상사 도 호

리 사	야마구치 도모코
코 이 치	나가시마 가즈시게
그랜맘마레	아마미 유키
후 지 모 토	도코로 조지
포 뇨	나라 유리아
소 스 케	도이 히로키
아 주 머 니	히이라기 루미
여 동 생 들	야노 아키코
토 키	요시유키 가즈코
요 시 에	나라오카 도모코

캐릭터

포뇨

이것저것 구속하는 아빠에게 반발하여 가출한 호기심 왕성한 물고기 소녀. 포뇨라는 이름은 소스케가 붙인 것이고, 진짜 이름은 브륀힐트. 햄을 무척 좋아한다.

소스케

똑똑하고 솔직한 성격의 다섯 살 소년. 벼랑 위의 단층집에 산다. 바닷가에서 만난 포뇨가 좋아서 포뇨를 지켜주기로 맹세한다.

리사

소스케의 엄마. 선원인 남편이 집을 자주 비워서 홀로 아들을 돌보고 살림을 꾸려 나가며, 양로원 '해바라기집'에서 일한다.

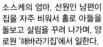

코이치

소스케의 아빠. 내항 화물선 '코가네이마루'의 선장. 완고한 성격의 뱃사람으로, 일 때문에 좀처럼 집에 돌아오지 못하지만 가족에 대한 사랑은 누구보다 강하다.

그랜맘마레

포뇨의 엄마. 바다의 어머니라 할 수 있는 위대한 존재로, 아주 오래전부터 바다의 생물을 지켜왔다. 몸의 크기를 자유자재로 바꿀 수 있다.

후지모토

포뇨의 아빠. 예전에는 인간이었지만 바다를 더럽히는 인간에게 절망해서 지상을 버리고 바다의 생물과 함께 살아가기로 했다.

여동생들

포뇨와 마찬가지로 후지모토가 키운 물고기 소녀들. 항상 무리 지어 다닌다. 언니 포뇨를 무척 좋아하며 항상 응원한다.

토키

'해바라기원'에 다니는 할머니. 늘 비꼬는 말투이며 소스케에게도 쌀쌀맞게 대하지만, 애정 표현이 서툴 뿐 마음속은 따뜻하다.

요시에

'해바라기원'에 다니는 할머니. 포동포동한 외모처럼 느긋한 성격이며, 소스케가 오기를 기다린다.

노리코

'해바라기원'에 다니는 할머니.

캐릭터 관계도

해바라기원 할머니들
토키　요시에　노리코

그랜맘마레 ←부부→ 후지모토

부모/자식　응원한다

여동생들 ←자매→ 포뇨 ←좋아한다→ 소스케

사이가 좋다 / 보살핀다

구해준다　부모/자식

리사 ←부부→ 코이치

■ 소스케와 만나고 소스케를 좋아하게 된 물고기 아이 포뇨는 바다에서 도망친다.

■ 남편이 오늘도 돌아오지 않는다는 사실을 안 리사는 기분이 상하지만, 소스케 덕분에 기운을 얻는다.

■ 포뇨가 인간이 있는 곳으로 갔다는 사실을 알게 된 그랜맘마레가 내린 답은……

■ 포뇨는 인간으로서 소스케와 함께 살게 되는데……

주목 포인트

토키 할머니는 미야자키 감독의 어머니가 모티프다. 영화 종반부에서 토키를 비롯한 할머니들이 저승 같은 곳에서 즐겁게 뛰어노는 장면은 원래 그림 콘티에 길게 그려져 있었다. 최종적으로는 짧게 조정되었지만, 그곳은 감독이 상상한 어머니가 계신 저승이었을지도 모른다.

포스터

《벼랑 위의 포뇨》에서는 두 종류의 포스터가 만들어졌다. 둘 다 카피가 들어가지 않은 점이 독특하다.

■ 1차 포스터. 미야자키 감독의 이미지 보드를 바탕으로 한 그림으로, 양동이에서 밖을 바라보는 포뇨의 표정이 재미있다.

■ 2차 포스터. 스즈키 도시오 프로듀서가 제안한 것으로, 포뇨와 소스케의 만남 부분이 그려져 있다.

■ 2008년 6월 20일, 아사히신문과 요미우리신문에 실린 컬러 전면 광고는 2차 포스터의 그림에 "태어나길 잘했어."라는 카피를 넣었다.

■ 지브리 작품에서 항상 하는 카운트다운 광고는 7월 15일부터 산케이신문에 실렸다.

신문 광고

신문 광고는 2차 포스터를 비롯해 영화의 명장면을 사용하여 다양하게 만들었다.

■ 개봉 전날인 7월 18일, 니혼케이자이신문을 비롯한 각 지면에 물고기 떼 위를 달리는 포뇨를 메인 비주얼로 삼은 광고가 등장했다.

■ 프랑스판 포스터.

■ 오스트레일리아판 포스터.

■ 그림이 다른 프랑스판 포스터.

■ 스페인판 포스터.

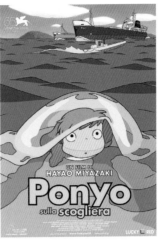

■ 이탈리아판 포스터.

■ 타이완판 포스터.

■ 한국판 포스터.

■ 그림이 다른 스페인판 포스터.

■ 북미판 포스터.

■ 싱가포르판 포스터.

■ 8월 15일의 요미우리신문 5단 통 광고에는 만원사례를 뛰어넘는 "초만원사례"라는 글과 대사를 인용한 카피가 실렸다.

■ 여름방학이 끝나가는 8월 29일, 아사히신문, 요미우리신문 광고에는 물속 세계의 생물을 등장시킨 여름 분위기의 광고가 실렸다.

■ 상영 연장을 알리는 10월 3일 아사히신문, 요미우리신문의 광고는 활기찬 장면을 메인 비주얼로 사용했다.

■ 12월 26일 아사히신문 광고는 주제가를 부른 오하시 노조미와 후지오카 후지마키의 NHK 홍백가합전 출연과 새해까지 이어진 롱런을 기뻐하는 포뇨의 비주얼이다.

■ 12월 19일, 크리스마스 시즌에 맞추어 디자인한 광고가 아사히신문, 요미우리신문에 실렸다.

마루 밑에 펼쳐지는 소인들의 세계. 지브리가 키운 애니메이터 요네바야시 히로마사의 첫 감독작

마루 밑 아리에티   2010년

《귀를 기울이면》(1995년)의 곤도 요시후미, 《게드 전기: 어스시의 전설》(2006년)의 미야자키 고로에 이어 스튜디오 지브리에서 탄생한 세 번째 신인 감독, 요네바야시 히로마사의 데뷔작이다. 요네바야시 히로마사는 1996년에 입사했다. 《벼랑 위의 포뇨》(2008년)에서는 포뇨가 물고기와 함께 지상으로 향하는 장면에서 미야자키 감독을 감탄하게 만드는 등 애니메이터로서의 실력이 빼어나 발탁되었다.

원작인『마루 밑 바로우어즈』는 영국의 여성 작가 메리 노튼이 1952년에 발표한 아동용 판타지다. 도에이 동화 시절에 책을 읽은 미야자키 하야오는 다카하타 이사오와 함께 애니메이션화를 생각한 적도 있었다. 40여 년 만에 지브리 작품으로 기획이 실현되었고, 미야자키

하야오와 니와 게이코가 공동으로 각본을 담당했다. 무대를 일본으로 변경했지만, 소인들의 이름은 원작 그대로다. 또 작품의 분위기에 맞는다는 이유로 지브리 작품에서는 처음으로 주제가에 해외 아티스트(세실 코르벨)가 기용되었다. 이야기 설정은 판타지이면서, 인간으로부터 '빌린' 물건을 이용해서 살아가는 소인들의 생활이 리얼하게 그려지는 점이 볼거리다. 소인 소녀 아리에티와 인간 소년 쇼우의 첫사랑과도 닮은 만남을 통해, 만날 일이 없던 두 종족, 두 개의 세계가 한순간이나마 교차하고 또 멀어진다. 이별과 새로운 출발이 겹쳐지는 마지막 부분은 어른으로 성장해 가는 아리에티의 희망과 함께 인간에게 쫓겨 멸망해 가는 소인들의 운명도 느껴지면서 아련한 여운을 남긴다.

스토리

소인 소녀 아리에티는 아빠, 엄마와 함께 셋이서 낡은 저택 마루 밑에 산다. '인간에게 모습을 들켜서는 안 된다.'는 것이 소인의 규칙. 아리에티 가족은 생활에 필요한 물건을 저택 사람들이 눈치채지 못하도록 빌리면서 몰래 살아가고 있다.

어느 날, 쇼우라는 소년이 저택에 요양을 하러 찾아

온다. 그날 밤, 아빠와 함께 처음으로 물건을 빌리러 외출한 아리에티는 쇼우에게 모습을 들키고 만다. 게다가 부엌에서 빌린 각설탕까지 떨어뜨린다. 그 일을 계기로 아리에티와 쇼우는 조금씩 친해지지만, 인간에게 다가가는 일은 아리에티 가족에게 위험한 일이었다.

개봉일 : 2010년 7월 17일
상영 시간 : 약 94분
ⓒ 2010 Studio Ghibli · NDHDMTW

원　　　　작 ……	메리 노튼
각　　　　본 ……	미야자키 하야오 니와 게이코
감　　　　독 ……	요네바야시 히로마사
기　　　　획 ……	미야자키 하야오
프 로 듀 서 ……	스즈키 도시오
제　　　　작 ……	호시노 고지
음　　　　악 ……	세실 코르벨
작 화 감 독 ……	가가와 메구미 야마시타 아키히코
미 술 감 독 ……	다케시 노보루 요시다 노보루
색　지　정 ……	모리 나오미
영 상 연 출 ……	오쿠이 아쓰시
주　제　가 ……	〈Arrietty's Song〉 (노래: 세실 코르벨)
제　　　　작 ……	스튜디오 지브리
제 작 투 자 ……	스튜디오 지브리 니혼 T V 덴　쓰 하쿠호도 DYMP 디 즈 니 미쓰비시 상사 와 일 드 번 치
아리에티 ……	시다 미라이
쇼　　　우 ……	가미키 류노스케
호　밀　리 ……	오타케 시노부
스　피　라 ……	후지와라 다쓰야
팟　　　　……	미우라 도모카즈
하　　　루 ……	기키 기린

원작 책 소개

◆ **원작: 메리 노튼『마루 밑 바로우어즈』** (하야시 요키치 번역·소인의 모험 시리즈 1, 이와나미서점 간행) **전 5권** (※5권만 이노쿠마 요코 번역)
◇ 원어판: 1952년~1983년(원제: The Borrowers)

영국 아동문학의 선구자 노튼이 '마력을 지니지 않은 소인들'의 모험 이야기로 판타지의 새로운 경지를 개척하여 카네기상을 수상한 명작. 과거에 영국 BBC 등에서 여러 번 실사화했다. 지브리 작품에서는 무대가 현대 일본으로 번안되었다.

아리에티
열네 살 소인 소녀. 낡은 저택의 마루 밑에서 부모님과 함께 살고 있다. 밝고 활기차지만 무모한 면이 있다.

쇼우
열두 살 소년. 심장병으로 수술을 앞두고 어머니가 자란 낡은 저택에 요양하러 왔다가 아리에티를 만난다.

호밀리
아리에티의 엄마. 가족의 집안일을 꾸려간다. 위험을 무릅쓰고 빌리러 가는 남편과 자유분방한 아리에티를 늘 염려한다.

사다코
쇼우 할머니의 여동생(쇼우 엄마의 이모). 낡은 저택의 주인으로, 돌아가신 아버지로부터 소인을 보았다는 이야기를 듣고 자랐다. 온화한 성격.

스피라
열두 살 소인 소년. 자연 속에서 사냥을 하면서 홀로 씩씩하게 살고 있다. 활을 가지고 다닌다.

팟
아리에티의 아빠. 생활에 필요한 물건을 손에 넣기 위해 마루 위 인간의 집으로 빌리러 간다. 가구와 식기 등은 직접 만든다.

하루
사다코의 저택에서 오랫동안 일해 온 입주 가정부. 호기심이 왕성해서 쇼우의 행동을 수상쩍어하며, 아리에티 가족의 집을 발견한다.

야옹이
저택에서 기르는 고양이로 쇼우를 잘 따른다. 저택의 마루 밑에 소인이 있다는 사실을 알고 있다.

소인

아리에티 ← 도와준다 ← 쇼우 ← 예뻐한다 → 야옹이

도와준다

부모/자식

보살핀다

주인

팟 ← 부부 → 호밀리 ← 존재를 믿는다 ← 사다코 ←

구한다

스피라

붙잡는다

모신다

하루

■ 소인 아리에티는 낡은 저택의 정원에서 꽃과 잎을 모으는 것을 좋아한다.

■ 아리에티는 저택 마루 밑의 집에서 평소처럼 아빠와 엄마와 차를 마시고 있었는데……

■ 아리에티는 소인의 규칙을 어기고 인간 소년과 마주한다.

■ 아리에티 가족은 소인 소년 스피라의 도움을 받아 저택을 떠나게 된다.

주목 포인트

요네바야시 히로마사는 곤충을 싫어한다. 그래서 이 작품에 등장하는 곤충들은 리얼함을 추구하지 않고 일부러 캐릭터처럼 그렸다. 개중에서도 아리에티의 친구인 꼽등이는 더욱 친근하게 그렸다.

포스터

《마루 밑 아리에티》
의 포스터는 하나뿐
이며, 극장에 거는 배
너(현수막)가 홍보에
처음 사용되었다.

■ 극장용 포스터. 나뭇잎 그늘 사
이로 보이는 아리에티의 빨간색 옷
과 주위의 녹색의 대비가 선명하
다. 이슬의 표현도 아름답다.

극장 배너

■ 쇼우가 사는 저택의 배경화
를 이용한 배너. 세로 1.8m, 가로
10.5m 크기의 상당히 커다란 현수
막이다.

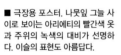

신문 광고

개봉 전의 비주얼은
포스터를 이용했고,
개봉에 맞추어 아리
에티의 다양한 표정
을 보여주는 광고를
만들었다.

■ 2010년 6월 11일 아사히신문에 포스터 비주얼로 전면
컬러 광고가 실렸다.

■ 7월 23일 아사히
신문, 요미우리신문
광고에서는 개봉 전
날부터 등장한 포
니테일 스타일의 아
리에티 그림을 계속
해서 메인 비주얼로
사용했다.

■ 8월 6일 아사히신문, 요미우리신문 광고 등에는 주제가를 부르는 세실
코르벨의 사진이 들어간 비주얼도 만들었다.

■ 한국판 포스터.

■ 북미판 포스터.

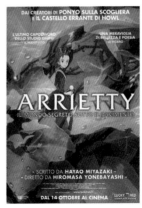

■ 이탈리아판 포스터.

■ 영국판 포스터.

■ 타이완판 포스터.

■ 8월 13일 아사히신문, 요미우리신문 등 여름에 실린 광고에는 여름나기, 오본* 등 계절에 맞춘 단어가 카피에 등장했다.

■ 9월 17일 아사히신문, 요미우리신문의 5단 통 광고는 아리에티의 뒷모습이라는 과감한 비주얼. 그 밖에 요네바야시 감독의 이미지 보드를 이용한 광고도 만들었다.

■ 8월 27일 아사히신문과 요미우리신문 등 후기 광고에서는 극중의 인상적인 장면이 메인 비주얼로 쓰였다.

제작 비화

《붉은 돼지》 이후 지브리 작품의 거의 모든 촬영 감독을 담당한 오쿠이 아쓰이는 이 작품의 배경을 만들 때, 흐린 연출에 집착했다. 아리에티 가족이 사는 저택의 정원에서 카메라가 아리에티에게 다가가면 배경은 흐려져야 한다. 그래서 의도적으로 배경을 뿌옇게 만들어 연출했다.

※오본 : 양력 8월 15일에 지내는 일본의 명절.

1960년대의 고등학생들이 펼치는 밝고 긍정적인 청춘의 나날

코쿠리코 언덕에서 — 2011년

미야자키 고로 감독이 담당한 두 번째 극장 작품으로, 데뷔작인 《게드 전기: 어스시의 전설》(2006년)과 완전히 다르게 판타지 요소가 없는 청춘 이야기다. 원작 만화(그림 다카하시 지즈루, 원작 사야마 데쓰로)는 1980년 무렵의 이야기지만, 각본을 담당한 미야자키 하야오(니와 게이코와 공동 각본)는 배경을 고도 경제 성장기인 1963년으로 바꾸고, 무대도 구체적으로 요코하마로 설정했다. 이 무렵 일본은 전후 눈부신 부흥을 이룩하여 고도 경제 성장과 대량 소비 사회로 본격화되고 있었다. 한편 전쟁이 끝난 뒤 18년이 흘렀지만, 전쟁의 영향과 기억이 아직 여러 면에서 남아 있었다. 그러한 시대를 이야기의 배경으로 삼고 싶다는 것이 제작 의도였다.

주인공인 우미와 슌의 가정에는 부모님들이 체험한

태평양 전쟁과 그 후의 한국 전쟁이 큰 그림자를 드리우고 있다. 두 사람은 서로 호의를 느끼면서도 서로의 출생을 둘러싸고 고민한다. 하지만 극 중 슌의 대사에도 있듯이 "마치 싸구려 드라마 같네."라는 부분을 강조하는 것이 아니라, 어디까지나 두 사람을 중심으로 쭉쭉 성장해 나가는 젊은이들의 군상을 그리는 것이 주안점이다. 그런 의미에서 작품은 명랑하고 쾌활한 청춘 영화로 완성되었다. 지금은 쉽게 볼 수 없는 자전거에 함께 탄 두 사람의 모습이나 등사판 인쇄를 하는 학교 신문, 학생 집회의 합창, 대청소 장면에서의 남학생과 여학생의 미묘한 거리감 등, 디테일이 풍부한 학교생활 묘사가 재미있다. 어떤 세대에게는 그립게 느껴지고, 반대로 지금 세대에게는 신선하게 다가올 것이다.

스토리

1963년, 전후 부흥을 이룬 일본은 이듬해 도쿄 올림픽을 앞두고 고도 경제 성장이라고 불리는 시대를 맞이하고 있었다. 이야기의 무대는 그 시대의 요코하마다. 언덕 위의 하숙집 '코쿠리코장'에 사는 고등학교 2학년 마츠자키 우미는 어릴 적 바다에서 돌아가신 아빠를 생각하며 매일 아침 '안전한 항해를 기원한다'는 의미의 신호기를 올린다. 우미와 같은 고등학교 3학년인 가자

마 슌은 매일 아침 그 깃발을 보고 회답기를 올린다.

학교에서는 문화부 부실이 모여 있는 낡았지만 유서 깊은 건물 '카르티에라탱'이 철거된다는 이야기가 나오고, 문예부인 슌은 〈주간 카르티에라탱〉이라는 교내지를 만들어 반대 운동을 펼친다. 우미도 인쇄를 도우면서 우미와 슌은 서로에게 호의를 느끼게 되는데……

개봉일 : 2011년 7월 16일
상영 시간 : 약 91분
© 2011 다카하시 지즈루 · 사야마 데쓰로 · Studio Ghibli · NDHDMT

원 작	……	다카하시 지즈루 사야마 데쓰로
각 본	……	미야자키 하야오 니와 게이코
감 독	……	미야자키 고로
기 획	……	미야자키 하야오
프 로 듀 서	……	스즈키 도시오
제 작	……	호시노 고지
음 악	……	다케베 다카시
캐릭터 디자인	……	곤도 가쓰야
미 술 감 독	……	요시다 노보루 오바 가몬 다카마쓰 요헤이 오모리 다카시
촬 영 감 독	……	오쿠이 아쓰시
주 제 가	……	〈이별의 여름〉 (노래: 데시마 아오이)
삽 입 곡	……	〈위를 보고 걷자〉 (노래: 사카모토 규)
제 작	……	스튜디오 지브리
제 작 투 자	……	스튜디오 지브리 니혼 T V 덴 쓰 하쿠호도 DYMP 디 즈 니 미쓰비시상사 도 호

마츠자키 우미	……	나가사와 마사미
가 자 마 슌	……	오카다 준이치
마츠자키 하나	……	다케시타 게이코
호쿠토 미키	……	이시다 유리코
히로코지 사치코	……	히이라기 루미
마츠자키 료코	……	후부키 준
오노데라 요시오	……	나이토 다카시
미즈누마 시로	……	가자마 슌스케
가자마 아키오	……	오모리 나오
도쿠마루 이사장	……	가가와 데루유키
마츠자키 소라	……	시라이시 하루카
마츠자키 리쿠	……	고바야시 쓰바사
사와무라 유이치로	……	오카다 준이치
마키무라 사오리	……	마스오카 유코

원작 책 소개

◆ 원작: 다카하시 지즈루 그림·사야마 데쓰로 원작 『코쿠리코 언덕에서』 (고단샤 간행) 전 2권 (가도카와쇼텐 간행)

『나카요시』 1980년 1월호~1980년 8월호에 연재되었다. 당시 유행하던 순정 만화 같은 그림과 표현으로 이루어져 있지만 내용은 『나카요시』 독자층에게는 다소 어른스러운 청춘 드라마다. 지브리 작품에서는 이야기의 골자는 남기면서 설정을 대담하게 바꾸었다.

마츠자키 우미

고난고등학교 2학년. 여동생과 남동생을 돌보며 하숙집 '코쿠리코장'을 꾸려나가기까지 한다. 야무진 성격. 프랑스어로 '바다'라는 뜻인 '메르'가 별명이다.

가자마 슌

고난고등학교 3학년. 문예부 부장이며, 문화부 부실이 모여 있는 낡은 건물 '카르티에라탱'의 철거에 반대한다.

마츠자키가 | 친구

마츠자키 하나 ←모녀→ 마츠자키 요코 | 오노데라 요시오

할머니 | 부모/자식 | 부부 | 다치바나 히로시 ←친아버지

마츠자키 리쿠 · 마츠자키 소라 · 마츠자키 우미 | 사와무라 유이치로 ←출생의 비밀을 알려준다

가자마 아키오 ←호적상의 아버지

부실동 철거 반대를 요청한다 | 끌린다 | 양아버지

도쿠마루 이사장

미즈누마 시로 ←친구→ 가자마 슌

아는 사이

코쿠리코장 주민

하숙 경영 → 호쿠토 미키 · 히로코지 사치코 · 마키무라 사오리

마츠자키 하나

우미의 할머니. 마츠자키가의 가장으로서 세 손주들을 돌보며, 아직도 아버지를 그리며 깃발을 올리는 우미를 염려한다.

마츠자키 소라

우미의 여동생. 멋내기에 신경 쓰는 고난고등학교 1학년. 가자마를 동경해서 우미와 함께 카르티에라탱 편집부를 찾아간다.

마츠자키 리쿠

우미의 남동생이자 마츠자키가의 장남. 중학교 2학년. 코쿠리코장의 유일한 남자로 예전부터 귀여움을 받아왔다. 히로코지와 사이가 좋다.

호쿠토 미키

코쿠리코장의 하숙생. 고난고등학교 졸업생으로, 25세의 수련의. 여장부 기질이 있으며 우미에게 의지가 되는 존재.

히로코지 사치코

코쿠리코장의 하숙생. 가난한 미대생으로 밤늦게까지 그림을 그린다.

마키무라 사오리

코쿠리코장의 하숙생. 요코하마의 외국 영사관에서 근무한다. 유행에 민감하며, 소라와 함께 패션과 이성 관계에 대해 자주 이야기를 나눈다.

■ 고등학교 2학년인 우미는 돌아가신 아버지를 그리며 매일 아침 '안전한 항해를 기원한다'는 의미의 신호기를 올린다. 같은 고등학교 선배가 회답기를 올리고 있다는 사실은 모른 채……

■ 어느 날 우미는 학교에서 우미에게 회답기를 올리고 있던 선배 가자마 슌을 만나고, 두 사람은 서로에게 끌린다.

■ 우미와 슌은 자신들이 사실 남매가 아닐까 하는 의혹을 갖게 된다.

■ 두 사람은 진실을 알기 위해 과거를 알고 있는 오노데라를 찾아가는데……

마츠자키 료코

우미의 엄마. 대학교 영미문학 조교수로, 미국 유학 중이다. 우미의 아버지인 사와무라 유이치로와 사랑의 도피를 하면서까지 결혼한 행동파 여성.

사와무라 유이치로

우미의 아버지. 친구의 아이인 슌을 맡아서 호적상의 아버지가 된 이후, 전차 상륙함의 선장으로서 한국 전쟁에서 수송 임무를 하던 중, 사망한다.

오노데라 요시오

고등상선학교 시절에 젊은 나이로 죽은 슌의 친아버지와 우미의 아버지와 동급생이었던 선원.

미즈누마 시로

고난고등학교 3학년. 학생회장을 맡고 있는 수재. 슌과 함께 카르티에라탱의 철거에 반대한다.

가자마 아키오

슌의 양아버지. 예인선의 선장이다. 무뚝뚝하지만 가족을 사랑한다.

도쿠마루 이사장

도쿠마루 재단을 이끄는 실업가이자 고난학원의 이사장. 다양한 사업에서 활약하는 한편, 젊은이들이 성장할 기회를 만들어 주고 싶어 한다.

도쿠마루 이사장이라는 캐릭터는 2000년에 서거한 도쿠마쇼텐의 창업자 도쿠마 야스요시가 모델이다. 도쿠마 야스요시는 지브리를 탄생시키고 미야자키 하야오가 세상에 나올 수 있도록 지지해 준 인물로, 즈시카이세이 학원의 이사장이었다. 이는 미야자키 하야오의 도쿠마 사장에 대한 감사와 애도의 표현이라 할 수 있다.

■ 2차 포스터. 영화 개봉 중에 만들어진 것으로, 히로인 우미와 사망한 아
버지의 재회 장면을 연상케 하는 비주얼로 그렸다.

■ 1차 포스터. 기획과 각본을 담당한 미야자키 하야오의 이미지 일러스트
를 사용했다. 캐스팅과 개봉일 정보 없이 타이틀만 있는 버전도 있다.

■ 7월 22일 아사히신문, 요미우리신문의 5단 통 광고 등에서는 카피에
맞추어 우미의 밝은 옆얼굴 신을 썼다.

■ 7월 29일, 아사
히신문, 요미우리신
문의 광고에는 캐릭
터 디자인을 맡은 곤
도 가쓰야가 그린 러
프 스케치를 사용했
다. 미야자키 하야오
의 기획을 위한 메모
중 일부를 카피로 사
용했다.

■ 신문 광고는 2011년 6월 24일 아사히신문, 요미우리신
문의 전면 컬러 광고부터 시작했다. 미야자키 고로 감독의
이름을 어필한 광고 카피가 붙어 있다.

■ 프랑스판 포스터.

■ 이탈리아판 포스터.

■ 홍콩판 포스터.

■ 영국판 포스터.

■ 타이완판 포스터.

■ 스웨덴판 포스터.

■ 북미판 포스터.

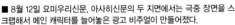

■ 8월 12일 요미우리신문, 아사히신문의 두 지면에서는 극중 장면을 스크랩해서 메인 캐릭터를 늘어놓은 광고 비주얼이 만들어졌다.

■ 9월 2일 아사히신문, 요미우리신문의 광고에서는 상영 기간이 연장되었다는 사실을 크게 고지했다. 붓글씨로 된 카피 글자는 스즈키 도시오 프로듀서가 썼다.

■ 9월 9일의 아사히신문과 요미우리신문의 광고는 화물선에 뛰어 올라타는 장면을 사용해서 슌의 멋진 모습을 강조했다.

■ 9월은 사흘간 연휴인 주말이 두 번 있어서, 9월 16일과 9월 22일의 아사히신문, 요미우리신문 등에 그 사실을 강조한 광고가 실렸다. 10월 7일에는 도쿠마루 이사장이 등장하는 3일 연휴 광고도 만들어졌다.

제작 비화

2011년 3월 11일, 동일본대지진이 발생했다. 이 작품의 제작에 마지막 박차를 가할 시기였다. 원자력 발전소 사고로 계획 정전이 시행되어, 현장을 어떻게 할지가 문제가 되었다. 그때 미야자키 하야오가 '이럴 때일수록 현장을 떠나서는 안 된다. 다소 무리를 해서라도 해야 한다.'고 격려해, 스케줄을 짜서 현장 작업을 이어갔다.

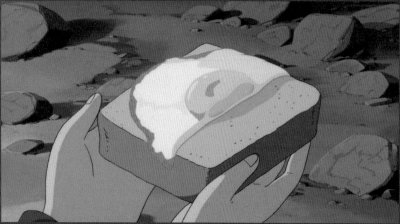

■ 빵에 계란 프라이를 얹은 파즈의 아침 식사. 시타와 둘이 나눠 먹어서 계란 프라이도 절반씩 올렸다.

■ 빵을 먹으며 서로에 대해 이야기를 나누는 두 사람.

《천공의 성 라퓨타》

추격자를 따돌리고 폐갱 안쪽에 숨은 파즈는 가방 안에서 아침에 만든 계란 프라이를 얹은 빵을 꺼낸다. 두 사람이 빵을 베어 물자 계란 프라이만 스르륵 입속으로 들어가는 묘사는 무심코 따라하고 싶어진다. 디저트인 파란 사과와 사탕도 파즈의 가방에서 나왔다.

《추억은 방울방울》

타에코의 어린 시절. 가족끼리 처음으로 파인애플을 먹은 에피소드가 등장한다. 아빠가 긴자에 있는 고급 가게에서 사 왔지만, 아무도 먹는 방법을 몰라 한동안 장식해 둔다. 예전에는 바나나나 멜론도 마찬가지로 드물었던 시대가 있었다.

 지브리가 그리는
"음식"

지브리 작품에서 특히 화제가 되는 것이 극 중에 등장하는 갖가지 음식이다. 팬들 사이에서는 '지브리 밥'이라고도 불리며, 레시피를 연구하는 사람도 있다. 빵과 치즈와 계란과 프라이팬만 있으면 만들 수 있을 것 같은 음식도 있다. 수고롭고 돈이 드는 호화 요리가 아니라, 부담 없이 빠르게 만드는 음식이라는 점이 지브리 캐릭터의 친근감과도 맞닿아 있다. 음식과 그것을 먹는 묘사는 때로는 작품의 세계관과 시대 배경의 표현으로도 이어지는 중요한 요소이기도 하다.

■ 얹혀사는 남매는 식사 때도 차별받는다.

■ 드롭스 사탕을 녹인 물을 진지하게 바라보는 세츠코.

■ 남매는 연못가의 산굴 방공호에서 생활하기 시작한다.

《반딧불이의 묘》

전쟁이 오래 이어지면서 식량이 매우 부족해졌다. 먹는 게 살아가는 힘의 원천인데, 그것을 빼앗긴 오빠와 여동생은 차츰 궁지에 내몰린다. 달콤한 게 귀중하던 시대, 드롭스 사탕 캔에 물을 넣어 남은 조각을 녹여 마시는 장면은 서글프기만 하다.

《센과 치히로의 행방불명》

아부라 온천에서 만든 요리는 피로를 풀러 온 신들을 대접하기 위한 것이다. 인간이 마음대로 먹으면 치히로의 부모님처럼 동물이 되고 만다. 하쿠가 준 주먹밥, 린과 함께 먹은 팥빵 같은 소박한 맛이 치히로에게는 진수성찬이나 다름없다.

■ 가오나시에게 내어줄 음식을 만드느라 정신없는 주방.

■ 하쿠의 주먹밥에는 기운이 나게 하는 주문이 걸려 있다.

■ 린이 준 팥빵을 먹는 치히로. 오른손에는 강의 신에게 받은, 정화의 힘이 있는 경단이 쥐어져 있다.

■ 새매에게 대접한 테나의 수프.

■ 테나네 저녁 식사.

■ 검은 빵에 치즈를 얹은 점심 식사.

《게드 전기: 어스시의 전설》

이세계를 무대로 한 판타지에서도 그곳의 사람들은 평범하게 생활한다. 주인공 아렌이 새매와 함께 살기 시작한 테나의 집에서는 따뜻한 수프와 우유와 오트밀이 아침 식사로 나온다. 농사를 짓는 사이에 먹는 치즈를 얹은 빵도 맛있어 보인다.

■ 햄과 계란, 파를 곁들인 즉석 라면.

■ 오랜만에 제대로 된 아침 식사를 정신없이 쑤셔 넣는 마르클.

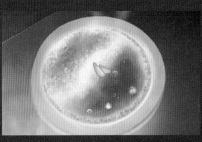
■ 용암처럼 보이는 매운맛 열 배 카레.

■ 기뻐하는 포뇨를 보니 소스케도 기쁘다.

■ 달걀을 깨고 껍질을 불에 던져 넣는 움직임이 매끄럽다.

■ 아주 매운 카레에 도전하는 기브리즈의 세 사람.

《벼랑 위의 포뇨》

소스케의 엄마 리사가 소스케와 포뇨를 위해 준비한 것은 뜨거운 물을 붓기만 하면 완성되는 즉석 라면과 꿀을 탄 따뜻한 우유다. 라면에는 포뇨가 제일 좋아하는 햄이 곁들여져 있다. 라면을 먹다가 잠이 쏟아지는 포뇨가 귀엽다.

《하울의 움직이는 성》

입주 청소부가 된 할머니 소피 앞에서, 하울은 솜씨 좋게 두툼한 베이컨 에그를 만든다. 마르클이 호쾌하게 먹는 모습에서도 얼마나 맛있는지 느껴진다. 하울이 한 손으로 깬 달걀의 껍질은 그대로 불의 악마 캘시퍼의 음식(연료)이 된다.

《기브리즈 에피소드 2》

첫 에피소드 〈화려한 승부〉에는 보기만 해도 매워 보이는 매운맛 열 배 카레가 등장한다. 스튜디오 기브리의 사원 세 사람은 점심을 먹으러 찾아간 카레 가게에서 장인 기질의 점주와 대결한다. 보기 좋게 다 먹어 치우고 상금 1000엔을 손에 넣은 유카리는 어째선지 지구를 몇 바퀴나 돌게 된다.

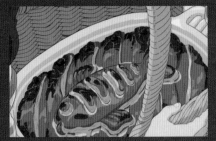

《붉은 거북》

바다거북은 여자의 모습이 되어 남자에게 조갯살을 먹였다. 남자는 자신을 방해한 바다거북을 다치게 한 것을 부끄러워하며, 차츰 여자에게 끌린다. 두 사람은 맺어지고, 섬에 새로운 생명이 탄생한다. 세 사람의 생활이 시작되고, 이윽고 남자의 죽음까지 이야기는 이어진다.

《마녀 배달부 키키》

키키는 친절한 노부인의 의뢰로, 파이 반죽을 사용한 청어와 호박쌈 파이를 손녀에게 전달한다. 땔감에 불을 붙여서 쓰는 낡은 오븐으로 파이 만드는 것을 돕고, 빗속을 뚫고 고생스럽게 날아가 전달했지만 상대방의 반응은 차가웠다. 덤으로 감기까지 걸리고 만다.

《추억의 마니》

지브리 작품에 나오는 채소와 과일은 질감까지 리얼하게 재현되었다. 안나가 오오이와 집안의 채소밭에서 수확한 토마토가 그 예다. 싱싱한 토마토의 윤기는 요리 장면으로 이어지며, 서서히 변화해 가는 안나의 심경을 느끼게 하는 요소가 된다.

《마루 밑 아리에티》

마루 밑에서 살아가는 소인들은 인간의 식탁에서 재료를 빌려 와서 요리한다. 차나 치즈나 빵 등, 기본적으로는 인간과 같은 것을 먹는다. 단, 스피라처럼 야생에서 살아가는 일족은 사냥한 곤충이나 작은 동물을 잡아서 먹는다.

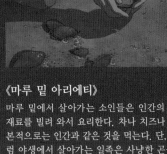

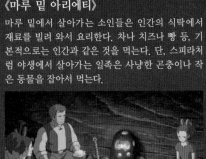

《바람이 분다》

지로가 사 온 시베리아를 보고 동료인 혼조는 "이런 것도 먹어?"라고 한다. 시베리아는 카스텔라에 양갱과 팥소를 끼운 일본의 독특한 과자다. 거름망으로 홍차를 끓이는 광경도, 티백이 일반화되기 전에는 가정에서 아주 평범하게 볼 수 있었다.

《코쿠리코 언덕에서》

우미가 정육점에서 장을 보는 사이에 슌이 크로켓을 사 와서 둘이 함께 먹는다. 학교에서 돌아가는 길에 무언가를 사 먹는 것은 한창 먹을 나이인 학생의 특권이자 고등학생의 평범한 일상이다. 데이트라고도 할 수 없는 아무렇지 않은 장면이 두 사람에게 아련한 첫사랑이 찾아올 것임을 예감케 한다.

113

실존 인물을
주인공으로,
사실과 공상을
뒤섞은
미야자키
하야오 감독의
새로운 세계

바람이 분다

2013년

구 일본해군 전투기 '제로센'의 설계자인 호리코시 지로를 모델로, 관동대지진, 쇼와 공황을 거쳐 태평양 전쟁에 이르는 격동의 시대를 살아간 일본인의 모습을 그린 작품이다. 《붉은 돼지》와 마찬가지로 모형 잡지에 연재된 미야자키 감독의 원작에 살을 붙인 것으로, 호리 다쓰오의 연애 소설 『바람이 분다』를 또 하나의 모티프로 삼고 있다. 설정과 이야기는 역사적 사실을 따르면서, 소년 시절의 지로가 기묘한 비행 물체 편대와 조우하거나 존경하는 이탈리아 비행기 설계사 카프로니와 이야기를 나누는 장면 등, 꿈이나 망상의 묘사도 도처에 등장한다. 따라서 이전까지의 미야자키 작품과 같은 판타지와도, 일반적인 인물의 전기와도 다른, 그것들이 합쳐진 독특한 분위기를 느끼게 한다.

지로와 히로인 나호코의 첫사랑, 결혼, 사별을 그린 내용 자체도 지브리 작품에서는 이색적이지만, 개봉 시에 일부러 모노럴 음성을 채용한 것을 비롯하여 음향 면에서도 의외의 시도가 이루어졌다. 비행기 엔진 소리나 프로펠러의 회전음, 지진의 울림 등 효과음의 대부분은 무려 사람이 직접 목소리로 흉내 낸 것을 가공해서 사용한 것이다. 또 지로의 목소리에는 영화감독 안노 히데아키를 발탁했으며, 토마스 만의 『마의 산』에서 인용한 말과 함께 등장하는 수수께끼의 인물 카스트로프는 예전에 지브리의 해외사업부 이사 부장이었던 스티븐 알버트(캐릭터의 모델도 본인)를 기용하는 식으로, 기성 효과음과 연기에 얽매이지 않는 여러 가지 시도가 신선한 매력을 선보였다.

개봉일 : 2013년 7월 20일
상영 시간 : 약 126분
© 2013 Studio Ghibli · NDHDMTK

원작·각본·감독	미야자키 하야오
프 로 듀 서	스즈키 도시오
제 작	호시노 고지
음 악	히사이시 조
작 화 감 독	고사카 기타로
미 술 감 독	다케시게 요시
색 채 설 계	야스다 미치요
촬 영 감 독	오쿠이 아쓰시
주 제 가	〈비행기 구름〉
	(노래: 아라이 유미)
제 작	스튜디오 지브리
제 작 투 자	스튜디오 지브리
	니혼 TV
	덴 쓰
	하쿠호도 DYMP
	디 즈 니
	미쓰비시 상사
	도 호
	K D D I

호리코시 지로	안노 히데아키
사토미 나호코	다키모토 미오리
혼 조	니시지마 히데토시
구 로 카 와	니시무라 마사히코
카스트로프	스티븐 알버트
사 토 미	가자마 모리오
지로의 엄마	다케시타 게이코
호리코시 가요	시 다 미라이
핫 토 리	구니무라 준
구로카와 부인	오타케 시노부
카 프 로 니	노무라 만사이

스토리

다이쇼※에서 쇼와로 향해 가던 1920년대 일본은 불경기와 빈곤, 질병과 대지진으로 살아가기 힘든 시대였다. 그런 가운데 호리코시 지로는 유명한 비행기 설계사 카프로니를 동경하며, 아름다운 비행기를 만들고 싶다는 소년 시절부터 꿈꾸던 미래를 향해 걷고 있었다.

대학을 졸업한 지로는 미쓰비시 내연기에 취직하여 비행기 설계를 담당하게 된다. 그리고 스무 살이 되었을

때, 휴양을 위해 찾은 가루이자와의 호텔에서 10년 전 관동대지진 때 만났던 소녀, 나호코와 재회한다. 서로에게 끌린 두 사람은 약혼을 하지만, 나호코는 결핵을 앓고 있었다. 나호코의 병을 치료하지 못한 채 두 사람은 결혼하고, 함께 살 수 있는 날이 얼마 남지 않았지만 열심히 살아가고자 한다.

원작 **책 소개**

◆ **원작: 미야자키 하야오 『바람이 분다-미야자키 하야오의 망상 컴백』** (다이니혼카이가 간행)

모형 잡지 『모델 그래픽스』(다이니혼카이가 간행) 2009년 4월호~2010년 1월호에 미야자키 하야오 감독이 연재한 전 9화짜리 만화. 극장 개봉 후인 2015년에 다이니혼카이가에서 단행본이 간행되었다.

※다이쇼 : 1912년~1926년을 가리키는 일본의 연호.

캐릭터

호리코시 지로
어릴 적부터 비행기를 동경했지만, 시력이 나빠서 파일럿의 꿈을 포기하고 비행기 설계사를 꿈꾸며 미쓰비시 내연기 주식회사 설계과에 취직한다.

사토미 나호코
관동대지진 때 대학생이던 지로와 같은 기차를 탔다. 서로 소식을 모른 채로 지내다 가루이자와에서 운명처럼 재회한다. 아름답고 총명한 여성.

캐릭터 관계도

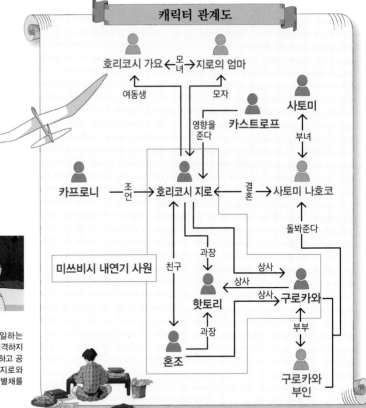

미쓰비시 내연기 사원

카프로니
지로가 존경하는 이탈리아의 천재 비행기 설계사. 모델이 된 인물이 실존하며, 참신한 비행기를 설계한다. 꿈을 통해 지로를 만나고 그의 인생을 이끈다.

혼조
지로의 친구. 도쿄제국대학 공학부 항공학과에서 공부한 뒤 지로와 마찬가지로 미쓰비시 내연기에 취직. 비행기 설계를 담당한다. 업무상으로는 훌륭한 라이벌이기도 하다.

구로카와
미쓰비시 내연기에서 일하는 지로의 상사. 일로는 엄격하지만, 지로의 실력을 인정하고 공사 모두 보살펴 주며, 지로와 나호코에게 자신의 집 별채를 신혼집으로 빌려준다.

구로카와 부인
구로카와의 아내. 남편을 지지하며 지로와 나호코를 흔쾌히 받아들인다.

사토미
나호코의 아버지. 2년 전에 아내를 결핵으로 잃고 나호코의 몸을 염려한다.

핫토리
지로가 일하는 미쓰비시 내연기 설계과 과장. 구로카와와 마찬가지로 젊은 지로와 혼조에게 기대를 걸고 있다.

지로의 엄마
고상하고 우아한 여성. 지로를 따뜻하게 지켜본다.

호리코시 가요
지로의 일곱 살 아래 여동생. 말괄량이에 어릴 적부터 지로를 '오라버니'라고 부르며 잘 따른다. 자립심이 강하며, 나중에 의사가 된다.

카스트로프
지로가 가루이자와 호텔에서 만난 수수께끼의 독일인. 국제 정세에 밝으며 일본과 독일의 미래를 염려한다.

■ 소년 호리코시 지로는 꿈속에서 이탈리아의 비행기 설계사 카프로니와 만나 여러 가지 조언을 듣는다.

■ 서른 살이 된 지로는 휴양차 찾아간 가루이자와의 호텔에서 사토미 나호코와 사랑에 빠지고 결혼을 결심한다.

■ 나호코는 결핵을 앓는 채로 구로카와 부부의 집에서 결혼식을 올리고 그대로 별채에서 지로와 살기 시작한다.

■ 지로는 자신이 만든 비행기로 하늘을 나는 꿈을 꾸던 소년 시절처럼 비행기 만들기에 푹 빠진다.

주목 포인트

지로의 꿈속에 등장한 이탈리아의 비행기 설계사 카프로니가 만든 비행기 중에 Ca.309라는 군용 정찰기가 있다. 애칭은 'GHIBLI'=지브리(기브리)이다. 스튜디오 지브리라는 이름은 카프로니가 설계한 비행기에서 딴 것이다. 미야자키 감독의 카프로니를 향한 사랑을 느낄 수 있다.

포스터

《바람이 분다》포스터의 "호리코시 지로와 호리 다쓰오에게 경의를 담아. 살아야 한다."라는 카피에서는 호리코시 지로와 호리 다쓰오에 대한 제작진의 존경심이 느껴진다.

■ 1차 포스터는 히로인 나호코가 메인이다.

■ 2차 포스터에서 비로소 주인공은 호리코시 지로이며 비행기가 주요 테마 중 하나라는 점이 드러났다.

■ 노르웨이판 포스터!

■ 스웨덴판 포스터!

■ 홍콩판 포스터!

■ 타이완판 포스터!

신문 광고

포스터 그림에서부터 시작해 어른의 연애 드라마임을 드러내는 광고, 개성 넘치는 등장인물을 사용한 광고, 꿈꾸는 소년이 등장하는 광고, 재치 있는 광고가 실렸다.

■ 개봉 약 1개월 전인 2013년 6월 28일, 아사히신문과 요미우리신문에 실린 전면 컬러 광고는 미야자키 하야오 감독의 기획서 전문이 실린 임팩트 있는 광고였다. 이 광고는 7월 18일에 산케이신문에도 실렸다.

■ 개봉 약 2주 후인 8월 2일, 아사히신문에 실린 광고는 지로와 나호코의 다정한 장면 컷을 사용했고 "살아 있다는 건 멋진 일이군요."라는 희망찬 카피가 붙었다.

■ 8월 9일 아사히신문과 요미우리신문에 실린 것은 카프로니와 카스트로프를 메인으로 하여 즐거운 모습을 전면에 내세운 광고였다.

■ 스튜디오 지브리 작품에서 자주 볼 수 있는 카운트다운 광고. 개봉 4일 전인 7월 16일부터 산케이신문에 카프로니, 혼조, 구로카와, 나호코, 지로가 캐릭터의 매력을 선보이며 기대감을 높였다.

SI ALZA
IL VENTO

EL VIENTO SE LEVANTA

■ 스페인판 포스터.

■ 이탈리아판 포스터.

■ 이스라엘판 포스터.

ZRYWA SIE
WIATR

■ 폴란드판 포스터.

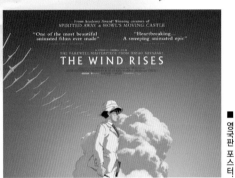

THE WIND RISES

■ 영국판 포스터.

사랑합니다
바람이 당신을 데려온 그 순간부터...

바람이 분다

9월, 가슴 속에 간직한 그리움을 만나세요!

■ 한국판 포스터.

THE WIND RISES

■ 오스트리아판 포스터.

■ 소년 지로를 메인으로 8
월 16일 아사히신문, 요미
우리신문에 실린 광고에는
"관객 동원 수 500만 명 돌
파!"와 베네치아 국제영화
제에 출품한다는 보고가 실
렸다.

■ 10월 25일에 아사히신
문, 요미우리신문에 실린
히로인 나호코의 신부 모습
을 메인으로 한 광고는 그
아름다움이 눈길을 끈다.

■ 8월 23일부터 9월 27일
까지 자주 쓰인 것은 지로
의 얼굴을 클로즈업한 이
광고였다. 이 광고는 9월 13
일에 아사히신문과 요미우
리신문에 실린 것이다.

■ 11월 1일 아사히신문, 요
미우리신문에 실린 광고는
미야자키 하야오 감독과 스
즈키 프로듀서의 사진과 지
로, 나호코, 카프로니 등을
합성한 재치 있는 것이었
다.

제작 비화

이 작품은 실존 인물을 모델로 했으며, 시대와 무
대는 주로 70~90년 전의 일본이다. 그 때문에 제
작이 시작되자 바로 데생 강습이 실시되었는데,
애니메이터는 일본 전통복 그리는 법 등을 다시
배웠으며 미술 스태프는 오래된 거리로 유명한 에
히메현 기타군 우치코정에서 데생 합숙을 했다.

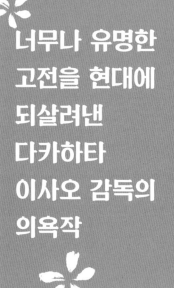

너무나 유명한
고전을 현대에
되살려낸
다카하타
이사오 감독의
의욕작

가구야 공주 이야기 　2013년

일본에서 가장 오래된 이야기라고 일컬어지는 『다케토리 이야기』를 애니메이션화한 작품으로, 8년에 걸쳐 완성한 대작이다. 감독인 다카하타 이사오는 도에이 동화 시절, 이 원작의 애니메이션 기획용 플롯 공모를 위해 기획서를 썼다. 그때 '가구야 공주는 왜, 무엇을 위해 달에서 지상으로 내려왔는가?'라고 생각하고 영화로서 매력적인 설정을 떠올렸다. 그로부터 반세기가 지나 다시금 그 설정을 검토하고 영화화에 돌입한 것이다. 이야기는 가구야 공주에게 구혼하는 귀공자들을 비롯해 원작의 에피소드를 중심으로 전개되지만, 전반부에 펼쳐지는 소녀 시절의 산속 생활 등 오리지널 부분도 충분히 그려냈다. 누구나 아는 스토리임에도 불구하고, 가구야 공주와 스테마루의 슬픈 사랑이나 서브 캐릭터인 여종이 불러일으키는 웃음 등 새로운 볼거리가 가득하다.

기술적으로는 전작인 《이웃집 야마다군》(1999년)에서 시도했던 작법을 보다 발전시켜, 셀과 배경을 겹치는 기존의 애니메이션과는 다른 영상을 추구했다. 연필로 그린 스케치 같은 선을 살린 캐릭터와 많은 것이 생략된 엷은 색채의 미술 배경이 일체화되어 한 장의 그림처럼 움직인다. 다카하타 감독이 이상적으로 생각하는 그러한 표현을 실현하기 위해, 《이웃집 야마다군》에서도 함께 했던 애니메이터 다나베 오사무, 16년 만에 미술 감독으로 복귀한 오가 가즈오를 비롯해 지브리의 뛰어난 스태프가 힘을 보탰다.

아울러 다카하타 감독은 개봉 5년 후에 사망하여, 안타깝게도 이 작품이 유작이 되었다.

스토리

옛날 옛적에 대나무꾼 할아버지와 할머니 부부가 있었다. 대나무꾼 할아버지는 산에서 대나무를 베어다 바구니 등을 만드는 일을 했다. 어느 날, 할아버지가 대나무숲에서 발견한 빛나는 대나무에서 여자아이가 태어났다. 할아버지와 할머니는 '하늘이 내려주신 아이'라며 기뻐했고, 여자아이를 '공주'라고 부르며 소중하게 키웠다. 신기하게도 공주는 눈 깜짝할 사이에 쑥쑥 자라 1년도 지나지 않았는데 아름다운 아가씨가 되었다.

할아버지는 공주를 고귀한 아가씨로 키우기 위해 수도로 이사했다. 공주의 아름다움에 대한 소문이 널리 퍼졌고, 그 빛이 나는 듯한 아름다움 때문에 '가구야 공주'라고 불렸다. 여러 귀공자가 구혼하러 찾아왔지만, 가구야 공주는 그에 응하지 않았다. 사실 가구야 공주는 달에서 이 땅으로 내려온 달세계의 사람이었던 것이다.

개봉일 : 2013 년 11 월 23 일
상영 시간 : 약 137 분

© 2013 하타 사무소 · Studio Ghibli · NDHDMTK

원 작	「다케토리 이야기」
원 안	다카하타 이사오
각 본	다카하타 이사오 사카구치 리코
감 독	다카하타 이사오
기 획	스즈키 도시오
프 로 듀 서	니시무라 요시아키
제 작	호시노 고지
음 악	히사이시 조
인물 조형·작화 설계	다나베 오사무
작 화 감 독	고니시 겐이치
미 술	오가 가즈오
색 지 정	가키타 유키코
촬 영 감 독	나카무라 게이스케
주 제 가	〈생명의 기억〉 (노래: 니카이도 가즈미)
극 중 노 래	〈 전래 동요 〉 〈 선녀의 노래 〉
제 작	스튜디오 지브리
제 작 투 자	스튜디오 지브리 니혼 T V 덴 쓰 하쿠호도 DYMP 디 즈 니 미쓰비시 상사 도 호 K D D I

가구야 공주	아사쿠라 아키
스테마루	고라 겐고
할 아 버 지	지이 다케오
할머니·나레이션	미야모토 노부코
사 가 미	다카하타 아쓰코
여 종	다바타 도모코
인베노 아키타	다테카와 시노스케
이시츠쿠리노 황자	가미카와 다카야
아베노 우대신	이주인 히카루
오오토모노 대납언	우자키 류도
황 제	나카무라 시치노스케
구라모치노 황자	하시즈메 이사오
(할 아 버 지)	미야케 유지
기 타 노 카 타	아사오카 유키지
숯 장이 노인	나카다이 다쓰야

◆ 원작: 『다케토리 이야기』 ※시기·작자 미상

원작 책 소개

헤이안 시대 초기에 쓰인 『겐지 이야기』 속에서 '이야기의 조상'으로 칭해지는 고전 문학. 일본에서 가장 오래된 SF 판타지라고도 불린다. 가와바타 야스나리, 다나베 세이코, 호시 신이치, 에쿠니 가오리, 모리미 도미히코 등이 개성 넘치는 현대어역을 집필하여 출판했다.

가구야 공주
대나무에서 태어난 소녀. 산골 마을에서 쑥쑥 자라나 점점 몸집이 커져서 아이들이 '대나무순'이라고 부른다. 아름답게 성장하여 수도에서 살게 된다.

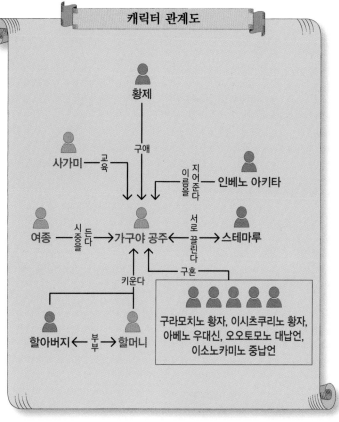

황제

사가미 — 교육

구애

이름을 지어준다 — 인베노 아키타

여종 — 시중을 든다 → 가구야 공주 ← 서로 끌린다 → 스테마루

키운다

구혼

할아버지 ← 부부 → 할머니

구라모치노 황자, 이시츠쿠리노 황자,
아베노 우대신, 오오토모노 대납언,
이소노카미노 중납언

스테마루
가구야 공주의 소꿉친구. 마을 아이들 중에서 가장 나이가 많아 형 노릇을 한다. 가구야 공주는 '스테마루 오라버니'라고 부른다.

할아버지
할머니와 함께 아기였던 가구야 공주를 키우며 자기 자식처럼 예뻐한다. 도시에서 신분이 높은 남자들과 결혼하는 것이 공주의 행복이라고 믿는다.

할머니
할아버지의 아내. 다정한 성격으로, 가구야 공주의 기분을 존중해 주는 공주의 이해자.

사가미
할아버지가 궁중에서 데려온 가구야 공주의 교육 담당. 거문고와 습자를 비롯하여 고귀한 공주가 갖추어야 할 예의범절을 가르친다.

여종
도시에서 사는 가구야 공주의 시중을 드는 소녀.

인베노 아키타
할아버지의 부탁으로 공주의 이름을 지어준 교양 있는 노인. 공주의 아름다움에 감동하여 '가구야 공주'라는 이름을 붙인다.

■ 나이가 찬 가구야 공주는 소꿉친구 스테마루에게 호의를 갖게 된다.

■ 할아버지가 공주를 고귀한 아가씨로 만들려고 수도로 이사하자, 공주는 예쁜 기모노와 훌륭한 저택을 보고 무척 기뻐하는데…….

구라모치노 황자 이시츠쿠리노 황자 아베노 우대신 오오토모노 대납언 이소노카미노 중납언
가구야 공주의 구혼자들. 다들 신분이 높은 귀공자이지만, 공주는 이들에게 이 세상 어딘가에 있다는 보물을 가져오라는 어려운 문제를 낸다.

황제
이 나라에서 가장 높은 권력자. 가구야 공주에 대한 소문을 듣고, 자신의 곁에 오고 싶어 하는 게 틀림없다 착각하고 공주를 궁중으로 불러들이려고 한다.

■ 고귀한 아가씨가 되기 위해 예의범절 등을 배우는 사이에 공주는 수도에서의 생활에 답답함을 느낀다.

■ 저도 모르게 마음속으로 '달로 돌아가고 싶다'고 바란 공주는 달로 돌아가야만 한다.

가구야 공주와 스테마루의 비행 장면은 다카하타 감독이 집착한 컷 중 하나다.
달을 배경으로 두 사람이 날아다니는 장면에서, 지구의 멋진 모습을 표현하기 위해 이 장면이 나오기 전까지는 하늘을 많이 그리지 않도록 했다.

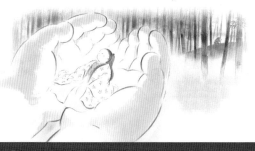

포스터

《가구야 공주 이야기》에서는 세 종류의 포스터가 만들어졌다. 모두 주인공인 공주의 모습을 그린 것이다.

■ 2차 포스터. 행복한 듯이 잠든 공주를 그린 1차와 달리, 눈 위에 쓰러져 있는 괴로워 보이는 모습으로 작품의 분위기를 표현했다.

■ 3차 포스터. 벚나무 아래에서 공주가 기뻐하는 장면을 사용했다.

■ 1차 포스터. 제작이 지연되어 개봉일이 변경되었기 때문에, 날짜 표기가 다른 세 가지 버전이 있다.

신문 광고

신문 광고에는 3차 포스터 등 밝은 이미지의 공주 그림을 많이 사용했다.

■ 개봉 전날인 11월 22일에는 마이니치신문, 도쿄신문, 산케이신문, 니혼케이자이신문, 조모신문 등 각지에 흑백 광고가 실렸다.

■ 2013년 11월 1일, 아사히신문, 요미우리신문의 컬러 15단 통 광고를 필두로 1차 광고가 대대적으로 실렸다.

■ 11월 29일에는 아사히신문, 요미우리신문에도 컬러 광고가 등장했다. 광고 카피를 "~공주갓!"으로 통일한 것이 몇 가지 만들어졌다.

■ 이탈리아판 포스터.

■ 타이완판 포스터.

■ 북미판 포스터.

■ 홍콩판 포스터.

■ 스페인판 포스터.

■ 브라질판 포스터.

■ 12월 27일에 아사히신문, 요미우리신문에 실린 "공주잖" 시리즈의 컬러 광고. 이 외에도 크리스마스, 망년회, 새해 등의 버전이 있다.

■ 1월 17일, 아사히신문, 요미우리신문 두 지면에 일본 아카데미상 우수 애니메이션 작품상 수상을 알리는 광고가 실렸다.

■ 2014년 1월 10일의 아사히신문, 요미우리신문 광고는 니혼TV의 인기 프로그램 〈1억명의 대질문!? 와랏테 코라에테!〉와 콜라보레이션한 내용이다.

■ 1월 31일의 아사히신문과 요미우리신문의 광고는 입장료가 저렴한 매달 1일 '영화의 날'에 맞춘 카피를 덧붙였다.

지브리 영화 음악은 《바람계곡의 나우시카》의 이미지 앨범에서 시작되었다.

가쿠 다쿠토 (영화·음악평론가)

이미지 앨범 = 본편 음악의 시안

지브리 작품은 개성 넘치는 음악이 많다. 음악이 있어야 비로소 그 매력이 더욱 빛나는 작품이 태반일 것이다. 각 작품의 음악에 작곡가로 관여하는 사람은 주제가 담당을 제외하더라도 총 십여 명에 이른다. 그 사람들에게서 공통의 작법, 작풍을 발견해 내려고 해 봤자 답은 나오지 않는다. 하지만 각각의 음악이 탄생한 흐름을 더듬어 감으로써 일종의 아이덴티티를 확인할 수는 있을 것이다.

지브리 영화 음악 유니버스의 기원을 찾는다면, 1983년 11월 25일에 도쿠마 재팬(현 도쿠마 재팬 커뮤니케이션즈)에서 발매된 〈바람계곡의 나우시카 이미지 앨범 : 새의 사람〉에 도달하게 된다. 같은 앨범의 내용을 다카하타 이사오가 높이 평가하고, 미야자키 하야오의 승낙 하에 영화 본편의 음악 담당으로 히사이시 조를 기용한 시점에서부터 지브리 영화 음악은 본격적으로 그 역사의 발걸음을 내디뎠다고 볼 수 있다.

애초에 히사이시에게 《바람계곡의 나우시카》의 이미지 앨범 제작을 제안한 것은 다카하타였다. 당시 솔로 앨범 〈INFORMATION〉(1982년 10월 25일 발매)을 도쿠마 음악공업(도쿠마 재팬의 전신)에서 제작한 지 얼마 되지 않았던 히사이시는 같은 레이블에서 추천했다고 해도 음악가로서는 아직 신진기예의 인물로, 정말로 작품에 적합한 작곡가인지는 알 수 없었다. 독자적으로 히사이시의 경력을 조사하고 본인과 면담까지 하면서 가능성을 느꼈던 다카하타에게 동 이미지 앨범의 제작은 일종의 최종 확인이라는 의미가 있었다. 그것이 얼마나 납득이 가는 내용이었는지는 《바람계곡의 나우시카》 본편의 음악으로 분명하게 알 수 있다.

차기작 《천공의 성 라퓨타》에서도 다카하타는 또다시 히사이시에게 이미지 앨범 제작을 의뢰한다. 단, 지난번과 다른 점은 처음부터 본편의 음악을 담당하는 것을 전제로 앨범을 제작한 것. 히사이시 입장에서는 드디어 다카하타, 미야자키로부터 신뢰를 얻은 셈이었으며, 동시에 이미지 앨범='본편 음악을 위한 시안'이라는, 이후 지브리 작품의 음악 제작의 기본 방침이 확립된 것이기도 했다.

이어서 《이웃집 토토로》의 이미지 앨범에서는 오리지널 동요를 창작한다는 기발한 시도로 발전한다. 평소에도 포크송과 대중가요를 애청하는 미야자키에게 있어서 '노래'는 가장 친근한 음악 형식이었으며, 이후의 감독 작품을 보아도 어떤 의미에서는 자연스러운 흐름이었다고 할 수 있다. 무엇보다 다카하타 이사오의 인도로 음악 제작이 이루어진 앞의 두 작품에 비해, 이번에는 미야자키 하야

오가 처음으로 히사이시와 함께 음악 제작에 돌입한 작품이었다. 그 재미에 처음 눈을 떴다는 미야자키는 이후 히사이시를 음악적 '본처'로서 맞이하게 된다.

한편 미야자키&히사이시 커플을 연결해 준 다카하타 이사오는 미야자키와는 반대로 작품마다 새로운 음악 파트너를 초청했다. 클래식 음악에 정통한 이지적인 사람이던 다카하타는 《태양의 왕자 호루스의 대모험》에서 팀을 이뤘던 현대음악가 마미야 미치오를 《반딧불이의 묘》에 부르는가 하면, 《쟈린코 치에》로 인연이 있던 호시 가쓰를 《추억은 방울방울》에 부르고, 《폼포코 너구리 대작전》에서는 음악 그룹 샹샹 타이푼, 그리고 《이웃집 야마다군》에서는 야노 아키코라는 팝 영역의 인물에게 음악을 맡기기도 한다. 모든 작업에 그다지 유례를 찾아볼 수 없는 울림이 새겨져 있으며, 이론으로 틈을 메우는 것처럼 보이면서도 실상은 악상이 자유롭고 개방적이라 더없이 강렬하다. 늘 새로운 표현을 추구하는 성격으로 이룬 성과라고 할 수 있는데, 그것은 그대로 지브리 작품의 음악 전체를 관통하는 지침이 되었다.

'제3의 남자' 프로듀서 스즈키 도시오에 의한 지브리 작품의 음악

그렇다면 두 거장이 직접 감독을 맡지 않은 작품에서는 어떨까. 미야자키에게는 젊은이 육성을 노린 기획·프로듀스 작품이 다수 있었는데, 이를테면 《귀를 기울이면》, 《고양이의 보은》의 음악 담당 노미 유지 등에게는 역시 미야자키의 작가성을 반영한 사고방식과 접근 방식이 스며들어 있다. 《귀를 기울이면》에 존 덴버의 가곡 〈컨트리 로드〉를 주제가로 넣은 것도 미야자키의 의향이었다.

한편 다카하타에게는 아티스틱 프로듀서로서 참가한 미카엘 뒤독 더 빗 감독의 《붉은 거북》이 있었다. 최종적으로 음악 담당을 교체하게 된 작품이지만, 그것도 다카하타의 조언에 의한 판단이었다고 한다. 미야자키든 다카하타든, 본인이 감독한 작품과 마찬가지로 저마다 개성이 스며들도록 지휘를 했다.

그런 다카하타·미야자키가 전혀 관여하지 않은, 혹은 거리를 둔 후진의 작품에서는 또 한 명의 지브리 주요 인물이 '파수꾼'과 같은 위치를 점했다. 다카하타, 미야자키에 이은 '제3의 남자', 프로듀서인 스즈키 도시오다.

스즈키가 주도한 음악 담당과 주제가 가수 결정에는 다양한 배경이 있지만, 음악 업계에서 열심히 소재를 제공한 것을 비롯해 다른 이의 추천이 반영된 예도 적지 않다. 《게드 전기: 어스시

의 전설》, 《코쿠리코 언덕에서》에서 주제가를 부른 데시마 아오이, 《마루 밑 아리에티》의 세실 코르벨, 《코쿠리코 언덕에서》에서 극음악 담당으로 기용된 다케베 사토시 등이 그 좋은 예다. 다케베의 경우는 그가 출연한 다큐멘터리 방송을 본 뒤에 스즈키가 기용했다. 그들이 지브리 작품에 새로운 소리의 측면을 가져온 것은 물론 말할 필요도 없다.

다카하타&미야자키와 스즈키의 차이를 굳이 꼽자면, 퍼블리시티 효과를 음악에도 추구하여 반영시켰다는 점이다. 개중에서도 《게드 전기: 어스시의 전설》에서 〈테루의 노래〉를 예고편에서 전략적으로 활용한 점은 지금도 많은 관객의 기억에 선명하게 남아 있을 것이다. 《바람이 분다》에서 마쓰토야 유미(아라이 유미)의 〈비행기 구름〉을 사용한 것도 스즈키가 마쓰토야와의 토크 행사 중에 일부러 허락을 구하면서 이미 절반의 효과를 거둔 셈이었다.

스즈키는 다카하타나 미야자키의 감독 작품에도 음악 창작 보좌를 했는데, 특히 다카하타처럼 '음악적 어휘'를 지니지 못한 미야자키를 위해서는 거의 음악 프로듀서와 같은 역할을 담당했다. 《이웃집 토토로》에서 동요 제작에 고심하고 있던 히사이시에게 가수로서 이미지 앨범에 참가하도록 촉구해 기분전환을 하도록 묘안을 제시한 사례도 있다. 그 외에도 《모노노케 히메》에서 〈브레이브하트〉(제임스 호너 작곡 담당)를, 《하울의 움직이는 성》에서 〈라이언의 딸〉(모리스 자르 작곡 담당)을 각각 참고용 악곡으로 히사이시에게 제안한 사실은 그리 알려지지 않았을 것이다. 데이비드 린 감독의 《라이언의 딸》에 전부터 심취했던 스즈키는 열렬한 모리스 자르의 팬이었다. 이러한 기호가 지브리 음악의 매력을 밝히는 열쇠가 되는 부분도 있을지 모른다.

작곡가 히사이시 조가 논의를 거듭한 끝에 획득한 자유

작곡가로서 가장 많은 지브리 작품에 참여한 것은 히사이시 조다. 그 햇수는 이미 30년에 이르며, 그 속에서 작가적 변천을 확인할 수 있다는 것도 지브리 작품에서만 느낄 수 있는 맛일지 모르겠다. 처음에는 소편성, 혹은 전자 악기를 구사한 작품 제작을 모색하던 히사이시는 이윽고 편성이 큰 오케스트라를 중용하고 지금은 지휘자로서 클래식 음악 연주도 정기적으로 하기에 이르렀다. 오케스트레이션의 색채와 장치도 해를 거듭할수록 변화했는데, 이를테면 《모노노케 히메》와 《센과 치히로의 행방불명》은 고작 4년

의 차이인데도 같은 작가가 만든 작품이라고는 생각하기 어려울 정도로 다르다. 그 재미, 스릴이란! 한편, 음악 담당에게 미야자키 하야오라는 인간적인 작가와의 교류는 얼마나 이야기의 심금에 닿는 노래와 선율을 남기는가 하는 고민의 연속이기도 했다. 그 속에서 탄생한 멜로디 메이커로서의 인지도와 평가는 도회적이고 실험 정신이 풍부한 미니멀 뮤직을 견인하며 출발했던 히사이시에게 있어서 왠지 자기 부정으로 이어지는 부분도 있지 않았을까? 좋은 분위기를 만들어내고 싶다. 하지만 분위기에 빠지고 싶지는 않다—. 이 작곡가만의 이율배반적 갈등이 작품 내에서 어떻게 기능하고 결실을 맺었는지를 발견하는 것 또한 지브리 작품의 즐거움이라고 할 수 있겠다.

그런 히사이시에게 있어서 《바람계곡의 나우시카》, 《천공의 성 라퓨타》 이래로 30년 가까운 세월이 흐른 뒤, 다카하타와 《가구야 공주 이야기》에서 다시금 음악 창작의 자리를 공유한 것은 큰 사건이었다. 여러 가지 사정으로 음악 담당 결정이 난항을 겪고 있던 동 작품에서, 히사이시의 참가가 결정된 것은 제작이 상당히 막혔던 시기였다. 미야자키와의 《바람이 분다》의 작곡 시기와도 겹치며, 평소라면 도저히 받아들일 수 없는 타이밍이었지만, 다카하타 작품에서 음악을 만드는 것은 히사이시의 오랜 꿈이었다. 그리고 실사 영화인 최근작 《악인》에서의 음악을 다카하타가 좋게 평가한 점이 컸다. 상황 설명과 선정적 효과를 최대한 피한 《악인》의 악상은 작곡자에게 있어서도 이상적인 작업이었다. 히사이시 입장에서는 미니멀 뮤직을 뿌리에 둔 인간으로서, 이제야 비로소 다카하타에게 다시금 발견된 기분이 아니었을까? 논의를 거듭한 끝에 새로운 자유를 획득해 간다는 점에서, 애초에 두 사람은 발상의 방식이 닮았다. 마치 둥근 고리를 그리듯 완결된 다카하타와 히사이시의 30년간의 마음을 상상하는 것도 지브리 작품의 음악을 듣는 즐거움 중 하나일 것이다.

물론 지브리 영화는 아직 끝을 맞이하지 않았다. 미야자키 하야오가 제작을 진행하고 있는 장편영화 《그대들, 어떻게 살 것인가》, 그 작품에는 대체 어떤 울림이 새겨질까?

아직 지브리 작품에서 귀를 뗄 수가 없다.

두 소녀의 신비한 만남이 밝혀내는 가족의 인연 이야기

추억의 마니   2014년

《마루 밑 아리에티》(2010년)로 데뷔한 요네바야시 히로마사 감독이 '다시 한번 아이들을 위한 지브리 영화를 만들고 싶다'며 담당한 두 번째 작품. 좀처럼 타인에게 마음을 열지 못하는 중학생 주인공 안나가 여름방학에 체험한 수수께끼의 소녀 마니와의 만남을 통해 자신의 가족에 얽힌 진실을 알게 되는 이야기다. 꿈인지 현실인지 알 수 없는 미스터리한 전개를 통해 철저하게 안나의 흔들리는 내면을 중점에 두고 주위의 사람들과의 관계에 녹아들어 가는 모습을 그린 작품이다. 아울러 히로인이 두 명 등장하는 소위 더블 히로인 영화는 지브리에서는 처음이다.

원작은 영국의 여성 작가 조앤 G. 로빈슨이 1967년에 발표한 아동문학이다. 무대를 영국에서 일본으로 옮기고, 주인공도 그림 그리기를 좋아하는 소녀로 설정하는 등 각색을 더했다. 두 소녀가 만나는 습지 저택과 주위의 바닷가 마을은 서양식 건물이 있어도 위화감이 없는 장소라는 점에서 홋카이도를 무대로 삼았다. 미술 감독은 《스왈로우테일 버터플라이》, 《킬 빌》 등 일본뿐만 아니라 할리우드와 중국 영화계에서도 활약하는 다네다 요헤이가 담당했다. 입체 모형을 만들어 완성도를 검토하는 방식으로 주로 실사에서 사용되는 방법을 도입해 아름다운 경치를 묘사했다. 실사 영화의 미술 감독이 로케이션 헌팅에서부터 설정화, 모든 컷 배경의 최종 체크까지 본격적으로 애니메이션 제작에 참가하는 것은 극히 드문 일이다.

스토리

열두 살 안나는 어릴 적에 사고로 부모를 잃고, 할머니의 손에서 자랐으나 곧이어 할머니도 병으로 죽는 바람에 다섯 살까지 시설에서 외롭게 자랐다. 지금은 양부모와 함께 살고 있지만, 솔직하게 어리광을 부리지 못한다.

초여름, 안나는 천식 요양을 위해 도시인 삿포로에서 공기가 깨끗한 바닷가 마을의 친척 집을 방문한다. 그리고 '습지 저택'이라고 불리는, 아무도 살지 않을 것 같은 낡은 저택에서 마니라는 신비한 소녀를 만난다. 두 사람은 함께 즐거운 시간을 보내며 친구가 되고, 다른 사람에게 마음을 닫고 있던 안나는 아름답고 다정한 마니에게 차츰 마음을 연다. 마니는 대체 누구일까?

개봉일 : 2014년 7월 19일
상영 시간 : 약 103분
© 2014 Studio Ghibli · NDHDMTK

원작	조앤 G. 로빈슨
각본	니와 게이코 안도 마사시 요네바야시 히로마사
감독	요네바야시 히로마사
제작	스즈키 도시오
프로듀서	니시무라 요시아키
제작	호시노 고지
음악	무라마쓰 다카쓰구
작화 감독	안도 마사시
미술 감독	다네다 요헤이
영상 연출	오쿠이 아쓰시
주제가	《Fine On The Outside》 (노래: 프리실라 안)
제작	스튜디오 지브리
제작 투자	스튜디오 지브리 니혼 TV 덴쓰 하쿠호도 DYMP 디즈니 미쓰비시 상사 도호 KDDI

안나	다카쓰키 사라
마니	아리무라 가스미
요리코	마쓰시마 나나코
오오이와 기요마사	데라지마 스스무
오오이와 세쓰	네기시 도시에
노부인	모리야마 료코
사야카	스기사키 하나
가정부 할머니	요시유키 가즈코
히사코	구로키 히토미
도이치	야스다 겐 (TEAM NACS)

원작 책 소개

■ 원작: 조앤 G. 로빈슨 『추억의 마니』 (마쓰노 마사코 번역 · 이와나미쇼텐 간행) 전2권
◇ 원어판: 1967년 (원제: When Marnie Was There)

영국 아동문학의 최고 걸작이라는 평판이 자자한 작품. '비밀 친구' 마니와 여름 동안의 교류를 통해 고독에서 해방되어 가는 소녀 안나의 마음속 궤적을 그린다. 지브리 작품에서는 원작의 전·후반의 플롯을 대담하게 바꾸어 구성했다.

안나

타인에게 마음을 닫고 있는 열두 살 소녀. 천식 요양을 위해 양부모 곁을 떠나 여름 동안 오오이와가에서 지낸다

마니

안나가 습지 저택에서 만난 신비한 소녀.

요리코

안나의 양어머니. 안나에게 '아줌마'라고 불린다.

오오이와 기요마사

여름 동안 안나가 신세를 지는 부부 중 남편.

오오이와 세츠

여름 동안 안나가 신세를 지는 부부 중 아내. 요리코의 친척이다. 아이들은 독립해서 지금은 부부 둘이 산다.

노부인

습지 저택에 살던 노부인. 마니, 안나와 관계가 깊다.

사야카

도쿄에서 습지 저택으로 이사 온 여자아이. 안나와 친구가 된다.

가정부 할머니

습지 저택의 가정부. 마니를 엄하게 대한다.

히사코

바닷가에서 습지 저택을 그리는 여성.

도이치

말이 없는 노인. 안나를 보트에 태워 준다.

캐릭터 관계도

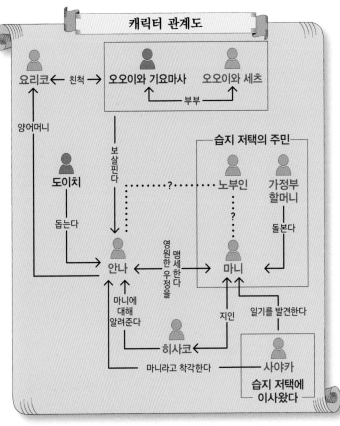

■ 천식 요양을 위해 바닷가 마을의 친척집에 온 안나는 아무도 살지 않는 습지 저택에서 마니와 만난다.

■ 타인에게 마음을 닫고 있던 안나는 마니와 함께 지내는 사이에 그녀에게 마음을 연다.

■ 마니와 함께 저장고에 갔을 때, 안나는 마니가 자신을 버리고 가서 배신당했다고 생각한다.

■ 습지 저택의 새로운 주민 사야카와 만난 안나는 마니에 대해 알게 되고 기운을 차린다.

주목 포인트

도이치는 원래 "밀물과 썰물을 조심해라." 등 안나를 걱정하는 대사가 있었다. 하지만 요네바야시 감독이 '안나는 어른들이 건네는 위로의 말을 부담스럽게 여겨 속을 터놓지 않을 것'이라고 생각하여 도이치를 대사가 없는 캐릭터로 바꾸었다.

포스터

《추억의 마니》의 포스터는 일러스트풍과 애니메이션, 이렇게 두 종류가 다른 두 종류를 만들었다.

この世には目に見えない魔法の輪がある。

あなたのことが大すき。

あの入江で、わたしはあなたを待っている。永久に——。

米林宏昌 監督作品

思い出のマーニー

When Marnie Was There

2014年《夏》全国ロードショー

marnie.jp

米林宏昌 監督作品

思い出のマーニー

When Marnie Was There

7月19日(土)全国ロードショー

marnie.jp

■ 2차 포스터. 지브리 작품 첫 더블 히로인을 어필하여 마니와 안나를 그렸다.

■ 요네바야시 히로마사 감독이 그린 마니의 이미지 보드를 사용한 1차 포스터. 이것은 아직 개봉일이 정해지지 않았을 때의 포스터이다. 개봉일이 정해진 이후에는 카피가 "네가 정말 좋아."로 변경되었다.

신문 광고

신문 광고는 7월 4일부터 시작하여 작품의 특장점인 더블 히로인과 환상성을 전면에 내세웠다.

■ 개봉 약 일주일 후, 7월 25일 아사히신문 등에 실린 5단 통 광고에는 '마니의 비밀'을 키워드로 한 광고 카피가 덧붙었다.

■ 최초의 신문 광고로는 2014년 7월 4일의 아사히신문, 요미우리신문에 컬러 전면 광고를 실었다. 비주얼은 2차 포스터를 사용했다.

■ 8월 1일 아사히신문, 요미우리신문 등에 실린 광고에서도 마니의 비주얼과 키워드가 형태를 바꾸어 사용되었고, 더욱 흥미를 끌게 고민한 흔적이 있다.

타이완판 포스터!

태국판 포스터!

노르웨이판 포스터!

■ 8월 8일, 8월 15일의 아사히신문과 지방신문 광고에서는 키워드는 그대로 두고 메인 비주얼을 안나의 우는 얼굴로 바꾸어 감동적인 작품임을 강조했다.

■ 8월 29일 아사히신문, 요미우리신문의 광고는 영화의 마지막에서 미소를 되찾은 안나의 비주얼을 사용해 작품의 새로운 인상을 어필했다.

■ 8월 22일, 아사히신문과 요미우리신문에 서로 끌어안는 마니와 안나의 장면을 사용한 광고가 실렸다.

제작 비화

습지 저택의 외관은 제작 초기 단계에서는 요네바야시 감독이 가루이자와의 별장을 참고로 그린 스케치 이미지로 진행할 예정이었다. 하지만 실사 영화의 미술 감독으로 활약하던 다네다 요헤이가 미술 감독을 맡게 되면서, 그의 제안으로 이야기의 무대인 홋카이도에 있는 서양관의 특징을 도입한 오리지널 외관으로 바뀌었다.

10년 만에 실현된 지브리 첫 합작 애니메이션. 무인도에서 펼쳐지는 인간과 자연의 우화

붉은 거북

2016년

네덜란드 출신 애니메이션 작가 미카엘 뒤독 더 빗 감독의 작품에 감명을 받은 스즈키 도시오 프로듀서가 기획하고, 지브리 작품의 배급도 담당하는 프랑스 영화사 와일드번치와 연계한 일본·프랑스·벨기에 합작 영화이다. 스즈키 프로듀서와 마찬가지로 미카엘 작품의 열렬한 팬인 다카하타 이사오가 지브리 측을 대표해 다양한 제안을 하는 등, 아티스틱 프로듀서라는 직함 하에 전면적으로 미카엘 감독을 백업했다.

영국에서 애니메이션 제작을 하던 미카엘 감독은 시나리오와 그림 콘티 제작 과정에서 지브리의 초청으로 약 한 달간 일본을 찾기도 했다. 무인도에 표류한 남자의 운명을 서바이벌 이야기가 아닌, 인간의 일생, 자연의 아름다움과 가혹함, 연속적으로 이어져 가는 생명

등 보편적인 테마를 더해 상징적으로 그린 작품이다. 엷은 색채의 심플한 그림에 더해, 대사를 사용하지 않고 인간의 외침과 호흡, 새의 울음소리, 밀려오는 파도 소리 등의 자연음과 아름다운 음악만으로 표현한 음향 설계도 높은 평가를 받았다. 아카데미상 단편 애니메이션 영화상에 빛나는 《아버지와 딸》(2000년)을 비롯하여 예술성 높은 단편 애니메이션으로 유명한 미카엘 감독에게 있어서는, 기획의 시작부터 10년, 제작에 8년을 투자한 첫 장편 작품이다. 애니메이션으로서는 이례적으로 권위 있는 칸 국제영화제의 '주목할 만한 시선' 부문에서 상영되었고 동 부문의 특별상을 수상했다.

개봉일 : 2016 년 9 월 17 일
상영 시간 : 약 81 분
ⓒ2016 Studio Ghibli·Wild Bunch–Why Not Productions–Arte France Cinéma–CN4 Productions–Belvision–Nippon Television Network–Dentsu–Hakuhodo DYMP–Walt Disney Japan–Mitsubishi–Toho

원작·각본·감독	미카엘 뒤독 더 빗
각 본	파스칼 페랑
아 티 스 틱 프 로 듀 서	다카하타 이사오
음 악	로랑 페레즈 델 마르
제 작 투 자	스튜디오 지브리 와일드 번치
프 로 듀 서	스즈키 도시오 빈센트 마라블

일러스트/미카엘 뒤독
더 빗 감독

스토리

태풍 속 거칠게 날뛰는 바다에 내던져진 남자가 구사일생으로 무인도에 도착한다. 남자는 섬에서 탈출하고자 뗏목을 만들어 바다로 나아가지만, 보이지 않는 힘에 의해 뗏목이 부서지고 섬으로 되돌아오고 만다. 다시 시도해도 결과는 마찬가지. 그럼에도 포기하지 않고 바다로 나아가는데, 세 번째로 뗏목이 부서졌을 때 남자는 커다랗고 붉은 거북의 모습을 본다.

뗏목을 부순 것이 붉은 거북의 짓이라고 생각한 남자는 분노에 휩싸여 거북을 막대기로 때리고 몸을 뒤집

어 해안가에 방치한다. 이윽고 죽어 버렸는지 움직이지 않게 된 거북을 보고, 남자는 자신의 행동을 후회한다. 그런 남자 앞에 한 여자가 나타나는데······.

일러스트/미카엘 뒤독
더 빗 감독

캐릭터

남자

무인도로 표류하여 탈출하지도 못하고 고독한 나날을 보내고 있었지만, 여자와 함께 살면서 섬에서 천수를 누린다.

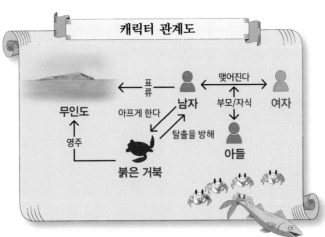

캐릭터 관계도

무인도 ← 표류 ── 남자 ── 맺어진다 → 여자
무인도 ← 영주
아프게 하다 ↓ 부모/자식
붉은 거북 → 탈출을 방해
아들

여자

남자 앞에 갑자기 나타난 여자. 남자와 함께 산다.

아들

남자와 여자 사이에서 태어난 남자아이. 어릴 적 아버지로부터 넓은 세계가 있다는 사실을 듣는다.

붉은 거북

뗏목이 부서졌을 때 남자가 본, 붉은 등껍질을 가진 커다란 바다거북.

■ 성장한 아들은 초원을 달린다. 행복한 한때.

■ 무인도에 도착한 남자는 뗏목을 만들어 어떻게든 원래 세계로 돌아가려 하지만……

■ 남자 앞에 갑자기 나타난 여자가 다정하게 대해 주자, 남자는 순식간에 여자에게 매료된다.

■ 가족 셋이서 모래밭에 그림을 그린다. 그때 남자는 자신이 원래 있던 세계를 그림으로 그려 아들에게 보여준다.

일본판 포스터는 신문 광고에도 사용한 그림으로 만든 한 종류뿐이다.

프랑스판 포스터는 바닷가를 걷는 가족의 장면 컷으로 만들어졌다.

아사히신문에 실린 광고. 2016년 9월 17일.

실린 광고. 2016년 9월 16일, 아사히신문에

신문 광고

개봉 전날의 광고(세로로 긴 것)와 개봉일에 실린 광고(가로로 긴 것). 작가이기도 한 피스의 마타요시 나오키의 코멘트와 다니카와 슌타로의 시가 인상적이다.

주목 포인트

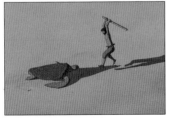

거북은 육지로 올라갈 수 있어서 어딘지 인간적이다. 고대부터 존재한 고독한 생물로, 인간과 정반대인 '불사'의 이미지도 있다. 감독은 그런 거북을 붉은색으로 그리기로 했다. 붉은색은 '위험'과 '사랑'이 떠올라 이 이야기에 들어맞는다고 생각했기 때문이다.

제작 비화

아티스틱 프로듀서로서 다카하타 이사오 감독이 한 일은 주로 감독인 미카엘이 보내는 각본과 라이카 릴(그림 콘티를 연결한 확인용 영상)을 검토하고 한 사람의 제작자로서 의견을 내는 것. 미카엘 감독의 입장에서 생각하며 그의 의도가 무엇인지를 정확하게 파악하는 것에 최대한의 노력을 기울였다.

■ 기괴한 균류가 무성한 부해의 내부.

■ 부해는 쓰러진 거신병을 집어삼키고 계속 증식한다.

《바람계곡의 나우시카》

부해라는 유독한 숲으로 둘러싸인 미래의 지구 풍경이다. 문명을 멸망시킨 거신병의 화석이 흩어져 있고, 내부는 거대한 균류와 곤충들이 지배한다. 부해는 인간의 목숨을 빼앗는 무서운 존재이지만, 사실은 지하에서 깨끗한 공기를 만들어 자연을 재생시키는 힘을 지니고 있었다.

지브리가 그리는
"자연과 풍경"

지브리 작품은 뛰어난 미술 스태프가 그리는 배경화, 특히 자연 풍경 묘사로 정평이 나 있다. 그것은 주로 로케이션 헌팅에 따른 취재와 실제 느낌에 바탕을 둔 스태프의 연구 성과다. 하지만 단순히 색채나 빛과 그림자의 대비를 리얼하게 표현하는 것뿐만이 아니다. 때로는 세부적인 곳까지 치밀하게, 때로는 대담하게 생략한 선과 색의 사용으로 작품마다 어울리는 방법을 이용해 테마와 세계관을 반영시켰다. 그렇게 그린 배경화가 이야기의 설득력과 캐릭터의 존재감을 뒷받침한다.

■ 일본식과 서양식을 절충한 문화 주택. 뒤편에는 우물이 있다.

■ 엄마를 만나러 메이가 달려가는 밭두렁 길.

《추억은 방울방울》

야마가타역에 도착한 타에코는 토시오의 차를 타고 홍화 따기를 도우러 간다. 차창 밖의 풍경이 마을 중심부에서 논밭으로 바뀌고, 이윽고 보이는 홍화밭이 아름답다. 이른 아침의 빛과 아침 안개 등의 표현도 놓칠 수 없는 부분이다.

《이웃집 토토로》

이야기의 무대는 아직 논밭이 많던 1950년대 말의 도쿄 교외를 이미지화한 곳이다. 오래된 거목이 무성한 숲을 중심으로 풍요로운 자연이 펼쳐지는 풍경은 향수를 불러일으킨다. 사츠키와 메이 자매가 이사한 집의 주변도 초록빛이 넘치며, 그곳에는 토토로의 숲으로 통하는 길이 있다.

■ 인간의 생활을 부러운 듯 바라보는 너구리들.

■ 빈집 철거 작업으로 쫓겨나고 만다.

■ 변신술로 다시 되살아난 옛 자연.

《폼포코 너구리 대작전》

너구리들이 평화롭게 살아가는 타마 지역은 인간에게도 사계절의 변화를 느낄 수 있는 아름다운 땅이었다. 택지 조성의 물결이 밀려와 그 자연도 사라져 간다. 요괴 대작전이 실패한 후, 너구리들이 마지막 변신술로 아파트 단지 한복판에 옛 풍경을 되돌려 놓는 장면이 감동적이다.

■ 건널목에서 기다리는 그림자 같은 사람들.

■ 치히로 일행이 내린 늪의 바닥 무인역.

■ 저녁놀을 받아 주황빛으로 물든 구름이 아름답다.

《센과 치히로의 행방불명》

하쿠를 구할 방법을 알아내기 위해 치히로는 해원전철을 타고 제니바가 사는 늪의 바닥으로 향한다. 아부라 온천에서 이어지는 바다 위를 기차가 달리는데, 차내의 승객과 건널목에서 기다리는 부녀는 그림자와 같은 모습이다. 초현실주의 회화를 떠올리게 하는 신비한 풍경이 인상적이다.

■ 소스케와 포뇨는 풍풍배를 타고 리사를 찾으러 간다.

■ 배가 연처럼 떠오른 물속 마을.

■ 물속은 고대 생물로 가득하다.

■ 해바라기집을 감싼 거대 해파리.

■ 미야자키 하야오 감독이 만들어 낸 고대 물고기 데보넨쿠스가 헤엄치고 있다.

《벼랑 위의 포뇨》

포뇨는 아빠가 모은 생명의 물로 인간의 모습이 되어 소스케가 있는 곳으로 찾아간다. 하지만 그 물이 넘쳐서 마을 일대가 물에 잠기고 만다. 육지와 바다가 하나가 된 풍경 속에, 고대 물고기와 거대 해파리 등 독특한 생물이 차례차례 등장한다.

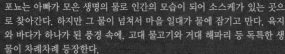

■ 이야기의 중요한 무대인 대나무숲.

■ 수채화로 그려진 산골 마을의 풍경.

■ 아시타카는 강에서 다친 고로쿠 일행을 구해 타타라 마을로 향하는 도중, 숲에서 시시신을 만난다.

《가구야 공주 이야기》

가구야 공주가 달로 돌아가고 싶지 않다고 한탄하는 것은 지상의 풍요로운 자연과 사람들의 사랑을 알았기 때문이다. 공주가 그리워하는 산골 마을의 풍경은 길러 준 노부부와 첫사랑인 스테마루와의 추억 그 자체이다. 그 풍경은 주로 도쿄 근교의 자연을 모델로 삼았다.

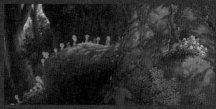

■ 귀여운 코다마는 나무의 정령이다.

《모노노케 히메》

시시신의 숲은 고대 신들이 사는 세계다. 커다란 숲의 바다 깊은 곳에, 인간이 황폐하게 만들기 전의 태고의 모습이 남아있다. 이끼로 뒤덮인 거목과 바위 사이에는 버섯과 풀꽃이 군생하고 있다. 세계 유산으로도 지정된 가고시마현 야쿠시마의 자연림을 참고하여 그린 풍경이다.

Director's Profiles
스튜디오 지브리 작품의 감독들

미야자키
하야오
(宮崎駿)

다카하타
이사오
(高畑勲)

애니메이션 영화감독. 1941년 1월 5일, 도쿄도 출생. 1963년 가쿠슈인대학 정치경제학부 졸업 후, 도에이 동화(현 도에이 애니메이션) 입사. 《태양의 왕자 호루스의 대모험》(1968)의 장면 설계·원화 등을 담당했고, 그 후 A프로덕션으로 이적, 《팬더와 친구들의 모험》(1972)의 원안·각본·화면 설정·원화를 담당. 1973년에 다카하타 이사오 등과 즈이요 영상으로 이적. 닛폰 애니메이션, 텔레콤 애니메이션 필름을 거쳐 1985년에 스튜디오 지브리 설립에 참가했다. 그 사이에 〈알프스 소녀 하이디〉(1974)의 장면 설계·장면 구성, 〈미래소년 코난〉(1978)의 연출 등을 담당했고 《루팡 3세: 칼리오스트로의 성》(1979)에서는 극장용 영화를 처음으로 감독했다. 잡지 『아니메주』에 연재한 자작 만화를 바탕으로 1984년에는 《바람계곡의 나우시카》를 발표, 직접 원작·각본·감독을 담당했다.

그 후에는 스튜디오 지브리에서 감독으로서 《천공의 성 라퓨타》(1986), 《이웃집 토토로》(1988), 《마녀 배달부 키키》(1989), 《붉은 돼지》(1992), 《모노노케 히메》(1997), 《센과 치히로의 행방불명》(2001), 《하울의 움직이는 성》(2004), 《벼랑 위의 포뇨》(2008) 등의 극장용 애니메이션을 발표했다. 또 요네바야시 히로마사 감독 작품 《마루밑 아리에티》(2010), 미야자키 고로 감독 작품 《코쿠리코 언덕에서》(2011)의 기획·각본도 담당. 2013년 7월에는 《바람이 분다》를 발표했다.

그중에서도 《센과 치히로의 행방불명》으로 제52회 베를린 국제영화제 황금곰상, 제75회 미국 아카데미상 장편 애니메이션 영화 부문상 등을 수상했으며, 《하울의 움직이는 성》으로 제61회 베니스 국제영화제에서 기술공헌상을, 이어서 제62회 동 영화제에서는 뛰어난 작품을 끊임없이 탄생시키는 감독으로서 영예 금사자상을 수상했다. 2012년에는 문화공로자로 선출되었다. 2014년 11월, 미국 영화예술과학아카데미에서 아카데미상 명예상을 수상. 2014년 7월, 미국에서 가장 권위 있는 영화상 중 하나인 윌 아이스너 만화산업상 '명예의 전당'에 이름을 올렸다.

또 2001년에 개관한 미타카의 숲 지브리 미술관에서는 기획 원안·프로듀스를 담당했고, 현재는 명예 관주를 맡고 있다.

저서로는 『슈나의 여행』, 『무엇이 영화인가』(구로사와 아키라와의 대담집), 『모노노케 히메』, 『출발점』, 『충안과 아니메』(요로 다케시와의 대담집)(이상 도쿠마쇼텐 간행), 『반환점』, 『토토로가 사는 집 증보개정판』, 『책으로 향하는 문』(이상 이와나미쇼텐 간행), 『한도 가즈토시와 미야자키 하야오의 겁쟁이 애국담화』(분슌 지브리문고) 등이 있다.

애니메이션 영화감독. 1935년 10월 29일, 미에현 이세시에서 태어나 오카야마에서 자랐다. 1959년 도쿄대학 불문과 졸업 후 도에이 동화에 입사. TV 시리즈 〈늑대소년 켄〉으로 첫 연출을, 극장용 영화 《태양의 왕자 호루스의 대모험》(1968)으로 첫 감독을 맡았다. 도에이 동화를 퇴사한 후 〈알프스 소녀 하이디〉(1974), 〈엄마 찾아 삼만리〉(1976), 〈빨강머리 앤〉(1979)(이상 TV 시리즈), 《쟈린코 치에》(1981), 《첼리스트 고슈》(1982) 등을 연출·감독. 1985년 스튜디오 지브리 설립에 참가했다. 이후 《반딧불이의 묘》(1988), 《추억은 방울방울》(1991), 《폼포코 너구리 대작전》(1994), 《이웃집 야마다군》(1999)을 발표. 2013년에는 대망의 신작 《가구야 공주 이야기》가 개봉되어 마이니치 영화 콩쿠르 애니메이션영화상, 로스앤젤레스 영화비평가협회(애니메이션 영화부문) 등을 수상하였고, 미국 아카데미상 장편 애니메이션 영화 부문상에 노미네이트되었다.

《바람계곡의 나우시카》(1984), 《천공의 성 라퓨타》(1986)에서는 프로듀서를, 2016년 개봉한 《붉은 거북》에서는 아티스틱 프로듀서를 맡았다.

1998년, 자수포장[*]을 받았다. 2009년에는 로카르노 국제영화제에서 명예표범상을 수상. 2010년에는 애니메이션 어워드 공로상, 2012년에는 미국 로드아일랜드 스쿨 오브 디자인(RISD) 명예 박사 학위, 2014년에는 도쿄 애니메이션 어워드 페스티벌 2014 특별상·아니메 도르(Anime d'Or), 안시 국제 애니메이션 영화제 명예공로상(Cristal d'honneur)을 수상했다. 2015년 4월, 프랑스 예술문화훈장 오피시에를 받았다. 2016년 2월에는 원저 맥케이상을 수상했다.

저서로는 『영화를 만들며 생각한 것』, 『12세기의 애니메이션』(이상 도쿠마쇼텐 간행), 『자크 프레베르 말들』(번역 및 해설과 주해, 피아 간행), 『자크 프레베르 새를 향한 인사』(편찬·번역, 피아 간행), 『한 장의 그림에서 일본편』, 『한 장의 그림에서 해외편』, 『애니메이션, 기회가 있을 때』(이상 이와나미쇼텐 간행) 등이 있다.

2018년 4월 5일 타계. 향년 82세.

※자수포장 : (학문·예술 등에 공적이 있는 사람에게 정부가 주는) 자줏빛 리본이 달린 기장.

모치즈키 도모미(望月智充)

애니메이션 감독. 1958년 홋카이도 출생. 1982년 〈두근두근 투나잇〉으로 연출 데뷔. 1993년에 스튜디오 지브리 작품 《바다가 들린다》를 감독했다.

주요 감독 작품으로 〈여기는 그린우드〉(1991), 〈로봇용사 다그온〉(1996), 〈트윈 스피카〉(2003), 〈절대소년〉(2005), 〈납치사 고요〉(2010), 〈배터리〉(2016) 등이 있다. 감독 외에도 많은 애니메이션 작품의 시리즈 구성, 각본, 음향 감독 등도 담당했다.

곤도 요시후미(近藤喜文)

1950년, 니가타현 고센시 출생. 1968년 니가타 현립 무라마쓰고등학교 졸업 후 A프로덕션에 입사. 애니메이터로서 〈거인의 별〉, 〈루팡 3세〉, 〈명랑 개구리 뽕키치〉, 〈팬더와 친구들의 모험〉 등에서 활약했다.

〈미래소년 코난〉을 거쳐 1978년 닛폰 애니메이션에 입사. 1979년 방영된 〈빨강머리 앤〉(연출: 다카하타 이사오)에서 캐릭터 디자인, 작화 감독으로 발탁되었다.

1980년, 텔레콤 애니메이션 필름에 입사. 《명탐정 홈즈》 이후, 미일 합작 영화 《리틀 네모》(1989)의 공동 감독 중 한 사람으로서 준비를 진행했지만 하차한다.

1987년, 스튜디오 지브리에 입사하여 《반딧불이의 묘》(1988)의 캐릭터 디자인, 작화 감독을 담당했다. 다카하타 이사오, 미야자키 하야오의 신뢰가 두터워, 이후로도 《마녀 배달부 키키》(1989), 《추억은 방울방울》(1991), 《붉은 돼지》(1992), 《폼포코 너구리 대작전》(1994) 등에서 활약했다. 1995년 개봉한 《귀를 기울이면》으로 첫 극장용 장편 영화 감독을 맡았다.

1998년, 47세의 젊은 나이로 영면.

긴장감 있는 액션부터 섬세한 생활 연기까지 다룰 수 있는 높은 기술력과 일에 있어서 타협하지 않고 몰두하는 자세는 많은 애니메이터에게 영향을 미쳤다.

모리타 히로유키(森田宏幸)

애니메이션 감독. 1964년 후쿠오카현 출생. 《AKIRA》(1988), 《퍼펙트 블루》(1998), 《이웃집 야마다군》(1999) 등 다수의 작품의 애니메이터를 거쳐, 스튜디오 지브리 작품 《고양이의 보은》(2002)으로 첫 감독을 맡았다. 이후 TV 시리즈 〈우리들의〉(2007)를 감독했다. 2017년 개봉한 3DCG 영화 《고질라: 괴수행성》에서는 부감독을, 2019년 영화 《니노쿠니》에서는 조감독을 맡았다.

저서로는 『일본심리학회 심리학 총서 애니메이션의 심리학』(공저, 세이신쇼보 간행)이 있다.

도쿄조형대학에서 비상근 교원, 일본공학원 하치오지 전문학교에서 강사를 맡고 있다.

모모세 요시유키(百瀬義行)

애니메이션 연출가. 1953년 도쿄도 출생. 다카하타 이사오 감독 작품 《반딧불이의 묘》(1988)에서 원화를 담당한 것을 계기로 스튜디오 지브리에 입사했다.

이후 《추억은 방울방울》(1991), 《폼포코 너구리 대작전》(1994)에서 그림 콘티 작화를 담당. 《모노노케 히메》(1997)에서는 CG 제작, 《이웃집 야마다군》(1999)에서는 연출을 담당했다. 《기브리즈 에피소드 2》(2002)에서 극장 작품 첫 감독을 맡은 이후, 〈하우스식품 집에서 먹자 시리즈 CM〉의 연출(2003), CAPSULE과 아라가키 유이의 PV 감독도 맡았으며, 다카하타 이사오 감독 작품 《가구야 공주 이야기》(2013)에서는 특임 장면 설계를 담당했다. 스튜디오 포녹에서는 JR 서일본 CM 〈Summer Train〉의 연출을 담당했으며, 스튜디오 포녹 작품의 단편 레이블 1탄 《작은 영웅: 게와 달걀과 투명인간》(2018) 중 한 편인 《사무라이 에그》를 감독했다. 또 연출, 캐릭터 디자인을 담당한 게임 〈니노쿠니〉를 영화화 작품 《니노쿠니》(2019)에서는 감독을 맡았다.

미야자키 고로(宮崎吾朗)

1967년 도쿄도 출생. 신슈대학 농학부 삼림공학과 졸업 후, 건설 컨설턴트로서 공원 녹지와 도시 녹화 등의 계획, 설계에 종사했다. 이후 1998년부터 미타카의 숲 지브리 미술관의 종합 디자인을 담당했으며, 2001년부터 2005년 6월까지 동 미술관 관장을 맡았다. 또 2005년 개최한 아이치 엑스포에서는 '사츠키와 메이의 집'의 제작을 담당했다.

2006년 개봉한 스튜디오 지브리 작품 《게드 전기: 어스시의 전설》에서 애니메이션 영화를 처음으로 감독했다. 2011년 《코쿠리코 언덕에서》로 두 번째 감독을 맡았다. 2014년 가을부터 이듬해 봄에 걸쳐 NHK·BS 프리미엄에서 TV 애니메이션 시리즈 첫 감독 작품 《산적의 딸 로냐》(제작·저작: NHK, 도완고)를 발표. 중국 애니메이션 영화 《몽키 킹: 영웅의 귀환》(2018년 일본 개봉)에서는 일본어 더빙판 제작 감수를 맡았다.

최신작은 2021년 4월 29일 개봉한 장편 3DCG 애니메이션 《아야와 마녀》. 아이치현 나가쿠테시의 아이치큐하쿠 기념공원에 2022년 오픈 예정인 지브리 파크 일도 담당하고 있다.

2004년도 예술선장 문부과학대신 신인상 예술진흥부문을 수상.

2016년 세계의 뛰어난 TV 프로그램에 주어지는 국제 에미상에서 《산적의 딸 로냐》가 어린이 애니메이션 부문 최우수상을 수상했다.

요네바야시 히로마사(米林宏昌)

애니메이션 영화감독. 1973년, 이시카와현 이시카와군 노노이치정 출생. 가나자와미술공예대학 상업디자인 전공. 1996년에 스튜디오 지브리에 입사하여 《모노노케 히메》(1997), 《이웃집 야마다군》(1999)에서는 영상을, 《센과 치히로의 행방불명》(2001)에서 처음으로 원화를 담당했다. 이후 《기브리즈 에피소드 2》(2002), 《하울의 움직이는 성》(2004), 《벼랑 위의 포뇨》(2008)에서 원화를, 《게드 전기: 어스시의 전설》(2006)에서는 작화 감독 보좌를 담당했다. 2010년에 개봉한 《마루 밑 아리에티》에서 첫 감독으로 발탁. 그해의 일본 영화 No.1이 되었으며 관객 동원 수 765만 명, 흥행 수입 92.5억 엔을 기록한다. 두 번째 작품인 《추억의 마니》(2014)는 미국 아카데미상 장편 애니메이션 영화 부문에 노미네이트되었다.

지브리 퇴사 후에 스튜디오 포녹 첫 장편 작품인 《메리와 마녀의 꽃》(2017), 포녹 단편 극장 《작은 영웅: 게와 달걀과 투명인간》(2018) 중 한 편인 《카니니와 카니노》를 감독했다.

미카엘 뒤독 더 빗(Michaël Dudok de Wit)

1953년 네덜란드 출생. 네덜란드에서 교육을 받은 뒤, 스위스와 영국의 미술대학에서 에칭과 애니메이션을 공부하고 1978년에 졸업 작품으로 〈더 인터뷰〉를 제작. 스페인에서 애니메이터로 일한 뒤, 1980년부터 영국에 자리를 잡았다. 디즈니 작품 《미녀와 야수》(1991)에서는 스토리 보드 아티스트로서, 《환타지아 2000》(2000)에서는 애니메이터로서 작품에 참가하는 등, 1980년대부터 1990년대에 걸쳐 프리랜서로서 여러 스튜디오에서 일했다. 또 유나이티드 항공과 AT&T, 네슬레, 폭스바겐, 하인즈 등 세계 각국의 CM을 다수 제작하며 많은 상을 수상했다.

1990년대 이후에는 단편 애니메이션 작품을 발표하여 세계에서 높은 평가를 받게 되었다. 1992년에 《청소부 톰》을 제작했고, 1994년에 완성한 《수도승과 물고기》는 미국 아카데미상 단편 애니메이션 영화상에 노미네이트되었다. 그의 가장 유명한 작품 《아버지와 딸》(2000년)은 제73회 미국 아카데미상 단편 애니메이션 영화상을 수상, 안시 국제 애니메이션 영화제에서는 그랑프리를 수상했다. 2006년에 《더 아로마 오브 티》를 완성한 이후, 2016년에 처음으로 감독한 장편 애니메이션 영화 《붉은 거북》이 미국 아카데미상 장편 애니메이션 영화 부문에 노미네이트되었고, 칸 국제영화제 '주목할 만한 시선' 부문 특별상을 수상했다. 아동용 그림책의 글과 일러스트도 담당하며, 유럽과 북미의 미술 대학·전문 학교 등에서 수업과 강의를 하고 있다.

감독들의 말

미야자키 하야오, 다카하타 이사오 두 감독을 비롯하여 스튜디오 지브리 작품을 만든 감독들이
영화에 담은 마음, 영화를 만들면서 한 생각은 어떤 것이었을까?
영화 제작 당시 감독들의 기획서와 발언들을 당시의 원고 그대로 싣는다.

《바람계곡의 나우시카》

미야자키 하야오 (원작·각본·감독)

극장용 팸플릿(1984)에서
원작을 모르는 사람도 즐길 수 있는 영화를…

'질식할 것만 같은 관리 사회 속에서 자립을 향한 길이 가로막히고, 과보호 속에서 신경증을 앓고 있는 현대의 젊은이들에게 마음의 해방감을 주는 영화'——최근 수년간, 이 방향으로 영화 기획을 제출해 왔지만 좀처럼 결실을 맺지 못해서, 그 마음을 월간 『아니메주』에 만화로 그리기 시작했습니다.

《바람계곡의 나우시카》는 인류의 황혼기인 지구를 무대로, 인간들끼리의 싸움에 말려들면서도 보다 먼 곳을 바라보는 소녀를 주인공으로 한 이야기입니다. 그렇지만 전투 그 자체를 그리는 것은 아닙니다. 인간을 둘러싸고, 인간이 의존하는 자연 그 자체와의 교류가 작품의 중요한 주제가 될 것입니다.

——황혼기에도 희망을 찾아낼 수 있을까. 만일 희망을 추구한다면 어떤 관점이 필요할까. 그 문제도 앞으로 몇 년은 이어질 연재 속에서 서서히 밝혀나가고자 합니다.

원작 만화는 애니메이션을 전제로 그린 것은 아니므로, 애니메이션화 이야기가 나왔을 때는 솔직히 고민했습니다. 하지만 만일 앞에서 이야기한 바와 같은 주제를 영화로 소화할 수 있다면 만들고 싶다는 생각이 들었습니다.

영화 제작의 기회를 준 도쿠마쇼텐, 하쿠호도 분들께 감사하다는 말씀을 드리며, 제 원작을 겸허하게 마주하면서 한 번도 원작을 읽은 적 없는 사람이라도 즐길 수 있는 영화를 만들고자 노력했습니다.

《천공의 성 라퓨타》

미야자키 하야오 (원작·각본·감독)

극장용 팸플릿(1986년)에서
아이들의 마음에 말을 걸고 싶다

고전적 골격을 지닌 모험 이야기를 오늘날의 말로 이야기할 수는 없을까?

정의는 방편이 되고, 사랑은 놀이가 되고, 꿈이 대량 생산품이 된 시대이기에, 무인도가 사라지고, 우주가 뜯어먹히고, 보물이 돈으로 바뀌는 시대이기에 더더욱, 소년이 뜨거운 마음으로 출발하는 이야기를, 발견과 멋진 만남을, 희망을 말하는 이야기를 아이들은 기다리고 있다.

자기희생과 헌신에 의해서만 얻을 수 있는 인연에 대해, 대체 왜 말하기를 망설이는 것일까?

아이들의 잘난 체와 비꼼과 체념으로 쌓여진 포장 아래 숨겨진 마음에 직접 말을 거는 이야기를, 진심을 담아 만들고 싶다.

이것이 라퓨타의 원점이다! (영화 제작 메모에서)

스위프트가 걸리버 여행기 3부 『라퓨타』에 그린 천공의 섬에는 모델이 존재했다. 플라톤의 잃어버린 지리지 『천공의 서』에 적혀 있던 라퓨타리치스가 그것이다.

라퓨타리치스는 옛날 지구상에 일대 기술 문명(현대는 두 번째다)이 번성했을 때, 전쟁을 피해 천공으로 도망친 일족에 의해 세워졌다. 하지만 지나치게 발달한 고도 문명 생활의 끝에 라퓨타인은 생명력을 잃었고, 차츰 인구가 줄어들다 기원전 500년 무렵에 갑작스레 발생한 기이한 병으로 멸망했다.

라퓨타인의 일부는 지상으로 내려와 정체를 숨기고 살아남았다고 전해지기도 하지만, 자세한 이야기는 알려져 있지 않다.

라퓨타의 궁전에는 사람의 자취가 사라졌고, 왕의 귀환을 기다리는 로봇들만이 궁전을 계속 지키고 있다. 하지만 긴 세월이 흐르면서 영토가 차츰 손상되었고, 지금은 그 일부만이 공중을 떠돌고 있을 뿐이다. 섬은 늘 저기압의 중심에 있어서 구름에 가려진 채 편서풍과 함께 이동하므로, 지상에서 목격된 적은 한 번도 없다.

아울러 현대의 기계 문명 이전에 핵에너지마저 제멋대로 다루었던 문명이 지구상에 존재했다는 설은, 현대에도 소수의 사람들이 주장하는 바이다. 인도의 민족 서정시 『라마야나』, 『마하바라타』를 근거로, 특히 인도에 그런 설을 믿는 자가 많다.

《이웃집 토토로》

미야자키 하야오(원작·각본·감독)

극장용 팸플릿(1988년)에서

일본이 무대인 즐겁고 멋진 영화를 만들고 싶다

장편 애니메이션 작품 《이웃집 토토로》의 목표는 행복하고 마음이 따뜻해지는 영화입니다. 즐겁고 상쾌한 마음으로 집에 돌아갈 수 있는 영화. 연인들은 서로가 더 사랑스럽게 느껴지고, 부모들은 어린 시절을 아련하게 추억하고, 아이들은 토토로를 만나고 싶어서 신사 뒤편을 탐험하거나 나무에 올라가기 시작하는, 그런 영화를 만들고 싶습니다.

극히 최근까지 '일본이 세계에 자랑할만한 것은?'이라는 질문에 어른도 아이도 '자연과 사계절의 아름다움'이라고 대답했었는데, 지금은 아무도 입에 올리지 않게 되었지요. 일본에 사는 틀림없이 일본인인 우리가 최대한 일본을 피해서 애니메이션을 만들고 있습니다. 이 나라는 그렇게나 초라하고 꿈이 없는 장소가 된 걸까요?

국제화 시대에 가장 민족적인 것이야말로 세계적인 것이 될 수 있다는 사실을 알면서도, 왜 일본을 무대로 즐겁고 멋진 영화를 만들려고 하지 않는 것일까요?

이 소박한 질문에 답하려면, 새로운 시각과 신선한 발견이 필요합니다. 게다가 회고나 향수가 아니라 쾌활하고 발랄한 엔터테인먼트 작품이어야만 합니다.

잊고 있던 것.

깨닫지 못했던 것.

잃어버렸다고 착각하고 있던 것.

하지만 그것이 지금도 있다고 믿고, 《이웃집 토토로》를 진심을 담아 만들고 싶습니다.

토토로란?

이 영화의 주인공 중 하나인 네 살 메이가 그들에게 붙여준 이름입니다. 진짜 이름은 아무도 모릅니다.

아주아주 먼 옛날, 이 나라에 사람이 거의 살지 않던 무렵부터 그들은 이 숲속에서 살아왔습니다. 수명도 천 년이 넘는다고 합니다. 큰 토토로는 크기가 2m를 넘습니다. 부엉이인지 너구리인지 곰인지 알 수 없는 이 복슬복슬하고 커다란 생물은 어쩌면 요괴라고 할 수 있을지도 모르지만, 사람들을 두렵게 하지 않으며 내키는 대로 살아왔습니다. 숲속의 동굴이나 오래된 나무 구멍 속에 살며, 사람 눈에는 보이지 않지만 어찌 된 영문인지 이 영화의 주인공, 어린 자매 사츠키와 메이에게는 보입니다.

시끄러운 것을 싫어해서 인간과 한 번도 어울린 적이 없었던 토토로들이지만, 사츠키와 메이에게는 마음을 열어 줍니다.

《반딧불이의 묘》

다카하타 이사오(감독)

기자 발표용 자료(1987년)/극장용 팸플릿(1988년)에서

《반딧불이의 묘》와 현대의 아이들

〈1〉

연못가의 산굴 방공호에 열네 살 소년이 네 살 여동생을 데리고 둘이 살고 있다. 풍로 하나와 이불, 모기장을 가지고, 모험 놀이나 소꿉놀이를 하듯 마른 나뭇가지를 주워 밥을 짓고, 소금기가 부족하면 바닷물을 떠 온다. 연못에서 몸을 씻고, 헤엄치는 김에 우렁이를 잡는다.

때는 여름. 태양이 강렬하게 내리쬐고, 수면을 때리는 비는 폭포가 되어 흘러 내려간다. 피어오르는 증기, 흘러내리는 땀. 강렬한 명암이 눈을 찌르는 천지에 밤이 찾아오면, 여름풀 위로 엄청난 수의 반딧불이가 춤을 춘다. 남매는 모기장 안에 백 마리가 넘는 반딧불이를 잡아서 풀어 놓는다. 희미한 빛 속에 떠오르는 것은 마치 꿈만 같은 옛 추억. 옛 추억이라고 해 봤자 불과 한 달 전까지 이어지던 일상이다.

남매가 서로에게 의지하며 꾸려 나가는 기묘하고 서글픈 일상의 세계. 주위에 피어오르는 이상한 분위기.

하지만 이곳은 난파선이 밀려온 무인도가 아니다. 주위에는 논밭이 펼쳐져 있고, 사람도 있고 훌륭한 집도 많다. 연못 둑 위에서 내려다보면, 눈앞에 뻗은 완만한 길이 그대로 바다로 연결된다. 마을은 땡볕 아래로 펼쳐진 불타 버린 들판과 예스러운 분위기를 간직한 주택지가 뒤섞여 있는데, 그 노골적인 단절은 남매를 덮친 갑작스러운 재난 때문이다. 훤히 드러난 고가 선로만이 눈에 띄는 마을을, 강을 따라 내려가 세 갈래의 철도와 국도를 가로지르면 아지랑이가 피어오르는 여름의 해변이 나온다.

1945년 7월 6일부터 패전 후인 8월 22일까지 한 달 반 사이, 아버지의 출정 중에 공습으로 어머니를 잃은 세이타와 세쓰코 남매는 산 중턱의 저수지 옆에 있는 방공호에 사는데, 이 세토우치의 마을이 두 사람의 생활권, 두 사람의 섬이었다.

어린 여동생이 어떻게 소꿉놀이와 실생활을 구별할 수 있을까? 그것을 가르쳐 주는 것은 자비 없이 덮쳐 오는 공습이다.

무인도가 아니다. 사람은 무척이나 많다. 사람과의 접촉도 있었다. 쌀도 배급받았다. 예금을 인출해 10엔짜리 지폐 몇 장을 주머니에 쑤셔 넣고, 오빠는 엄마가 남긴 기모노를 가지고 가서 물건을 샀다. 하지만 우물가에서 이웃들을 만나도, 그들은 남매의 산굴 방공호를 찾아오지는 않았다. 중학교 3학년인 오빠를 다 큰 어른으로 치부하며, 두 사람을 독립된 가족으로 보고 간섭하지 않은 것일까? 아니면 그저 자기 삶에 바빠서 남매를 돌아볼 여유를 잃었던 것일까? 그들은 오히려 오빠가 먹을 것을 구하러 밭을 조금 파헤치기라도 하면, 즉시 때리고 발로 차고 경찰 앞으로 끌고 갔다.

공습경보가 울릴 때마다 오빠는 불타고 남은 마을의 한구석으로 출동한다. 무시무시한 폭음과 폭격기가 총을 난사하는 소리가 교차하는 가운데, 소년은 달려서 대피하느라 비어 있는 집에 뛰어 들어가 음식과 교환용 의류 등을 훔친다. 하늘에 B29의 모습이 번뜩여도 이미 공포는 없다. 와아, 하고 손이라도 흔들고 싶은 기분이다.

〈2〉

만일 지금 갑자기 전쟁이 시작되어 일본이 전화에 휩싸인다면, 부모를 잃은 아이들은 어떻게 살아갈까? 어른들은 타인의 아이를 어떻게 대할까?

《반딧불이의 묘》의 소년 세이타는 내게는 마치 현대의 소년이 타임슬립을 해서 그 불행한 시대에 휘말리고 만 것처럼 느껴졌다. 그리고 거의 필연이라고밖에 할 수 없는 흐름으로 여동생이 죽고, 한 달 만에 세이타 역시 죽어 간다.

중학교 3학년이라고 하면 예과연*이나 육군유년학교*에 들어가거나 소년병이 되는 아이도 있던 나이다. 하지만 세이타는 해군 대위의 장남이면서도 전혀 군국 소년다운 면이 없다. 공습으로 집이 불타고 나서 여동생이 "누가 그런 거야?"라고 물어도 "아빠가 그놈들 다 잡아 올 거야."라고밖에 대답하지 못한다. 스스로 나라를 위해 일하려는 마음은 전혀 없고, 남들만큼 가지고 있던 적개심마저 공습의 충격으로 금세 사라진다.

당시로서는 꽤 유복하게 자라나 도시 생활의 즐거움도 알고 있었다. 역경에 맞설 필요는 물론, 엄격한 부모 밑에서 일을 돕거나, 이를 꽉 깨물며 굴욕을 견디는 경험도 없었다. 비굴해져 본 적도 없고, 전쟁 상황이라고는 해도 느긋하게 살아온 부류에 속할 것이다.

세이타는 엄마를 잃고 집이 불타 없어지자 먼 친척 아주머니의 집에 더부살이한다. 남편의 사촌 형인 해군 대위에게 비뚤어진 마음이라도 있었는지, 아니면 천성이 박정한지, 아주머니는 금세 남매를 골칫거리 취급하며 차갑게 대하게 된다. 세이타는 아주머니의 괴롭힘과 비꼬는 말을 참아내지 못한다. 여동생과 자기 몸을 지키기 위해 꾹 참고, 히스테리를 부리는 아주머니 앞에 무릎을 꿇고 용서를 구하는 일을 하지 못한다. 아주머니 입장에서 보면 세이타는 귀여움이라고는 전혀 없는 아이였을 것이다.

"그럼 이제부터 우리 밥 따로따로 먹자꾸나. 그렇게 하면 불만 없겠지?", "목숨이 아깝긴 아까운가 보구나. 그럼 그냥 그 산굴에서 살지 그러니?" 쏟아지는 말들도, 그런 말을 입에 올리는 마음도 분명 냉혹하기 그지없지만, 아주머니는 남매가 정말로 그렇게 할 수 있으

※예과연 : '해군 비행 예과 연습생'의 준말. 구 일본 해군의 소년 항공 요원 지망생.
※육군유년학교 : 일본 제국 육군의 군사 학교. 청소년 시기부터 육군 장교 후보 양성을 준비하기 위한 학교로, 육군사관학교의 전 단계이다.

리라고는 생각하지 못했을지도 모른다. 하지만 세이타는 자신에게 완전한 굴복과 비위 맞추기를 요구하는, 이 진흙탕 같은 인간관계 속에 계속 있을 수 없었다. 오히려 견디기 힘든 인간관계에서 벗어나, 자진해서 식사를 따로 하고 산굴 방공호로 간다. 비굴하게 자신에게 매달리지 않는 이 아이가 어지간히 미운 나머지, 아주머니는 이들을 내쫓고서도 그리 양심에 가책을 느끼지 않았을 것이다.

세이타가 취한 이러한 행동이나 마음의 움직임은 물질적으로 풍요로우며 기분의 좋고 나쁨을 대인관계나 행동이나 존재의 큰 기준으로 삼고, 성가신 인간관계를 싫어하는 현대의 청년 및 아이들과 어쩐지 닮지 않았나? 아니, 그 아이들과 시대를 공유하는 어른들도 마찬가지다.

현대 사회는 가족의 인연이 느슨해지고 이웃 간의 연대감이 줄어든 만큼, 이중삼중의 사회적 보호 내지는 관리의 틀에 의해 보호받고 있다. 상호 불간섭을 교류의 기본으로 삼고, 본질에 닿으려 하지 않는 겉핥기식 배려에서 스스로의 다정함을 확인하고 있는 우리들. 전쟁까지 가지 않더라도 만일 큰 재해가 닥쳤을 때, 사람들이 서로 돕고 협력하도록 만드는 이념이 부재한 채로 이 사회적인 틀이 벗겨져 버린다면, 알몸이나 마찬가지인 인간관계 속에서 종전 직후보다 한층 더, 사람은 사람에게 늑대가 될 것임이 틀림없다. 내가 어느 쪽이든 될 수 있다는 가능성에 전율한다. 그리고 설령 인간관계에서 도망쳐서 세이타처럼 여동생과 둘만 살아가게 되더라도, 대체 얼마만큼의 소년이, 사람들이, 세이타만큼 여동생을 돌볼 수 있을까?

이야기의 비참함에도 불구하고, 세이타에게는 조금도 비참함이 없다. 등을 꼿꼿하게 펴고, 소년이 홀로 대지에 선 듯한 산뜻함마저 느껴진다. 열네 살의 남자아이가 여자처럼, 엄마처럼 믿음직하며, 삶의

근본인 먹고 먹이는 일에 온 힘을 다한다.

다른 사람을 의지하지 않고 남매 둘이서 꾸려가는 산굴 방공호에서의 생활이야말로 이 이야기의 중심이자 구원이다. 가혹한 운명을 짊어진 두 사람에게 찰나의 빛이 비친다. 아이의 미소, 순수의 결정체.

세이타는 자신의 힘으로 여동생을 먹이고 자신도 살아가려고 노력하지만, 당연히 힘이 달려 죽어 간다.

〈3〉

여하튼 듬직하고 힘차게 살아남는 것이 최고였던 전후 부흥에서 고도성장으로의 시대, 《반딧불이의 묘》의 애달픔에 감동을 받으면서도, 너무나도 비참한 그 결말을 인정하고 싶어 하지 않는 사람들이 있었다.

하지만 지금 《반딧불이의 묘》는 강렬한 빛을 발하며 현대를 비추어 우리를 겁먹게 한다. 전후 40년을 통틀어, 지금만큼 세이타의 삶과 죽음을 남의 일처럼 생각할 수 없는, 공감할 수밖에 없는 시대는 없었다.

지금이야말로 이 이야기를 영화화하고 싶다. 우리는 애니메이션에서 고난에 용감하게 맞서 상황을 개척하고 씩씩하게 살아남는 멋진 소년 소녀만을 그려 왔다. 하지만 현실은 결코 해결할 수 없는 상황이 있다. 그것은 전쟁터로 변한 거리와 마을이며, 수라로 변한 사람들의 마음이다. 그곳에서 죽어 가는 것은 착한 현대의 젊은이들이며, 우리들의 절반이다. 애니메이션에서 용기나 희망이나 씩씩함을 그리는 것은 물론 중요하지만, 우선 사람과 사람이 어떻게 연결되는가에 대해 생각해 볼 수 있는 작품 또한 필요할 것이다.

《마녀 배달부 키키》

미야자키 하야오 (프로듀서·각본·감독)

극장용 팸플릿(1989년)에서
오늘날 소녀들의 바람과 마음

원작 『마녀 배달부 키키』(가도노 에이코 글, 후쿠인칸쇼텐 간행)는 자립과 의존 사이에서 오늘날 소녀들의 바람과 마음을 따뜻하게 그린 뛰어난 아동문학 작품입니다. 옛날이야기의 주인공들은 천신만고 끝에 얻은 경제적 자립이 정신적 자립 그 자체였습니다. 하지만 오늘날, 프리터*, 모라토리엄*, 트라바유* 등의 유행어가 시사하는 바와 같이, 경제적 자립이 반드시 정신적 자립을 의미하지는 않습니다. 빈곤이라고 하면 물질적 빈곤보다도 마음에 대해서 더욱 많이 이야기해야 하는 시대인 것입니다.

부모 곁을 떠나는 것도 통과 의례라고 하기에는 너무 가볍고, 타인

과 섞여서 생활할 때도 편의점 하나만 있으면 족한 이 시대에 소녀들이 직면하는 자립이란, 어떻게 자신의 재능을 발견하고, 드러내고, 자기실현을 하는가 하는, 어떤 의미에서는 더욱 어려운 과제입니다.

주인공인 열세 살 마녀 키키에게는 하늘을 나는 힘밖에 없습니다. 게다가 이 세계는 마녀가 드물지 않습니다. 그녀는 1년 동안 처음 보는 마을에서 생활하며, 사람들에게 마녀로서 인정받아야만 한다는 수련 과제를 안고 있습니다.

여기에는 만화가를 꿈꾸는 소녀가 혈혈단신으로 대도시로 상경하는 듯한 분위기가 있습니다. 오늘날 잠재적인 만화가 지망생 청소년의 수는 30만 명이라고 합니다. 만화가도 특별히 드문 직업은 아닙니다. 데뷔도 비교적 쉽고, 생활도 어떻게든 해나갈 수 있습니다. 그후 반복되는 일상 속에서 처음으로 자신의 벽에 부딪치게 되는 것이

※프리터 : 프리(free)와 아르바이터(arbeiter)를 합성한 일본의 신조어. 특정한 직업을 갖지 않고 평생 아르바이트만으로 생계를 이어가는 청년들을 지칭한다.
※모라토리엄 : 사회적 책임이나 의무가 유예된 청년기를 가리키는 말.
※트라바유 : 일본의 구직 정보 사이트. 이직한다는 의미로 '트라바유하다'라는 말이 유행어가 되었다.

요즘의 세태입니다. 엄마가 길들인 빗자루가 지켜주고, 아빠가 사다 준 라디오로 기분 전환을 하고, 분신인 검은 고양이도 같이 따라가지만, 키키의 마음은 고독과 사람에 대한 그리움으로 가득합니다. 부모의 사랑을 듬뿍 받고 경제적 원조까지 받으면서, 도시의 화려함을 동경하며 도시에서 자립하려고 하는 많은 소녀들의 모습이 키키와 비슷해 보입니다. 키키의 느슨한 각오도, 얕은 인식조차도 오늘날 세간의 모습을 잘 반영하고 있습니다.

원작에서 키키는 타고난 착한 마음으로 어려운 문제를 해결해 나갑니다. 그러면서 동시에 자기편을 주위에 많이 만들어 나갑니다. 영화화를 하면서 우리는 조금 바꿔야 했습니다. 그녀의 재능이 멋지게 펼쳐지는 모습은 분명 기분 좋겠지만, 지금 우리들의 도시에서 살아가는 소녀들의 마음은 더욱 굴절되어 있습니다. 자립의 벽을 돌파하는 싸움은 많은 소녀에게 고생 그 자체이며, 단 한 번의 축복조차 받지 못했다고 느끼는 사람들이 무척 많기 때문입니다. 우리는 영화에서 자립의 문제를 더 깊이 추구해야만 한다고 생각합니다. 영화는 어쩔 수 없이 현실감을 가지게 되기 때문입니다. 키키는 원작보다도 더 강한 고독과 좌절을 영화 속에서 맛보게 될 것입니다.

키키와 만났을 때, 키키가 우리에게 보여준 최초의 이미지는 도시의 야경 위를 날아가는 작은 소녀의 모습이었습니다. 반짝이는 수많은 불빛. 하지만 그녀를 따뜻하게 맞이해 줄 불빛은 하나도 없는……. 하늘을 나는 고독. 하늘을 나는 힘은 지상으로부터의 해방을 의미하지만, 자유는 또한 불안과 고독을 의미합니다. 하늘을 낢으로써 자기 자신으로 있기로 결심한 소녀가 우리의 주인공입니다. 지금까지

TV 애니메이션을 중심으로 수많은 '마법소녀'물이 만들어져 왔지만, 마법은 소녀들의 소망을 실현하기 위한 수단에 지나지 않습니다. 그녀들은 아무런 어려움 없이 아이돌이 되어 왔습니다. 《마녀 배달부 키키》에서의 마법은 그렇게 편리한 힘이 아닙니다.

이 영화에서의 마법이란, 평범한 소녀들이 누구나 지니고 있는 어떠한 재능을 의미하는 한정된 힘입니다.

우리는 키키가 마을 위를 날 때, 지붕 아래의 사람들에게 강한 연대감을 느끼면서, 그전보다 더더욱 자기 자신다워졌다는 사실을 음미하는──그런 행복한 마지막 장을 준비할 생각입니다. 그 마지막 장이 단순한 바람에 그치지 않고, 영화의 묘사 과정을 그만큼 설득력 있게 만들어야 한다고도 각오하고 있습니다.

현대를 살아가는 소녀들이 지닌 젊음의 화려함을 부정하는 것이 아닌, 그렇다고 화려함에만 시선을 빼앗기는 것도 아닌, 자립과 의존 사이에서 방황하는 젊은 관객에게 연대의 인사를 건네는 영화로서(왜냐하면, 우리 역시 예전에는 소년이었으며 소녀였기 때문이고, 젊은 스태프에게는 자기 자신의 문제이기 때문입니다.) 이 작품을 완성해야만 한다고 생각합니다. 동시에 이 영화가 뛰어난 엔터테인먼트 작품으로서 많은 공감과 감동을 얻을 수 있는 기반 역시 그곳에 있다고 생각합니다.

《추억은 방울방울》

다카하타 이사오(감독·각본)

극장용 팸플릿(1991년)에서
연출 노트

──나는 초등학교 5학년인 나를 데리고 여행을 떠난다.
'귀여운 아이에게는 여행을 시켜라.'라는 말이 있다.
지금은 옛날처럼 고생할 일도 없고, 따라서 인정을 느낄 일도 없이 효율적인 여행을 하는 경우가 많다. 하지만 역시 여행은 인생을 배우고 자기 자신을 바라볼 수 있는 둘도 없는 기회라는 점에는 변함이 없다.
여행에는 공간을 이동하는 여행이 있는가 하면 시간을 이동하는 여행도 있다. 자기 자신이라는 '귀여운 아이'에게 시간과 공간의 여행을 시키면, 스스로를 탐구하거나, 탈피하거나, 진정한 자신을 발견할 수 있을지도 모른다.

영화 《추억은 방울방울》은 그러한 여행에 나선 27세의 직장인, 오카지마 타에코의 중간보고(르포르타주)다.

1. 원작에 대해서

영화 《추억은 방울방울》은 동명의 만화를 영화화한 애니메이션이다.
『추억은 방울방울』은 한 소녀가 초등학교 5학년 때 학급이나 가정에서 체험한 지극히 소소한 사건을 각각 독립된 20여 편의 추억으로 엮은 만화다.
시대는 1966년, 비틀즈가 일본을 방문한 해. 화자인 주인공 오카지마 타에코는 당시 열 살로, 세 자매 중 막내다. 부모님과 할머니까지 여섯 가족이 도쿄의 교외에서 살고 있다.

1966년 무렵이라는 시기 특유의 에피소드도 여러 편 포함되어 있는데, 소위 '레트로'라고는 보기 어렵고, 오히려 상당히 폭넓은 시대가 공유하는 소녀 시절의 절실한 체험담이 중심을 이루고 있다.

주인공 소녀에게는 이렇다 할 특징은 없다. 눈에 띄는 개성도 없어 보이는, 지극히 평범한 보통의 아이라 할 수 있다. 글짓기를 잘하고, 산수를 싫어한다. 그녀가 속한 학급이나 가정에도 큰 특색은 없다. 부창부수의 고전적인 부모님으로, 아빠는 당시 고도성장 시대의 기업 전사로 보인다. 생활 수준은 중산층 이상. 반 친구들과의 격차는 느껴지지 않는다.

에피소드 자체도 그야말로 누구나 경험했던, 또는 경험할 수 있는 에피소드가 평범한 일상의 시간 속에서 지극히 담담하게 펼쳐진다. 은근한 유머와 페이소스가 유쾌하지만, 특별히 마음을 뒤흔들 정도의 사건이라고는 할 수 없으며, 그로부터 이끌어 낼 교훈도 없어 보인다.

아마 만화 『추억은 방울방울』을 읽지 않은 사람에게는 그런 보잘것없는 이야기에 매력이 있다고는 상상도 하지 못할 것이다.

하지만 『추억은 방울방울』은 명백히 매력적인 만화다.

그 이유는 무엇일까?

먼저, 추억을 꺼내 보이는 방식이 분명하다는 점이다.

사람은 자신에게 있어서 큰 사건만을 기억하고 다른 것은 잊어버리고 만다. 또 기억 속에서는 사건에 이르기까지의 과정조차도 사건이 가져온 결과나 그때의 감정에 의해 영향을 받아, 차츰 왜곡된 형태로 뇌리에 정착한다. 나아가 어른이 된 후의 감개와 의미 부여에 의해서도 왜곡된다. 오히려 그 왜곡된 것을 '추억'이라고 부른다 해도 과언이 아닐 것이다. 따라서 추억은 조금 씁쓸한 듯 여겨질지 몰라도 차츰 희미하고 아련해지기 십상이다.

그런데 만화 『추억은 방울방울』에는 열 살 소녀가 느낀 있는 그대로의 현실과 감각이 실로 생생하게 드러나 있다. 독자는 마치 타임머신을 타고 돌아간 것처럼――바로 어제의 일처럼, 열 살 무렵의 자신이 있던 세계로 되돌아간다. 그리고 독자는 사건의 내용 때문이 아닌, 그 또렷하게 드러난 세계의 감각에 마음이 흔들리게 되는 것이다.

그것은 당시의 객관적 현실을 재현했다는 의미가 아니다. 오히려 열 살 오카지마 타에코의 눈에 비치고, 귀에 들리고, 느낀 것만이 주관적으로 포착되어 있다고 할 수 있다. 아마 '객관적' 현실과는 묘하게 다를 것이다.

만화 『추억은 방울방울』은 그야말로 그 주관성에 의해 '추억'이라는 점을 보증하면서――독자를 열 살의 감성과 관찰의 세계로 빠져들게 하고, 표현은 어디까지나 객관주의의 태도를 견지함으로써 '기묘하게 생생한 추억'을 만화의 형태로 구현한 것이다.

떠나온 과거를 감상에 젖은 눈으로 되돌아봤을 때 보이는 것, 그것이 소위 '추억'이라고 한다면, 이 『추억은 방울방울』은 타임머신을 타고 추억의 발생 현장을 직접 '르포르타주'한 것이라고 말할 수 있을지도 모른다.

만화 『추억은 방울방울』의 첫 번째 매력은 여기에 있다.

두 번째로, 누구에게나 있을 법한 추억만을 다룬다는 점이다.

뛰어난 문학작품에는 그야말로 이야기할 가치가 있는 추억이 선명하게 그려져 있다. 『추억은 방울방울』의 경우, 추억을 그려내는 방식의 선명함이 만인에게 바로 느껴지는 이유가 그려낸 추억이 만인의 것이기 때문이다. 만인의 것이란, 그것이 누구에게나 있을 법하며 흔하다는 뜻이다.

이 만화를 읽은 많은 사람들이 '아아, 나도 그 시절 그랬지.'라고 하거나, '마치 초등학교 시절로 돌아온 것 같은 기분이 들어.'라고 한다. 많은 사람들이 자기 일로 받아들이며, 또 이 만화를 보며 스스로의 추억을 되새겨 보는 경험을 한다.

사람들은 이러한 추억을 이야기할 가치가 있는 것이라고는 생각도 하지 않았다. 아니, 잊고 있었던 것이다. 그것을 『추억은 방울방울』은 훌륭하게 되살려 놓았다.

세 번째로, 이것은 일반적인 열 살 아이의 '르포르타주'이기도 하다는 점이다.

열 살 소녀에게 '그저 사소한 일'이라는 것이 존재할까? 어른이 그렇게 가치를 부여하는 것은 어른의 가치 기준에서 보았기 때문이다. 또 열 살 소녀에게 있어서 하루하루의 일상이 그 자체로 신선한 체험이라는 점을 잊고 있기 때문이다. 하물며 이 작품에서 다루어진 것은 대부분 지극히 평범한 소녀에게 있어서 무척 절실한, 또 무척 괴로웠을 사건들뿐이다.

지극히 평범한 열 살 소녀는 아직 만사에 소극적인 경우가 많으며, 자신을 둘러싼 현실에 강하게 부딪쳐 본인의 말과 행동으로 상황을 타개하지는 못한다. 도저히 '애니메이션'이나 아동문학의 주인공처럼은 하지 못한다.

성장 중인 자아는 부모나 학교의 보호, 억압과 때때로 마찰을 일으키지만, 오히려 그 마찰이 자아의 성장을 더욱 촉진하여 곧 다가올 사춘기를 준비하는 데에 그치는 것이 보통이다. 사춘기야말로 자아를 확립하는 시련의 시기이며, 이 시련이 너무나도 큰 탓에 많은 사람들은 그 이전의 작은 마찰의 경험은 잊고 만다.

잊는다는 것은 어떤 의미에서는 극복하는 것과 마찬가지인 이상, 이 시기의 보통 아이들의 모습이 잘 보이지 않는 것 또한 당연하다. 자아가 불충분하다면 개성 또한 명료하지 않아 겉으로 드러나지 않는다. 안에서 아무리 감성을 펼쳐놓아도, 밖에서는 수수한 열 살만이 보인다.

만화 『추억은 방울방울』은 이 시기의 소녀의 모습을 생생하게 그려낸다는 점이 획기적이다.

현대의 열 살 전후의 소녀 또한 이 만화 속에서 자신과 비슷한 모습을 찾아내고, 공감과 반발을 번갈아 한 끝에, 적어도 어른들도 우리랑 똑같았구나, 하는 것만은 확인하게 될 것이다.

2. 제목에 대하여

만화 『추억은 방울방울』은 제목에 역사적 가명을 일부러 사용한다. 이는 지금 유행하는 젊은이들의 레트로 느낌과 큰 관계가 있을 것 같다.

비틀즈의 일본 방문, 미니스커트, 소녀 프렌드*, 마가렛*, 바비 인형의 드레스, 〈홋코리효탄지마*〉, 치마 들추기, 깜짝 놀랐잖아 정말* 등등, 직접적인 레트로를 포함해서 이 만화는 분명 레트로 감성에 어필하는 힘을 지니고 있다.

사람들은 청년 때부터 열심히 동창회를 열고, 옛날이야기를 하며 들뜬다. 소그룹에서도 공통의 화제는 뭐니 뭐니해도 옛날이야기다. 그리고 다들 똑같구나 하고 안심한다. 그 안심감을 부여하는 데에도 만화『추억은 방울방울』은 안성맞춤인 만화라 할 수 있다.

3. 레트로 감성은 어디에서 오는가

전통적 가치 체계가 무너지고 공통의 가치관을 가지지 못한 탓에, 사회, 남녀, 가정 등 온갖 인간관계가 지금 무척이나 불안정해져 가고 있다. 이미 '인간관계'는 사람을 결속시키거나 인연을 강화하거나 서로 위로할 때 쓰는 말이 아니다. 오히려 '파탄'과 연결된다.

자신의 가치관에서 보면 상대방이 제멋대로인 것처럼 보이고, 모두가 제멋대로이니 금세 마찰이 발생한다. 놀이에서조차, 아니, 놀이이기 때문에 마작처럼 개성이 다른 것들끼리 얽히는 것을 사양한다. 지금이라면 혼자 마음껏 놀 수 있는 기계가 얼마든지 있다. 타인에게 간섭도 하지 않지만, 간섭당하고 싶지도 않다. 타인은 타인, 나는 나……. 하지만 그게 아니다. 다들 심하게 낯을 가리면서도 사실은 사람을 그리워한다. 응석 부리고 싶어서 견딜 수가 없다. 하지만 남의 응석을 받아줄 수 없으니 자신도 응석 부리지 못한다.

넘쳐나는 물건과 정보, 자유와 향락의 한복판에서 우리는 모두 외로워하고 있다. 불안해하고 있다. 자신에게 정말로 중요한 것이 무엇인가, 무엇에 가치를 두고 스스로를 지탱해야 할까, 분간이 되지 않는다. 자아가 확립되지 않는다. 타인이 어떻든 세계가 어떻든 나는 이렇다라는 것이 없다. 타인과 세계의 변경이 무너지면 자동적으로 나 자신도 없어져 버릴 것 같은 느낌이 든다. 그래서 우리는 조금이라도 자신이 타인과 같다는 사실을 확인하고 싶어 하며, 그로써 안심하려고 한다.

인간관계를 싫어한다고 해서 고독이 좋아지는 것은 전혀 아니다. 홀로 텔레비전을 본다고 해서 그것을 고독이라고는 하지 않는다. 오히려 우리는 마찰이 발생하지 않는 곳에서는 무리 짓기를 무척 좋아한다. 동호회나 동창회는 사람들로 붐빈다. 유행하는 혼자 놀기 역시 무리 지어서 한다. 무리 지어 있기는 해도 마주 보지 않는다. 원을 만들지 않는다. 같은 방향을 바라보고 늘어선다. 텔레비전을 볼 때와 마찬가지다. 공유하는 것은 자신들의 안이 아니라 앞에 있다. 그리고 다들 마찬가지라는 사실에 조금 안도한다.

사실 레트로 감성이라는 것도 그야말로 이러한 현상의 한 발현에 지나지 않는다. 과거를 돌아보고, 이것저것 사소한 것을 꼽아 보고, 다들 똑같다며 안심한다. 이른바 정체성이나 소속감이 인간의 정신적 안정에 필요하다지만 우리가 이렇게까지 미약한 것에 매달려야 하는 걸까? 안타깝지만 그러한 듯하다.

4. 영화 《추억은 방울방울》을 구성하면서

영화 《추억은 방울방울》은 현대를 살아감에 있어서 레트로 감성이 정신 안정제의 하나가 된 것을 인정하는 일에서부터 출발한다. 그리고 만화 『추억은 방울방울』을 다루는 것이, 그 감성에 호소하는 측면을 지니고 있음을 인정한다. 최대한 원작의 매력을 살리려고 하면 자연스럽게 그렇게 될 것이다. (영화에서는 만화의 에피소드 중 열 편 정도를 다루게 된다.)

하지만 우리는 레트로 감성을 충족하기 위해 영화를 만들고 싶지는 않다. 오히려 그 반대다. 레트로 감성의 원인을 우리 현대인의 자기 확립의 어려움이라고 생각하므로, 그 경향을 조장하는 일에 일조하고 싶지는 않다.

정신의 병을 치료하려면 우선 환자의 과거를 파헤쳐서 무의식의 영역까지 파고든다. 그리고 환자가 자기 자신을 대상화하고 자기 분석을 이룩했을 때, 병은 자연히 치유된다고 한다. 그러기 위해서 어떠한 형태든 과거를 되돌아보는 일은 결코 나쁘지 않은 첫발이 될 것이다.

이미 살펴본 바와 같이, 만화 『추억은 방울방울』에는 레트로 감성과는 상관없이 과거를 똑똑하게 되살려낸다는 점에서 사라지지 않는 매력을 지니고 있다.

영화는 그 점에 기반을 두고, 주인공 오카지마 타에코가 27세가 된 시점을 상정하고, 열 살의 자신을 되돌아보게 만든다. 27세의 타에코는 병들어 있지 않다. 오히려 사람들 앞에서 밝게 행동하는 착한 아가씨로 성장했다.

여성의 자립이 화두인 시대에 자라난 타에코는 대학에 진학하고 임시직이 아닌 직장에 취직하여 업무에 열과 성을 다한다. 열심히 일하는 사이에도 연애도 한두 번쯤은 경험했다. 하지만 지금은 27세, 독신이다.

일도 막 배울 때처럼 신선한 매력이 느껴지지 않는다. 엄마는 지금이 마지막 기회라며 선을 보라고 압박한다. 주체성을 잃어버릴 것 같아서 지금까지 그런 이야기에는 한 번도 응한 적이 없다.

표면상으로는 변함없이 매일 쾌활하게 일하러 가고, 여느 남성보다도 퇴근 후의 시간을 즐기고 있지만, 새롭게 마음 정리를 하거나 결단을 내리지 않으면 이대로는 힘차게 나아갈 수 없을 것 같은 기분이 든다.

열 살의 타에코와 마찬가지로, 27세의 타에코도 그러한 보통의 여성으로 등장시키고 싶다. 당연히 우리와 똑같이, 앞서 이야기한 자기 확립이 어려운 현대인의 한 사람으로서.

그 타에코가 문득 열 살 무렵의 자신을 떠올리게 된다면……. 이것이 영화 《추억은 방울방울》의 첫 번째 설정이다.

영화의 두 번째 설정은 그러한 타에코를 시골로 보내 농업을 체험하게 하는 것이다. (여기에는 근거가 있다. 타에코는 부모 세대부터 도쿄에서 살았기에 시골을 몰랐다. 시골이 있는 친구들을 부러워했다. 형부가 시골 출신이라는 새로운 설정을 넣으면 타에코가 시골을 가지게 되었다며 기뻐해도 이상하지 않다.)

※소녀 프렌드 : 고단샤가 발행하던 일본의 만화 잡지.　　※홋코리효탄지마 : NHK 종합TV에서 방송된 인형극.
※마가렛 : 슈에이샤가 발행하는 일본의 만화 잡지.　　※깜짝 놀랐잖아 정말 : 일본의 코미디언 미나미 신스케가 유행시킨 대사.

우리는 도시에 살며 먹을 것을 배달해 주기를 기다린다. 그리고 우리가 동물이라는 사실을 잊고 산다. 필경 본능에 따른 것이리라. 자연과 녹색과 물은 원하면서도, 그것이 아름답고 위생적이고 무해한, 그리고 순도 100% 환상의 자연이길 바란다. 그리고 때로로 그 닿을 수 없는 자연을 접하며 생명을 세탁하고 싶어 한다. 하지만 동물은 본래 자연 속에서만 살 수 있다. 자연의 위협에 노출되면서, 자연으로부터 빼앗고, 받고, 그것을 먹고, 그리고 살아간다. 인간 영위의 근본 또한 그곳에 있다. 그 영위 속에서 현실감을 상실하거나 자기 확립을 할 수 없는 것은, 그야말로 정신이 병든 사람들뿐이다.

현대에 인간이 영위하는 근본에서 가장 가까운 곳에서 살아가는 사람은 말할 것도 없이 농업인이다.

타에코를 시골로 보내서 생기 넘치게 농업을 하며 살아가는 한 청년과 만나게 한다. 자기 확립을 위해서 스스로를 대상화할 수 있는 가장 기본적인 시금석은, 지금도 여전히 인간 영위의 근본을 전하는 시골에 있다고 확신하기 때문이다.

《추억은 방울방울》 준비 원고(1990년 1월 8일)

《붉은 돼지》

미야자키 하야오 (원작·각본·감독)

기자발표용 자료에서
연출 메모

●만화 영화의 부활

국제편 비행기를 탄 지친 비즈니스맨들, 산소가 결핍되어 한층 더 둔해진 그들의 머리로도 즐길 수 있는 작품, 그것이 《붉은 돼지》다. 소년 소녀들이나 아주머니들도 즐길 수 있는 작품이어야 하지만, 우선 이 작품이 '지쳐서 뇌세포가 두부가 된 중년 남성을 위한 만화 영화'라는 점을 잊어서는 안 된다.

밝지만 야단법석을 떨지 않고,

다이내믹하지만, 파괴적이지는 않다.

사랑은 가득하지만, 육욕은 쓸데없다.

자긍심과 자유로 가득하며, 잔가지를 쳐내서 스토리는 단순하게, 등장인물들의 동기도 지극히 명쾌하다.

남자들은 다들 밝고 쾌활하며, 여자들은 매력으로 넘치며, 인생을 즐기고 있다. 그리고 세계 또한 한없이 밝고 아름답다. 그런 영화를 만들고자 한다.

●인물 묘사는 빙산에서 물 위로 나온 부분이라고 생각하자

포르코, 피오, 미스터 커티스, 피콜로 영감, 지나, 맘마유토단의 면면, 그 밖의 공적들. 이들 주요 등장인물이 다들 인생을 살아온 듯

한 리얼리티를 지닐 것. 야단법석을 떠는 이유는 괴로운 일을 끌어안고 있기 때문이며, 단순함은 시련을 거쳐 손에 넣은 것이다. 모든 인물을 소중히 해야 한다. 그 바보 같음을 사랑할 것. 그 밖의 수많은 묘사에 소홀함은 금물. 자주 하는 잘못——자신보다 바보 같은 자를 그리는 것이 만화라는 오해——을 범해서는 안 된다. 그러지 않으면 산소가 결핍된 중년 남성들은 납득하지 않는다.

●선을 늘리기보다 장수를 늘린 역동성

바다, 파도의 물보라, 비행정 무리, 인물들 모두 선을 늘리기보다 움직임으로 보여주자. 형태는 단순하게 해서 작화를 편하게 하고, 그 대신 움직임으로 표현한다. 밝음, 움직임의 즐거움을 발견하자.

●색채에 대하여

선명하게, 하지만 강렬하지 않고 우아하게

밝고 북적거리지만 눈이 피로하지 않은 밸런스를!

●미술에 대하여

가 보고 싶은 마음이 드는 마을, 날아 보고 싶은 하늘, 갖고 싶은 비밀 아지트. 고민 없이, 통쾌하고 밝은 세계. 지구는 예전에 아름다웠다.

위와 같은 영화를 만듭시다.

《바다가 들린다》

모치즈키 도모미(감독) 인터뷰

팸플릿(1993)에서

히무로 작품을 꼭 애니메이션화해 보고 싶었다

——이 작품에 참가하게 된 계기는 무엇인가요?

모치즈키 사실 저는 『바다가 들린다』 연재 중에 애니메이션화 기획을 낸 적이 있습니다. 전부터 히무로 씨의 작품을 좋아했고, 단행본은 거의 다 읽었어요. 『내겐 너무 멋진 그대』나 『나기사 보이』와 같은 히무로 씨의 작품은 이야기 전개가 정말 훌륭하잖아요. 그래서 꼭 한 번 히무로 씨의 작품을 애니메이션으로 만들어 보고 싶다고 줄곧 생각하고 있었습니다. 『바다가 들린다』를 고른 건, 마침 연재 중이라는 좋은 타이밍과 연재지가 『아니메주』라는 점에서(웃음) 애니메이션화 실현 가능성이 높을 것 같아서였어요. 그때는 결국 실현되지 못했지만…….

이번에 지브리에서 이야기가 들어온 건 정말 우연이었습니다. 원작에서 일러스트를 그렸던 곤도 가쓰야 씨가 전면적으로 참가한다고 해서 마음이 든든했죠. 『바다가 들린다』의 애니메이션화는 역시 가쓰야 씨 없이는 생각할 수 없었으니까요.

——이 작품은 리얼한 청춘을 그리고 있다고 생각하는데요, 감독님은 이 작품을 어떻게 파악하고 계신가요?

모치즈키 말씀대로 리얼한 청춘 드라마이니, 꼼꼼한 묘사에 중점을 두려고 합니다. 리얼한 내용이라면 '실사로 찍는 편이 좋다'는 말을 하는 분도 꼭 있는데, 그런 의견에는 반대합니다. 현실적인 소재라고 해서 꼭 실사가 어울린다고는 생각하지 않습니다. 그림으로 그리면 카메라로 찍는 것과는 다른 재미가 나오거든요.

이를테면 《추억은 방울방울》에서 홍화가 흔들리는 장면이 있는데, 그림으로 그렸기 때문에 실사로 진짜 꽃이 흔들리는 것보다 큰 감동을 준다고 생각합니다. 리얼한 애니메이션의 매력은 그런 부분에 있는 것 같아요. 저는 현실과 너무 동떨어진 설정의 애니메이션에는 전혀 매력을 느끼지 못합니다. 《바다가 들린다》 역시 리얼리티가 있는 연출을 하고 싶어요. 이 작품에서는 특히 캐릭터 묘사가 포인트가 될 것 같습니다.

——감독님이 가장 매력을 느낀 캐릭터는?

모치즈키 리카코예요. 리카코는 한 마디로 표현할 수 없는 타입이죠. 실제 인간은 복잡하고 다면적인 존재이니까, 그런 타입을 묘사하는 데 매력을 느낍니다. 뭐, 귀엽다는 점도 있지만요(웃음).

《폼포코 너구리 대작전》

다카하타 이사오(원작·각본·감독)

연출 노트(극장용 팸플릿[1994년]에서)

현대 너구리의 사정

어느 날, 가까운 지주의 집 뒤편 대나무숲이 홀연히 모습을 감추고 빈터가 되고 말았다. 해 질 무렵이면 둥지로 돌아온 참새들이 엄청나게 시끄러워서 다들 이 대나무숲을 '참새의 둥지'라고 불렀는데, 빈터가 되니 그 참새들은 어디로 갔을까 하는 걱정이 먼저 들었다.

타마, 센리, 쓰쿠바 등의 뉴타운과 각지의 골프장 등 대규모로 산림을 개발하고 단기간에 지형까지 완전히 바뀐 지역에서, 생활권을 잃은 생물들 대부분이 멸종한 것은 말할 것도 없지만, 그 주변 지역에서도 이 수난의 영향으로 인간이 눈치채지 못하는 곳에서 생물들의 격렬한 생존 경쟁이 펼쳐지지 않았을까? 이종 간은 물론, 영역을 둘러싸고 동종 간의 싸움도 치열했을 것이다. 분명 많은 생명이 목숨을 잃고, 자손을 남기지 못한 개체도 많았을 것이다.

예로부터 마을 가까운 산에 눌러살며 인간과 교류가 깊던 우리 너구리들도 이 무시무시한 재난을 벗어날 수는 없었을 것이다. 최근 촌락은 물론 도시 한복판에도 너구리들이 출몰하여, 교통사고 등을 당하면서도 인간들이 버린 음식 쓰레기를 헤집거나 아이들에게 먹이를 얻어먹는 등 끈질기게 살아남은 모습이 각지에서 보고되는데, 이 또한 개발의 거센 파도를 정면으로 맞은 너구리들의 부득이한 생존 작전은 아닐까?

이 격동과 전란의 시대를 너구리들은 어떻게 살았고 어떻게 죽어 갔을까? 가혹한 운명에 저항하며, 그들의 특기인 '변신술'은 어떻게

활용되었을까? 그게 둔감한 현대인에게도 통했을까? 그리고 이런 시대에도 역시 사랑의 꽃은 피어났을까? 무사히 자손을 남겼을까? 그러한 사정을《폼포코 너구리 대작전》을 통해 탐구하고 싶다.

《귀를 기울이면》

미야자키 하야오(프로듀서·각본·그림 콘티)

기자 발표용 자료(1994년)/극장용 팸플릿(1995년)에서

왜, 지금 순정 만화인가? -이 영화의 목적-

혼돈의 21세기의 모습이 차츰 또렷해진 지금, 일본의 사회 구조도 크게 삐걱거리며 흔들리기 시작하고 있다. 시대는 확실하게 변동기로 접어들어, 어제의 상식과 정설이 급속하게 힘을 잃어 가고 있다. 지금까지의 물적 축적에 의해 젊은 사람들이 그 물결에 직접 노출되는 일은 아직 시작되지 않았다고 해도, 그 징조만은 확실하게 드러나고 있다.

이러한 시대에, 우리는 어떤 영화를 만들고자 하는 것일까?

살아간다는 본질로 되돌아오는 것.

자신의 출발점을 확인하는 것.

한층 급격하게 변화하는 유행에 등을 돌리는 것.

더 먼 곳을 바라보는 시선이야말로 지금 우리에게 필요하다고, 소리 높여 대담하게 외치는 영화를 부러 만들려는 것이다.

이 작품은 오늘날 젊은 관객의 여러 사정을 이해하며 환심을 사려고 하지 않는다. 젊은이들이 처한 오늘날의 상황에 대해 의문이나 문제의식을 펼쳐 보이지도 않는다.

이 작품은 자신의 청춘에 통한의 후회를 남긴 아저씨들이 젊은이들에게 보내는 일종의 도발이다. 스스로 제 무대의 주인공을 포기하는 관객──그것은 예전의 우리들이기도 하다──에게 마음의 갈증을 불러일으키고 동경의 소중함을 전하려는 것이다.

자신을 고양시키는 이성과의 만남──채플린의 작품은 일관되게 그랬다──그 만남의 기적 같은 부활이 이 작품의 의도하는 바이다.

원작은 지극히 평범한 순정 만화에 흔히 있는 러브 스토리에 지나지 않는다. 이 세계에는 둘 사이를 방해하는 것은 아무것도 없다. 몰이해한 어른들이나 규제는 없고, 굴절과 좌절도 아직 한참 멀리 있으며, 앞으로 시작될 자신의 이야기를 꿈꾸는 소녀가 주인공이다. 오늘의 순정 만화가 그러한 것처럼, 이 원작도 중요한 건 쌍방의 마음

뿐이며 어떤 큰일도 일어나지 않는다. 두 사람은 서로 좋아하는 마음을 확인하지만, 그 뒤로는 아무 일도 일어나지 않는다. 순정 만화는 항상 그곳에서 끝나는 법이며, 그렇기 때문에 지지를 받아 왔다.

주인공의 상대 소년은 화가를 꿈꾸며 일러스트풍 그림을 그린다. 이것도 순정 만화의 전형으로, 절박하고 격렬한 예술을 지향하는 인물은 결코 아니다. 이야기 작가가 되기를 꿈꾸는 소녀의 꿈 또한 국적 불명의 동화 만들기이며, 소년과 마찬가지로 소녀 역시 상처 입을 위험이 없는 범위에 있다.

그렇다면, 왜『귀를 기울이면』의 영화화를 제안하는가?

아저씨들이 아무리 힘들여 그 취약함을 지적하고 현실성이 결여된 꿈이라 논할지언정, 이 원작에서 건강하고도 솔직하게 그린 만남을 향한 동경과 순수한 사모의 마음이 청춘의 중요한 진실이라는 점을 부정할 수 없기 때문이다.

건강함이란 비호 아래에서나 가능한 연약함에 불과하다는 등, 방해물이 없는 시대에 순애는 성립하지 않는다는 등, 비꼬며 지적하는 것은 간단하다. 그렇다면 더 강하게, 압도적인 힘으로, 건강하다는 것의 훌륭함을 표현할 수는 없는 것일까?

현실을 날려버릴 정도의 힘이 있는 건강함……. 그 시도의 핵에, 히이라기 아오이의『귀를 기울이면』이 자리할 수 있지 않을까?

만일 그 소년이 장인에 뜻을 둔다면……. 중학교 졸업과 동시에 이탈리아의 크레모나에 가서, 그곳의 바이올린 제작 학교에 들어가 수업을 받고자 결심한다면, 이 이야기는 어떻게 될까?

사실『귀를 기울이면』의 영화화 구상은 이 착상에서 모든 것이 시작되었다.

목공을 좋아하는 소년. 직접 바이올린을 켜는 소년. 원작에 등장하는 고미술상 할아버지의 다락방을 지하의 공방으로 바꾸고, 할아버지도 낡은 가구나 미술품의 수리를 취미로 하며 음악 연주를 즐기는 인물로 만든다면……. 소년은 그 공방에서 바이올린 만들기에 대한 꿈을 키워온 것이다. 동세대 소년과 소녀들이 오히려 미래를 기피하며 살아가는 이때(어른이 되면 변변한 일이 없다고 믿는 아이들이

많다.), 소년은 아주 먼 곳을 바라보며 착실하게 살아간다. 우리 히로인이 그런 소년을 만난다면 어떻게 할까?

그렇게 질문했을 때, 흔해 빠진 순정 만화가 별안간 시대성을 띤 작품으로 변신하는 원석——커팅하고 연마하면 빛이 나는 원석으로 변신한다.

순정 만화의 세계가 지닌 순수한 부분을 소중히 하면서, 오늘날 풍요로운 삶이란 무엇인지 묻는 일도 가능할 것이다.

이 작품은 하나의 이상화된 만남에 리얼리티를 잔뜩 부여하면서, 살아간다는 것이 얼마나 멋진 것인지 뻔뻔하게 부르짖고자 하는 도전이다.

이상

《모노노케 히메》

미야자키 하야오(원작·각본·감독)

기자 발표용 자료(1995년)/극장용 팸플릿(1997년)에서

난폭한 신들과 인간의 싸움 —이 영화의 목적—

이 작품에는 시대극에 통상 등장하는 무사, 영주, 농민은 거의 얼굴을 비치지 않는다. 모습을 보여도 조연 중의 조연이다.

주요 주인공들은 역사의 본무대에는 모습을 보이지 않는 사람들과 난폭한 산신들이다. 타타라인이라 불리던 제철 집단 기술자, 노동자, 대장장이, 사철 채취자, 숯장이, 말몰이 또는 소몰이 등의 운송꾼들. 그들은 무장도 하면서 공장제 수공업이라고 할 수 있는 독자적인 조직을 만들었다.

인간과 대적하는 난폭한 신들은 견신, 멧돼지신, 곰의 모습으로 등장한다. 이야기의 중심이 되는 시시신은 인간의 얼굴에 짐승의 몸, 나무 뿔을 지닌 완벽한 상상 속 동물이다.

주인공 소년은 야마토 정권에게 멸망당해 고대에 모습을 감춘 에미시 부족의 후예이며, 소녀는 비슷한 류로 조몬기의 어느 토우를 닮은 듯도 하다.

주요 무대는 사람의 접근을 허락하지 않는 깊은 신들의 숲과 철을 만드는 요새와도 같은 타타라 마을이다.

기존 시대극의 무대인 성, 마을, 논밭을 지닌 농촌은 원경에 지나지 않는다. 오히려 댐이 없고 숲이 깊고 인구가 한참 적던 시대의 일본의 풍경, 깊은 산과 으슥한 골짜기, 풍요롭고 맑은 물, 자갈이 없는 좁은 흙길, 수많은 새, 짐승, 곤충 등, 순도 높은 자연을 재현하고자 한다.

이러한 설정의 목적은 기존 시대극의 상식, 선입관, 편견에 얽매이지 않고 보다 자유로운 인간 군상을 형상화하기 위해서다. 최근의 역사학, 민속학, 고고학에 따르면, 이 나라는 일반적으로 알려진 이미지보다 훨씬 풍요롭고 다양한 역사를 지녔다고 한다. 시대극의 빈곤함은 대부분 영화의 연기에 의해 만들어진 것이다. 이 작품의 무대인

무로마치 시대는 혼란과 유동성이 일상인 세계였다. 남북조 시대부터 이어진 하극상, 거침없는 기풍, 악당의 횡행, 새로운 예술의 혼돈 속에서 오늘날 일본을 형성해 온 시대다. 센고쿠 시대처럼 상비군이 조직전을 펼치는 시대와는 다르며, 열정적이고 강렬한 가마쿠라 무사의 시대와도 다르다.

가장 모호한 격랑기, 무사와 백성의 구별이 확실하지 않고, 여자들도 쇼쿠닌즈쿠시에*에서 볼 수 있듯이 더 대담하고 자유로웠다. 이 시대 사람들의 삶과 죽음의 윤곽은 또렷했다. 사람은 살며, 사랑하고, 증오하고, 일하고, 죽어 갔다. 인생은 모호하지 않았다.

21세기라는 혼돈의 시대를 맞이하며, 이 작품을 만드는 의미가 여기에 있다.

세계 전체의 문제를 해결하려는 것이 아니다. 난폭한 신들과 인간의 싸움에 해피엔딩은 있을 수 없기 때문이다. 하지만 증오와 살육의 한복판에 있어도, 살 가치가 있는 것은 있다. 멋진 만남과 아름다운 것이 존재할 수 있다.

증오를 그리지만, 이는 더욱 소중한 것이 있음을 그리기 위해서다.

속박을 그리는 것은 해방의 기쁨을 그리기 위해서다.

그려야 할 것은 소녀를 향한 소년의 이해이며, 소녀가 소년에게 마음을 여는 과정이다.

소녀는 마지막에 소년에게 말할 것이다.

"널 좋아해. 하지만 인간을 용서할 수는 없어."라고.

소년은 미소를 지으며 말할 것이다.

"상관없어. 나와 함께 살아가자."라고.

그러한 영화를 만들고 싶다.

※쇼쿠닌즈쿠시에 : 중세·근세에 각종 직업을 열거하여 그 직업에 종사하는 서민의 풍속, 생활을 그린 회화.

《이웃집 야마다군》

다카하타 이사오 (각본·감독)

연출 노트 (기자 발표용 자료[1997년]부터 전단지에 실린 원고에서)

'이웃집 시리즈' 제2탄

이것은 스튜디오 지브리가 선사하는 '이웃집 시리즈'의 제2탄입니다. 아니, 결코 농담이 아닙니다. 아주 진지한 특별 기획입니다.

우리는 이웃한 나무나 숲속에 토토로가 살면 좋겠다고 생각합니다.

토토로가 근처에 있다고 느끼면 행복해집니다. 자연에 둘러싸여, 자신이 좋은 사람이 될 수 있을 것 같은 기분이 듭니다.

하지만 우리는 이웃집에 야마다군 가족이 사는 것 또한 대환영입니다.

야마다 가족이 근처에 있으면 왠지 마음이 편해집니다. 기운이 납니다. 입가가 실룩거리고, 숨이 쉬어지고, 오늘 하루도 어떻게든 해나갈 수 있을 것 같은 기분이 듭니다.

야마다 가족이란, 아사히신문에 연재 중인 『이웃집 야마다군』(현재는 『노노짱』으로 개칭)의 주인공 가족을 말합니다. 매일 아침, 다른 기사는 나중에 읽더라도 이 네 컷 만화만은 읽고 집을 나서는 애독자가 많다고 하지요.

프로듀서인 스즈키 도시오 씨는 『이웃집 야마다군』의 엄청난 팬으로, 전부터 '이웃집 시리즈 제2탄'으로 이 네 컷 만화를 애니메이션화할 수 없을지 주위 사람들에게 물었지요. 하지만 다들 농담으로밖에 듣지 않았고, 무엇보다 하고 싶은 일이 아니라서 진지하게 생각하지 않았습니다.

이 기획이 내키지 않았던 것은 당연합니다. 『이웃집 야마다군』이 최신 신문 연재만화 중에서 출중한 걸작임을 인정하더라도, 그 애니메이션화 기획은 스튜디오 지브리의 이미지와 너무나도 다르며, 평범하게 생각해도 지브리 스태프의 특색이나 역량을 살릴 수 있을 것 같지 않았습니다. 게다가 네 컷짜리 개그 만화를 애니메이션화(특히 장편화)하는 것은 지극히 어려운 일, 아니, 거의 불가능한 일입니다. 네 컷 만화를 늘리거나 조합해서 애니메이션화한 작품이라고 하면, 인기 있는 〈사자에씨〉나 성공작인 《힘내라!! 다부치 군!!》 등이 있지만, 원작의 함축적인 재미는 아쉽게도 희생되었습니다.

그런데 어째서 지금 이 시점에 굳이 위험을 무릅쓰며 『이웃집 야마다군』을 '긴급 특별 기획'으로 다루려고 하는 것일까요? 승산은 있을까요?

무엇보다 우선, 스즈키 씨의 '이웃집 시리즈 제2탄'이라는 콘셉트가 언어유희도 농담도 아닌, 시의적절하며 타당한 것일지도 모르겠다고 깨달았기 때문입니다. 이 농담 같은 언어유희가 내포한 '불성실한 추천'이야말로 지금 필요한 것일지도 모르겠다고, 생각했습니다. 즉 서두에 적은 것처럼, 지금이야말로 '사람들의 이웃에 야마다 가족을 살게 하고 싶다'고 진심으로 생각하게 되었기 때문입니다.

《센과 치히로의 행방불명》

미야자키 하야오 (원작·각본·감독)

극장용 팸플릿(2001년)에서

신비한 마을의 치히로 —이 영화의 목적—

이 작품은 무기를 휘두르거나 초능력을 겨루는 것은 아니지만, 모험 이야기라고 할 만한 작품이다. 모험이라고는 해도 선악의 대결이 주제는 아니며, 선인과 악인이 다 섞여서 존재하는 세상에 내던져지고, 수행하고, 우애와 헌신을 배우고, 지혜를 발휘해 살아가는 소녀의 이야기가 될 것이다. 그녀는 곤경에서 벗어나 원래의 일상으로 되돌아오고, 세상은 소멸하지 않는다. 그것은 악을 파멸시켰기 때문이 아니라, 그녀가 살아갈 힘을 획득한 결과이다.

오늘날 모호해져 버린 세상이라는 것, 모호한 주제에 침식되고 물어뜯으려는 세상을, 판타지의 형태를 빌려 또렷하게 그려내는 것이 이 영화의 주요 과제이다.

무언가에 둘러싸여 있고, 누군가가 지켜주고, 그렇게 모두와 동떨어져 살아간다는 게 어렴풋하게만 느껴지는 일상 속에서, 아이들은 연약한 자아를 비대화시킬 수밖에 없다. 치히로의 비실비실한 팔다리나 '쉽게 즐거워하지 않을 거예요.'라고 말하는 듯한 부루퉁한 표정은 그 상징이다. 하지만 현실이 또렷해지고 빼도 박도 못하는 관계 속에서 위기에 직면했을 때, 본인도 깨닫지 못한 적응력과 인내력이 솟아나 과감한 판단력과 행동력을 발휘하는 생명이 제 속에 있다는 사실을 깨닫게 될 것이다.

무엇보다 대부분의 인간은 치히로가 마주한 상황 속에서 그저 패닉에 빠져 "거짓말!"이라며 웅크리게 될 테지만, 그랬다간 금세 사라져 버리거나 잡아먹힐 것이다. 치히로가 주인공일 자격은 사실 물어뜯기지 않는 힘에 있다고 할 수 있다. 결코 미소녀이거나 보기 드문 마음의 소유자라서 주인공이 되는 것이 아니다. 그 점이 이 작품의 특징이며, 그래서 또한 10대 여자아이들을 위한 영화이기도 하다.

말은 힘이다. 치히로가 들어간 세계에서는 말이 돌이킬 수 없는 무게를 지닌다. 유바바가 지배하는 아부라 온천에서 '싫다', '돌아가고 싶다'라는 말을 한 번이라도 입에 올렸다간, 마녀는 즉시 치히로를 내칠 것이고, 그녀를 기다리는 건 갈 곳 없이 떠돌다 소멸하거나 닭이 되어 잡아먹힐 때까지 알을 낳는 운명뿐이다. 반대로 '여기서 일하겠다'고 치히로가 말을 하면 마녀라 해도 무시할 수는 없다. 오늘날 말이 한없이 가벼운 거품과도 같은 것으로 받아들여지고 있지만, 그것은 현실이 텅 비어가고 있다는 사실의 반영에 지나지 않는다. 말이 힘이라는 것은 지금도 진실이다. 힘이 없는 공허한 말이 무의미하게 넘쳐나고 있을 뿐이다.

이름을 빼앗는 행위는 호칭을 바꾸는 것이 아니라 상대방을 완전하게 지배하려는 방법이다. 센은 치히로라는 이름을 스스로 잊어가고 있다는 사실을 깨닫고 오싹해한다. 또 돼지우리로 부모님을 찾아갈 때마다 돼지의 모습을 한 부모님을 보고도 아무렇지 않게 된다. 유바바의 세상에서는 늘 물어뜯길 위기 속에서 살아야만 한다.

힘겨운 세상 속에서 치히로는 오히려 생생해진다. 둔하고 나른해 보이는 캐릭터는 영화의 대단원에 이르면 깜짝 놀랄 정도로 매력적

인 표정을 지니게 될 것이다. 세상의 본질은 지금도 조금도 변하지 않았다. 말은 의지이며, 자기 자신이며, 힘이라는 사실을 이 영화는 설득력 있게 호소할 예정이다.

일본을 무대로 한 판타지를 만드는 의미 또한 여기에 있다. 아무리 동화라고 해도 도망갈 구석이 많은 서구 이야기로 만들고 싶지 않다. 이 영화는 흔한 이세계물의 일개 아류로 받아들여질 것 같지만, 오히려 옛날이야기인 「참새의 둥지」나 「쥐의 대궐」의 직계 자손이라고 생각하고 싶다. 굳이 평행 세계라는 말까지 빌지 않아도, 우리 선조는 참새의 둥지에서 실패를 맛보거나 쥐의 대궐에서 연회를 즐기기도 했던 것이다.

유바바가 사는 세계를 일본식과 서양식을 섞어 만든 것은 어디선가 본 적이 있으며 꿈인지 현실인지 분명치 않게 만들기 위함이지만, 동시에 일본의 전통적 디자인이 다양한 이미지의 보고이기 때문이기도 하다. 민속적 공간──이야기, 전승, 행사, 의장, 신에서 주술에 이르기까지──이 얼마나 풍요롭고 특별한지는 알려지지 않았을 뿐이다. 딱딱산이나 모모타로는 분명 설득력을 잃었다. 하지만 민화풍의 아담한 세계에 전통적인 것을 전부 밀어 넣는 것은 지극히 빈약한 발상이라 할 수 있다. 아이들은 첨단기술에 둘러싸여, 얄팍한 공업 제품 속에서 점점 더 뿌리를 잃어 가고 있다. 우리가 얼마나 풍요로운 전통을 지니고 있는지 전해야만 한다.

현대에 통하는 이야기 속에 전통적인 디자인을 선명한 모자이크의 한 조각으로 끼워 넣음으로써, 영화의 세계가 신선한 설득력을 획득할 수 있다. 이는 동시에 우리가 이 섬나라의 주민이라는 사실을 다시금 인식하는 일이다.

경계가 없는 시대에 설 장소를 지니지 못한 인간은 업신여겨질 수밖에 없다. 장소는 과거이자 역사이다. 역사를 지니지 못한 인간, 과거를 잊은 민족을 기다리는 것은 아지랑이처럼 사라지거나 닭이 되어 잡아먹힐 때까지 계속 알을 낳는 운명밖에 없다고 생각한다.

관객인 10대 여자아이들이 진정한 자신의 소원을 만나게 되는 작품으로 이 영화를 만들고 싶다.

《고양이의 보은》

모리타 히로유키(감독)

기자 발표용 자료(2002년)에서

하루가 느낀 것

누구나 자신의 인생을 즐기고 싶어 합니다. 멋진 연인과 보람찬 직업…, 지위나 명예를 얻고 인생에서 승리하고 싶은 법이지요.

하지만 우리 주인공 요시오카 하루의 생활은 어딘지 부족합니다. 여고생이라 하면 남자친구 한 명쯤 있었음 싶을 테고, 스포츠에 열중하거나 꿈을 향해 공부를 하면서 더 충실하게 보내야 할 텐데…. "고양이 왕국도 좋을지 모르지. 하루 종일 빈둥빈둥 놀아도 되겠지? 고민 따윈 몽땅 잊어버리고 말이야. 천국이겠지……."

어머나, 세상에. 그게 10대 소녀가 할 말이니? 얘는 한심한 아이인 걸까? 자포자기한 불쌍한 아이인 걸까?

아니, 그렇지 않습니다. 하루도 나름대로 여러 생각을 합니다.

다른 사람들과 마찬가지로 하루도 무언가 재미있는 일 없을까? 나를 더 빛나게 할 삶이 있을 텐데……라고 생각하는 거예요.

하지만 멋진 연인? 보람찬 직업? 그런 것을 생각해 봐도 어쩐지 뻔하고, 틀에 맞춰진 것 같은 기분도 들지요. 진정한 행복의 열쇠는 그런 눈에 보이는 것보다 "고양이 왕국도 좋을지도!"라고 느낄 수 있는 마음속에 있을지도 모릅니다.

고양이 사무소의 바론은 그런 하루를 재미있다고 생각한 모양입니다. 이 작은 인형의 집에 사는 수수께끼의 고양이 인형은 아무것도 가진 게 없지만, 왠지 모르게 멋짐을 지니고 있었지요. (이상하게도?!)

고양이 왕국에서 펼쳐지는 무지몽매한 어드벤처(어차피 고양이가 하는 일!)에서 하루를 지키고 이끄는 일 정도는 쾌남 바론에게는 손쉬운 일이지요. 그런 가운데 바론은 이런 식으로 씩씩하게 살아보는 건 어때? 라고 하루에게 계속해서 메시지를 보내고 있는 것입니다.

하루가 경험하는 일이라 해 봤자 춤을 추고, 검을 겨누고, 미로를 빠져나가는 일견 쓸데없는 일뿐. 하지만 삶의 방식을 찾는 건 그만큼 힘든 일이라는 것이겠죠. 100% 확신을 가지고 방에 틀어박혀 봤자 아무것도 시작되지 않습니다. "어쩌면 좋을지도 몰라!" 정도의 마음으로 달려 나가는 하루 정도가 가장 멋질지도 모르지요.

사람을 사랑하는 마음은 고귀하지만, 사람은 사랑하기 위해서만 태어난 것은 아닙니다. 일이나 공부는 열심히 해야 하고, 어떻게든 성장은 해야 하지만, 모두가 다 훌륭해질 수 있는 것은 아닙니다. 애초에 성장이란 어려운 일이니 성장하지 못하는 것이 당연하며, 안이한 성장이라면 하지 않는 편이 나을지도 모르지요. 미숙한 자신을 우선 용서하고, 선의나 배려, 바람이나 향기를 느낄 수 있는 마음을 소중히 여깁시다.

아침에 기분 좋게 눈을 뜨고, 맛있는 차를 마시고, 따뜻한 공기를 느끼는 것이 사실은 가장 어렵지요. 그것만 할 수 있다면, 분명 어제와는 다른 내일이 보일 것입니다!

《고양이의 보은》은 그런 느낌의 영화입니다.

《기브리즈 에피소드 2》

모모세 요시유키 (감독)

기자 발표용 자료(2002년)에서
메시지

평범한 사람들(특별히 유명인이 아닌 사람들) 캐릭터로 일상을 그리고, 평범하다고 일컬어지는 사람들을 주인공으로 만드는, 그것이 기브리즈의 테마입니다. 이 테마로 애니메이션 영화를 만들려면 어떻게 해야 할까, 그것이 모든 것의 출발점이었습니다.

이 작품에서는 짧은 스토리를 늘어놓는 구성을 취하고, 나아가 각 화의 내용에 따라 그림 스타일, 음악 등을 바꾸었습니다. 이는 표정이 빈약해지기 쉬운 캐릭터의 감정을 화면 전체로 대변하고자 했기 때문입니다. 이를테면 수채화 느낌, 유화 느낌, 낙서 느낌 식으로 이야기의 내용에 맞추어 그림 스타일을 바꾸어 가는 것입니다. 그리고 무섭도록 단순하고 강렬한 캐릭터에는 플랫한 색으로 칠하는 기존의 셀 애니메이션 작법에서 벗어나, 캐릭터 자체에도 재질감을 부여하여 배경과 질감을 동일화시킴으로써 한 장의 그림이 움직이는 듯

한 느낌이 들게 하고 싶었습니다. 그러면 위화감 없이 이야기에 몰입할 수 있지 않을까 생각했습니다.

하나의 작품에서 각 화별로 그림 스타일을 바꾸는 방법은 보통 기술적인 실험이라고 생각하기 쉽지만, 어디까지나 기브리즈의 개방적 세계관을 연출하기 위한 가장 효과적인 방법에 지나지 않습니다. 이 영화적 기술은 하나의 단편영화로서 보편적 스토리를 표현하기 위해 필요한 것을 선택한 결과입니다. 이러한 실험적 영상 표현과 엔터테인먼트의 융합이 가능했던 것도 기브리즈 캐릭터들과 만난 덕분이라고 할 수 있겠습니다.

평범하지 않은 듯한 캐릭터를 이용해 평범하지 않은 듯한 영화를 만들었지만, 그리고 싶었던 것은 어디까지나 평범하다는 말을 듣는 주인공들의 평범한 일상입니다. 그리고 관객이 이 작품을 통해 자신의 일상을 돌아보고, 나아가 앞으로도 이어질 변함없는 일상에 조금이라도 색채가 더해질 것 같은 기분을 느끼셨으면 하는 바람입니다.

《하울의 움직이는 성》

미야자키 하야오(각본·감독)

영화 제작을 위한 자료(2002년)에서

하울의 움직이는 성 준비를 위한 메모

◎줄거리는 원작의 번역가 니시무라 준코 씨가 잘 정리했으므로 일부 수정 가필하여 이곳에 인용합니다.

"모자 가게의 장녀 소피는 황야의 마녀에게 저주를 받아 할머니가 됩니다. 게다가 그 사실을 누구에게도 말할 수 없게 봉인이 걸리고 맙니다. 소피는 저주를 풀 방법을 찾아 집을 나가 악명 높은 마법사 하울의 성에 숨어들어 청소부가 됩니다.

성 안은 온통 신기한 것들과 기묘한 일들뿐. 창밖에는 보이지 않아야 할 먼 마을의 풍경이 보이고, 문 밖은 여러 장소로 통합니다. 또 난로에는 불의 악마가 있어서 하울에게 힘을 제공하고 있다는 것 아니겠어요.

이윽고 소피는 하울을 남몰래 사랑하게 됩니다. 게다가 하울 또한 황야의 마녀의 표적이 되어 위협을 받고 있습니다. 전쟁도 시작됩니다. 마법사들은 전쟁의 승리를 위해 협력하라는 국왕의 호출을 받습니다.

과연 소피는 저주를 풀 방법을 찾아 무사히 행복을 손에 넣을 수 있을까요?"

○ 원작에 대하여

이 작품은 어린이용 크리스마스 연극으로 구성된 게 아닐까 생각됩니다. 전통이라고 하면 과장이겠지만, 영국에는 크리스마스에 아이들이 연극을 즐기는 풍습이 있다고 합니다. 이 작품의 구성은 엘리너 파전의 「은색 도요새」와 비슷한 구석이 있는데, 「은색 도요새」도 분명 원래는 크리스마스 연극용 각본이었습니다.

크리스마스 연극으로서 원작을 살펴보면 이 작품은 이해가 잘 되지만, 그렇다고 해서 영화화에 도움이 되는 것은 아닙니다. 오히려 어찌할 바를 모르게 됩니다.

하울의 집이란 어떤 곳일까요? 무대의 중앙에 캘시퍼의 난로가 있고, 불꽃 인형탈이 말을 하거나 발돋움을 합니다. 좌우에 네 개의 문과 하나의 창문이 있고, 문을 열면 차례차례 다른 세계가 나타납니다. 연극은 내레이션(혼잣말도 많음)으로 진행됩니다. 그리고 네 개의 문에서 수많은 등장인물이 나오거나 들어가고, 큰 소리로 떠들고, 욕하고, 웃고, 울고, 대단원에서는 모두가 그 무대에 등장해 싸우거나 끌어안으며 일대 소동을 벌이다 해피엔딩을 맞겠지요. 영화

라기보다 간사이 신희극*용 원작이라 해도 과언이 아닐 것입니다.

소피와 하울의 모습에는 시대성이 있습니다. 젊음을 속박처럼 느끼는 소피나 버추얼 리얼리티(즉 마법) 속에 있으면서 멋 부리기와 사랑의 게임밖에 할 줄 모르는 하울은 목적이나 동기가 없는 젊은이의 전형이라고도 할 수 있을 것입니다. 그렇다고 해서 이 작품이 시대성이 있으며 만들 가치가 있는 내용이라고는 할 수 없습니다. 시대는 더욱 격렬하게 수많은 하울들과 소피들을 짓밟으며 나아갈 터. 이 영화의 개봉이 예정된 2004년에 세계가 이 간사이 신희극풍 판타지를 허락하리라고는 도저히 생각하기 어렵습니다.

○ 그렇다면, 어떻게 할까?

이 작품은 일종의 홈드라마라고 할 수 있습니다. 소피가 하울을 사랑하기 전에, 소피는 주부로서의 위치를 확립하고 있습니다.

불의 악마와 제자 마르클, 개 인간과 허수아비, 게다가 하울을 연결시켜 가족으로 만드는 열쇠는 소피의 존재입니다. 움직이는 성 안의 마이 홈. 그곳에서 전쟁이 일어납니다. 옛날이야기에 나오는 전쟁이 아닙니다. 개인의 용기와 명예를 건 전투가 아닙니다. 근대적인 국가 간의 총력전입니다.

하울은 징병은 피한 모양이지만 전쟁에 협력할 것을 요구받습니다. 요청이 아닌 강요입니다.

하울은 자유롭고 솔직하게, 타인에게 상관하지 않고 자기 마음대로 살고 싶은 사람입니다. 하지만 국가는 그것을 허락하지 않습니다. 하울도 소피도 "어느 편에 붙을래?"라는 압박을 받습니다. 그러는 동안에도 전쟁은 서서히 모습을 드러냅니다. 움직이는 성의 문 중 하나가 있는 항구 마을에도, 소피의 생가가 있는 마을에도, 왕궁에도, 황야에도 불길이 치솟고 폭발이 일어나며, 총력전의 무서움이 현실로 다가옵니다.

대체 소피와 하울은 어떻게 해야 할까요? 이 점을 확실하게 그릴 때, 《하울의 움직이는 성》은 21세기에 걸맞은 영화가 될 것입니다. 단, 하울과 소피가 힘을 합쳐 전쟁을 막았다든가, 사람들을 구한다는 식의 전개는 더욱 공허해지기만 합니다. 자신들이 앞으로 어떻게 살아갈 것인지도 포함해서 이 난제에 도전해야만 합니다.

○ 원작의 변경점

① 무대에 대하여(땅, 시대)

일본의 메이지 유신 무렵, 프랑스에서 활약한 캐리커처 화가 로비

※신희극 : 간사이 지방에 거점을 둔 요시모토코교에서 선보이는 코미디 공연.

다가 그린 근미래 공상화에서 많은 힌트를 얻어 무대를 만들 것입니다. 19세기 후반에 다분히 풍자적으로 상상했던 기계 문명 사회에는 마법과 과학이 혼재되어 있습니다.

그 시기는 애국주의의 전성기이기도 하며, 병사가 전장에 갈 때면 꽃다발을 던지고, 총에 꽃을 장식한 채 환호 속을 행진했습니다.

소피의 생가가 있는 오래된 마을은 알자스 풍의 민가, 큰길에는 만국 박람회의 파빌리온이 늘어서 있고, 증기 기관이 온갖 곳에 사용되며 검은 연기를 내뿜고 있습니다.

사람들이 사는 마을의 하늘은 거무스름해서 맑은 날조차 납빛으로 흐린 한편, 사람이 가까이 가지 않는 황야는 탁 트인 파란 하늘이 펼쳐져 있지만 춥고 바람이 강하며 늘 구름이 흘러가기 때문에 남미의 파타고니아 지방처럼도 보입니다.

② 움직이는 성

원작의 움직이는 성은 마법의 출구 중 하나로, 출입구로서 이동하기만 할 뿐 실체는 없습니다. 무대극에서는 그렇게 할 수밖에 없겠지만, 영화에서는 그러면 재미가 없겠죠. 우리의 성은 기계와 건물 파편의 기괴한 집합체로, 열 개의 철로 된 다리로 비척비척 황야를 떠도는 모습이 될 것입니다. 하울의 집은 그 안에 있습니다. 따라서 캘시퍼가 계약에서 해방되어 굴뚝을 통해 날아가 버리면, 하울의 집은 본모습을 드러냅니다. 지붕과 벽의 일부조차 없으며 여기저기에 쓰레기와 철근과 널빤지 등의 잡동사니가 붙어 있는 볼품없는 모습으로 황야를 굴러다니게 될 것입니다.

이상, 스토리는 아직 확실하지 않지만 이런 방향으로 진행하려고 생각하고 있습니다.

《게드 전기: 어스시의 전설》

미야자키 고로(각본·감독)

전단지에서

연출 노트 '인간의 머리가 이상해지고 있다.'

제가 르 귄의 『게드 전기』 시리즈를 만난 것은 지금으로부터 20년도 더 전, 아직 고등학생일 때였습니다. 당시에 제 마음을 가장 끈 건, 1권과 2권이었습니다. 1권에서는 새매의 오만함과 좌절, 그리고 자신의 그림자와의 합일에 스스로를 겹쳐 보았고, 2권에서는 어두운 묘지에서의 해방된 테나에게서 기쁨과 슬픔을 느꼈습니다.

그런데 영화 기획에 참가하기 위해 다시금 『게드 전기』 전권을 읽었을 때, 저는 3권, 4권, 그리고 외전에 강하게 마음이 이끌린다는 것을 깨닫고 놀랐습니다. 제가 나이를 먹어 바뀐 것도 있겠지만, 우리를 둘러싼 상황이 크게 바뀌었다는 것이 그 가장 큰 이유였다고 생각합니다.

실재감을 잃은 마을 호트 타운에 살고 있다

지금 우리가 사는 세계는 마치 3권에 등장하는 호트 타운이나 로바네리와 같습니다. 다들 필사적으로 바쁘게 움직이고 있지만, 목적 때문이 아닌 것처럼 보입니다. 눈에 보이는 것, 보이지 않는 것, 그 모두를 잃는 것을 그저 두려워하는 것 같습니다. 사람들의 머리가 이상해져 버린 느낌입니다.

하나하나 예를 들지는 않겠지만, 그 원인이 국내외 여러 사회 상황의 격변에 있는 것은 명백합니다. 하지만 어떻게 해야 사회가 좋아질지, 추구해야 할 방향은 아무도 제시하지 못하고 있습니다. 그리고 어른들은 긍지와 관용, 배려의 마음을 잃었으며, 젊은이들은 미래의 희망을 찾지 못한 채 무력감에 휩싸여 있습니다.

그 결과, 삶의 현실감을 잃어버리고, 자신이나 타인의 죽음에 대한 현실감도 잃어 가고 있습니다. 자신의 존재를 희박하게밖에 느끼지 못하는 것이 당연하며, 줄지 않는 자살과 이유 없는 살인의 증가는 그 상징이라고 생각합니다.

생과 사, 그리고 재생의 이야기

그러한 상황을 눈앞에 마주한 우리가 이 시대를 어떻게 살아가면 좋을지 생각했을 때, 영화 《게드 전기: 어스시의 전설》의 기획이 시작되었습니다. 그래서 『게드 전기』 3권을 이번 영화의 중심에 두자고 생각했습니다. 세계의 균형이 무너지고 있는 원인이 인간 안에 있다는 것, 그 근원을 더듬어 가면 생과 사의 문제에 도달한다는 것, 그곳에 우리가 지금 가장 필요로 하는 테마가 있다고 생각합니다.

3권 안에서는 새매와 아렌의 대화가 반복해서 그려집니다. 아렌의 물음은 그대로 저의 물음이며, 새매의 대답은 제 마음속 깊이 박혔습니다. 어쩌면 새매의 대답은 제가 아렌에게 하는 대답이었는지도 모릅니다. 왜냐하면 저는 새매와 아렌의 딱 중간에 있는 나이이기 때문입니다. 예전에 제가 소년이었을 때보다 새매의 말을 이해할 수 있고, 한편으로 아렌의 마음도 알 수 있는 것은 제 나이와 관계가 있는 것일까요? 그런 의미에서 노년을 맞이하는 남자가 젊은이에게 바통을 넘겨주고자 하는 이야기였다는 점도, 제가 3권을 고른 이유라고 생각합니다.

또 4권, 외전과 이어지는 후기의 작품에서 그려지는 '인간의 재생'에 저는 깊은 감명을 받았습니다. 그것은 마법을 잃은 새매와 테나의 재출발이자, 상처 입은 소녀의 회복이자, 오만한 마법사의 재생이자, 젊은이들의 만남과 새로운 출발입니다. 그 속에서 공통되는 것은 남녀가 대등하게 서로를 지지하며 살아가는 모습이며, 젊은이는 물론 나이를 먹은 사람에게도 회복과 재생이 가능하다는 인간 긍정의 관점이라고 생각했습니다. 더 보태자면, 그곳에는 반드시 대지와 함께 살아가는 생활이 있습니다.

우리가 가야 할 길을 잃은 것은, 과도하게 문명화되고 도시화된 생활 속에서 세계의 모든 것은 예견할 수 있으며 컨트롤할 수 있다고 착각하기 때문은 아닐까 생각합니다. 인간의 힘으로는 어찌할 수 없는 자연의 흐름이 있다는 것을 알고, 그것을 받아들임으로써 인간은 넉넉한 마음으로 살아갈 수 있지 않을까, 그렇게 생각합니다.

새매 일행과 여행에 나서다

이렇듯 저는 '지금 제대로 살아간다는 것은 어떤 것일까?'라는 스스로의 질문을 《게드 전기》에 던지고, 새매를 비롯한 많은 등장 인물들의 목소리에 귀를 기울이고, 다시 질문하기를 계속해 왔습니다. 그것이 이 영화의 주제라는 점은 틀림없습니다.

영화는 곧 완성됩니다. 저는 꽤 오랜 시간 새매와 아렌 일행과 여행을 하며 이야기를 나눠 온 듯한 신기한 기분입니다.

지금은 이 영화를 보신 여러분이 기뻐해 주시기를, 그리고 가능하다면 여러분이 저마다 새매 일행과 여행을 떠나기를 바랄 뿐입니다.

《벼랑 위의 포뇨》

미야자키 하야오(원작·각본·감독)

극장용 팸플릿(2008년)에서
바닷가의 작은 마을

바다에 사는 물고기 아이가 인간 소스케와 함께 살고 싶은 고집을 관철해 내는 이야기. 동시에 다섯 살 소스케가 약속을 지키는 이야기이기도 하다.

안데르센의 『인어공주』를 오늘날 일본으로 무대를 옮겨, 기독교 색채를 없애고 어린아이들의 사랑과 모험을 그린다.

바닷가의 작은 마을과 벼랑 위의 단층집. 소수의 등장인물. 생물 같은 바다. 마법이 아무렇지 않게 모습을 드러내는 세계. 누구나 무의식 깊은 곳에 지닌 마음속 바다와 파도치는 바깥의 해양이 서로 통한다. 그를 위해 공간을 데포르메하고 그림을 대담하게 데포르메하여, 바다를 배경이 아닌 주요 등장물로 그린다.

소년과 소녀, 사랑과 책임, 바다와 생명, 이러한 근원에 속하는 것을 망설임 없이 그려서 신경증과 불안의 시대에 맞서고자 한다.

《마루 밑 아리에티》

미야자키 하야오(기획·각본)

기획서/제작위원회 자료(2010년)에서
장편 애니메이션 기획 《작은 아리에티》 80분

메리 노튼 작 『마루 밑 바로우어즈』에서.

무대를 1950년대의 영국에서 현대 2010년의 일본으로 옮긴다. 장소는 친숙한 고가네이 일대가 좋다.

낡은 집의 부엌 밑에서 사는 소인 가족. 열네 살 소녀 아리에티와 부모.

생활에 필요한 것은 전부 마루 위 인간들에게서 빌려서 사는 소인들. 마법을 쓸 수 있는 것도 아니고, 요정도 아니다. 쥐와 싸우고, 바퀴벌레나 흰개미 때문에 고민하며, 훈연 바퀴약과 살충제를 피하고, 바퀴벌레 패치나 붕산 경단 덫에서 도망치면서, 들키지 않고 눈에 띄지 않도록 조심스럽고도 주의 깊게 살아가는 소인들의 삶.

위험한 사냥에 나서는 아버지의 용기와 인내력, 이런저런 궁리를 하며 삶을 꾸려가고 가정을 지키는 어머니의 책임감, 호기심과 구김살 없는 감수성을 지닌 소녀 아리에티. 여기에는 고전적인 가족의 모습이 남아 있다.

우리에겐 익숙한 흔해 빠진 세계가 키 10cm 정도의 소인들의 눈으로 바라보았을 때 신선함을 되찾는다. 그리고 온몸을 써서 일하고 움직이는 소인들이 보여 주는 애니메이션의 매력.

이야기는 소인들의 삶에서 아리에티와 인간 소년의 만남, 교류와 이별. 그리고 박정한 인간이 일으킨 태풍을 피해 소인들이 들로 나가기까지를 그린다.

혼돈과 불안의 시대를 살아가는 사람들에게 이 작품이 위로와 격려를 가져다주기를 바라며…….

2008. 7. 30

《코쿠리코 언덕에서》

미야자키 고로(감독)

극장용 팸플릿(2011년)에서

포기와 타산에서는 아무것도 탄생하지 않는다

내가 태어난 해는 1967년이다. 고도 경제 성장기에 태어나고 자랐으며, 청춘 시대는 버블의 한복판이었다. 소비와 향락의 태평한 시대. 우리가 10대였던 80년대, 히트송은 '어른들에 대한 반항', '자유', '꿈', '레볼루션' 등을 노래했다.

모든 것이 완성된 이후의, 무언가가 바뀔지도 모른다는 개혁에 대한 갈망. 그것은 버블의 붕괴와 함께 아무것도 바뀌지 않는다는 절망감으로 바뀌어 갔다. 반복해서 개혁을 외치던 목소리도 다 가짜였다. 20년이 지나자, 꿈과 희망은 어느새 돈과 안정에 대한 갈망으로 대체되었다.

철들 무렵부터 소비자였던 우리에게 모든 것은 주어진 것이며, 스스로 만들어낸 것이 아니었다. 문학도 영화도 음악도, 만화도 애니메이션도, 일조차도 그렇다. 눈앞에 있는 것은 언제나 전 세대가 만든 것이었다.

새로운 오리지널을 만들어낼 도리가 없다. 그래서 만들어진 틀 속에서 '개성'이나 '자유', '꿈' 같은 말을 과도하게 동경했다고 생각한다. 마음 깊은 곳에서 나는 언제나 포기를 끌어안고 있었던 것 같다.

고백하자면, 《코쿠리코 언덕에서》에서 나는 지금까지의 인생에서 처음으로 필사적이었다. 지금까지도 무슨 일이든 열심히 해 왔다고 생각한다. 하지만 어딘가에서 마지막 선을 넘지 않으려 했다. 나 자신을 지키기 위한 타산과 포기가 늘 있었다. 《게드 전기: 어스시의 전설》때조차 그런 마음은 있었다.

작년 여름, 여러 가지 사정으로 나는 궁지에 몰려 있었다. 두 번째 작품의 압박, 기획의 좌절, 아버지가 쓴 시나리오, 빡빡한 스케줄, 《아리에티》의 성공 등등. 하지만 이것저것 생각할 시간이 없었다. 일단 덮어놓고 할 수밖에 없었다.

아버지가 쓴 시나리오에 지고 싶지 않았다. 시나리오는 좋았는데 영화는 별로였다는 말만큼은 듣고 싶지 않았다. '어차피 그런 것'이라는, 늘 하는 생각은 버려야겠다고 생각했다.

그림 콘티를 그리는 동안, 지금껏 경험해 보지 못할 만큼 덜덜 떨렸다. 나이의 영향도 있겠지만, 이가 상하고, 머리카락이 줄어들고, 노안이 시작됐고, 태어나서 처음으로 허리도 삐끗했다. 그럼에도, 아무리 해도 목표하는 곳에 도달하는 느낌이 들지 않았다.

그림 콘티가 완성되고 제작에 접어들어도 계속 불안에 휩싸여 있었다. 조금이라도 괜찮은 작품이 만들어질까? 그림을 더 잘 그리고, 지식과 경험이 더 많았다면, 하고 절실하게 생각했다. 늘 무언가가 부족한 기분이 들어서 견딜 수 없었다. 모든 것은 《게드 전기》 때는 느끼지 못했던 것이었다.

5월에 제작은 드디어 막바지에 접어들었고, 후시 녹음이 시작되었다. 나가사와 마사미 씨나 오카다 준이치 군, 수많은 캐스트에 의해 목소리가 덧입혀지는 과정을 마주하며, 나는 문득 묘한 감동을 느꼈다. 어느새 《코쿠리코 언덕에서》는 내가 예상한 것 이상의 작품이 되어 있었다. 어떻게 이런 것이 만들어졌을까?

완성되어 가는 영화는 내 역량 이상의 것으로 보였다. 어떻게 이런 영화가 만들어졌을까? 하고 후시 녹음 내내 그것만 생각했다. 자화자찬으로 들리거나, 바보 같다고 생각할지도 모르겠다. 하지만 그렇게 생각하지 않을 수가 없었다. 사실은 운이 좋았을 뿐인지도 모른다. 뛰어난 시나리오, 훌륭한 스태프, 다케베 사토시 씨의 훌륭한 음악, 그리고 연기자들. 수많은 행운의 만남에 힘입어 여기까지 올 수 있었다. 프로듀서에게는 여러 번 '운이 좋다'는 말을 들었는데, 그 말대로라고 생각한다.

하지만 그래도 상관없다. 여기까지 올 수 있었으니까. 하면 되는구나 라고 생각하기로 했다.

내게 있어서 《코쿠리코 언덕에서》는 잊고 있던 무언가를 떠올리게 하고, 포기했던 무언가와 마주하게 된 여정이었다. 한 인터뷰에서 시시콜콜한 질문에 대답하던 중에 떠오른 것이 있다. 소년 시절, 나는 애니메이션을 동경했다. 하지만 아버지의 존재 앞에서, 사춘기였던 나는 포기하고 마음 깊은 곳에 묻어 뒀다.

지금껏 시대나 세대 탓을 했지만, 지레 포기하고 겁을 먹었던 것은 나 자신이다. 이는 내 개인적인 문제인지도 모르지만, 그뿐만은 아닌 듯한 기분이 든다. 우리와 우리 다음으로 이어질 세대의 문제인 것이다. 전 세대에 의해 구축된 것은 크고, 튼튼하고, 감당할 수 없는 것인지도 모른다. 하지만 뛰어넘을 수 없는 건 아니다.

우미와 슌이 살았던 1963년이라는 시대. 그 무렵의 하늘은 넓었고, 위를 향해 걸을 수 있었을 것이다. 지금, 우리의 하늘은 뒤덮은 것이 많아 넓어 보이지 않는다. 하지만 기어 올라가기만 하면 넓은 하늘은 여전히 그곳에 있을 것이다. 지금은 스크린 속의 우미와 슌이 이렇게 말하는 것만 같다. "포기나 타산으로부터는 아무것도 탄생하지 않아."라고.

《바람이 분다》

미야자키 하야오 (원작·각본·감독)

《바람이 분다》 영화 제작 당시 자료(2011년)/
극장용 팸플릿(2013년)에서

기획서 '비행기는 아름다운 꿈'

제로센의 설계자 호리코시 지로와 이탈리아의 선배 조반니 바티스타 카프로니. 같은 뜻을 지닌 자들의 시공을 초월한 우정. 끊임없는 좌절을 뛰어넘어 소년 시절의 꿈을 향해 전력을 다한 두 사람.

다이쇼 시대, 시골에서 자란 한 소년이 비행기 설계사가 되기로 결심한다. 아름다운 바람 같은 비행기를 만들고 싶다고 꿈꾼다.

이윽고 소년은 도쿄의 대학에 진학하고 대군수산업의 엘리트 기사가 되어 재능을 꽃피우고 끝내 항공 역사에 남는 아름다운 기체를 만들어 내기에 이른다. 미쓰비시 A6M1, 훗날의 해군 0식 함상 전투기 즉, 제로센이다. 1940년부터 3년간, 제로센은 세계에서 걸출한 전투기였다.

소년기부터 청년기까지, 우리의 주인공이 살았던 시대는 오늘날 일본에 감도는 폐색감이 더욱 짙었던 시대였다. 관동 대지진, 세계 공황, 실업, 빈곤과 결핵, 혁명과 파시즘, 언론 탄압과 전쟁, 또 전쟁, 한편 대중문화가 꽃을 피우고 모더니즘과 니힐리즘, 향락주의가 횡행했다. 시인이 여행을 하다 병들어 죽던 시대였다.

우리의 주인공 지로가 비행기 설계에 종사한 시대는 일본 제국이 파멸을 향해 돌진하고 끝내 붕괴하는 과정이었다. 하지만 이 영화는 전쟁을 규탄하려는 것이 아니다. 제로센의 우수함으로 일본의 젊은이를 고무하려는 것도 아니다. 사실은 민간기를 만들고 싶었다는 둥 주인공을 감쌀 마음도 없다.

자신의 꿈에 충실하게 똑바로 나아간 인물을 그리고 싶었다. 꿈은 광기를 내포하며, 그 독도 숨겨서는 안 된다. 너무 아름다운 것에 대한 동경은 인생의 덫이기도 하다. 아름다움에 휩쓸린 대가는 적지 않다. 지로는 너덜너덜하게 찢기고, 좌절하고, 설계자 인생이 끊긴다. 그럼에도 불구하고 지로는 독창성과 재능에 있어서 가장 출중한 인간이다. 그것을 그리려는 것이다.

이 작품의 제목 《바람이 분다》는 호리 다쓰오의 동명 소설에서 유래했다. 폴 발레리의 시 한 구절을 호리 다쓰오는 "바람이 분다. 살아야겠다."라고 번역했다. 이 영화는 실재한 호리코시 지로와 동시대를 살았던 문학자 호리 다쓰오를 뒤섞어 한 명의 주인공 '지로'로 만들었다. 훗날 신화가 된 제로센의 탄생을 날실 삼아, 카프로니 아저씨가 시공을 뛰어넘은 색채를 부여하여, 완전한 픽션으로서 1930년대의 청춘을 그리는 이색적인 작품이다.

■ 영상에 관한 메모

다이쇼에서 쇼와 전기에 걸쳐, 녹색이 넘치던 일본의 풍토를 최대한 아름답게 그리고 싶다. 하늘은 아직 탁하지 않아 흰 구름이 떠 있고, 물은 맑고, 풀밭에는 쓰레기 하나 떨어져 있지 않았다. 한편 마을은 가난했다. 건축물은 칙칙한 세피아로 하고 싶지 않으며, 모더니즘의 동아시아적 색채를 일부러 범람하게 한다. 길은 울퉁불퉁, 간판은 무질서하게 늘어서 있으며, 나무로 된 전신주가 멋대로 서 있다.

소년기에서 청년기, 그리고 중년기로 흘러가는 일종의 평전으로서의 필름을 만들어야 하는데, 설계자의 일상은 수수하기 그지없을 것이다. 관객의 혼란을 최소한으로 막으면서, 대담한 시간 커트가 필요하다. 세 가지 타입의 영상으로 구성한 영화가 될 것 같다.

일상생활은 수수한 묘사의 축적이다.

꿈속은 가장 자유로운 공간이며, 관능적이다. 시각과 날씨가 흔들리고 대지는 물결치고 비행하는 물체는 천천히 부유한다. 카프로니와 지로의 광적이고 외골수적인 면모를 드러낼 것이다.

기술적인 해설이나 회의 장면은 캐리커처화 한다. 항공 기술에 대해 그리고 싶지는 않지만, 부득이할 때는 과감하게 만화로 표현한다.

이런 종류의 영화에 회의 장면이 많은 것은 일본 영화의 고질병이다. 개인의 운명이 회의에 따라 결정되는 것이다. 이 작품에 회의 장면은 없다. 부득이할 때는 과감하게 만화로 표현하고, 대사 등도 생략한다. 그려야만 하는 것은 개인이다.

리얼하게,

　환상적으로,

　　때로는 만화로 표현하며,

　　　전체적으로는 아름다운 영화를 만들고자 한다.

2011.1.10.

《가구야 공주 이야기》

다카하타 이사오(원작·각본·감독)

영화 《가구야 공주 이야기》 공식 사이트/감독의 말(2013년)에서

반세기를 거쳐

옛날, 대략 55년쯤 전에, 도에이 동화라는 회사에서 당시의 대감독 우치다 토무 씨를 내세워 『다케토리 이야기』의 만화영화화가 계획되었습니다. 결국 실현되지는 않았지만, 감독의 의향도 있어서 사원 들한테 그 각색 플롯안을 모집하는 획기적인 시도가 있었습니다. 선정된 안 중 몇 가지는 등사 인쇄해 소책자로 만들었습니다.

저는 응모하지 않았습니다. 사전에 연출·기획 지망의 신인들에게 우선 기획안을 제출하게 했는데, 그때 이미 제 안은 퇴짜를 맞았기 때문입니다. 저는 이야기 자체를 각색하는 것이 아니라, 그 기묘한 이야기를 성립시키기 위한 전제로서 서두에 두어야 할 프롤로그, 즉 달세계를 출발하는 가구야 공주와 부왕의 대화 장면을 썼던 것입니다.

원작인 『다케토리 이야기』에서 가구야 공주가 달로 돌아가야만 한다는 사실을 할아버지에게 털어놓았을 때, "저는 '옛 약속' 때문에 이 땅에 왔습니다."라고 말합니다. 그리고 마중을 온 달의 사자는 "가구야 공주는 죄를 저질렀기 때문에 이 땅에 내려와 너와 같은 미천한 것들이 있는 곳에 잠시 머문 것이다. 그 죄의 속죄 기간이 끝났기에 이렇게 데리러 왔다."고 할아버지에게 말합니다.

대체 가구야 공주가 달에서 저지른 죄란 어떤 죄이며, '옛 약속', 즉 '달세계에서의 약속'이란 어떤 것이었을까? 그리고 이 땅에 내려보낸 것이 그 벌이라면, 어떻게 그 벌이 끝난 것일까? 왜 가구야 공주는 기뻐하지 않았을까? 애초에 청정무구해야 할 달세계에서 어떤 죄가 가능할까? 요약하자면, 가구야 공주는 대체 왜, 무엇을 위해 이

땅에 내려온 것일까?

이 수수께끼가 풀린다면, 원작을 읽으면서 이해할 수 없었던 가구야 공주의 심경 변화를 한번에 납득할 수 있게 됩니다. 그 실마리를 붙잡았다! 하고 당시 제 마음은 들떴는데, 반세기가 지나 이번에 다루게 되기까지, 이 '옛 약속' 콘셉트는 오랫동안 먼지를 뒤집어쓴 채였습니다.

저는 지금도 달에서 부왕과 가구야 공주가 대화하는 장면이 생생하게 보입니다. 부왕은 공주의 죄와 벌에 대해 중대한 사실을 들려주고 있습니다. 가구야 공주는 건성으로, 부왕의 말도 듣는 둥 마는 둥 눈을 빛내며 앞으로 내려갈 지구에 푹 빠져 있을 뿐입니다⋯⋯.

하지만 저는 이 장면을 서두에 붙이지는 않았습니다. 『다케토리 이야기』에 그려지지 않은 '가구야 공주의 진정한 이야기'를 파헤치기만 한다면, 프롤로그 같은 것은 없어도 된다, 이야기의 기본 줄거리는 전혀 바꾸지 않은 채, 웃음과 눈물이 있는 재미있는 영화로 만들 수 있다. 그리고 가구야 공주를 감정 이입 가능한 인물로서 사람들의 마음에 남길 수 있을 것이다. 저는 그런 당치도 않은 야심을 품고 《가구야 공주 이야기》에 돌입했습니다.

이러한 이야기에 소위 시대성이 있는지 어떤지, 사실 저는 전혀 모릅니다. 하지만 적어도 이 애니메이션 영화가 볼 가치가 있다는 사실은 단언할 수 있습니다. 왜냐하면 여기에 담긴 스태프의 재능과 역량, 그들이 일궈낸 표현, 그것들은 명백히 오늘날 하나의 도달점을 제시하고 있기 때문입니다. 그것을 꼭 봐 주셨으면 좋겠습니다. 그것이 제 절실한 바람입니다.

《추억의 마니》

요네바야시 히로마사(각본·감독)

기획 의도(영화 제작 시 자료)/극장용 팸플릿(2014년)에서

메시지

지금으로부터 2년 전, 스즈키 씨로부터 한 권의 책을 받았습니다. 『추억의 마니』.

미야자키 씨도 추천하는 영국 아동문학의 고전 명작입니다.

스즈키 씨는 이를 영화로 만들어 보지 않겠냐고 물었습니다.

읽어 보고 생각한 답은 '영화로 만들기는 어려워 보인다'는 것이었습니다.

문학작품으로서는 무척 재미있게 읽었고, 감동했습니다.

하지만 애니메이션으로서 그리기는 어려운 내용이었습니다.

이야기의 백미는 안나와 마니의 대화입니다.

그 대화에 따라 두 사람의 마음에 미묘한 변화가 발생합니다.

그 부분이 무엇보다 재미있는데, 어떻게 하면 애니메이션으로 그릴 수 있을까?

적어도 제게는 재미있게 그릴 자신이 없었습니다.

하지만 원작을 읽고 나서 계속 머릿속에 남은 이미지가 있었습니다.

아름다운 습지에 면한 목조 저택의 뒷마당에서 서로 손을 잡고 기대어 있는 안나와 마니.

달빛을 받으며 왈츠를 추는 것도 좋을지 모릅니다.

두 사람의 마음이 이어지는 그 곁에는 늘, 아름다운 자연과 기분 좋은 바람, 예스러운 음악이 있습니다.

저는 이미지화를 몇 장 그리는 사이에, 이 영화에 도전하고 싶다는 마음이 생겼습니다.

이야기의 무대는 홋카이도입니다.

열두 살의 작은 몸에 커다란 고민을 끌어안고 살아가는 안나.

그런 안나 앞에 나타난, 슬픔을 끌어안은 수수께끼의 소녀 마니.

어른의 사회에 대해서만 공론이 펼쳐지는 현대에, 내버려진 소녀들의 영혼을 구할 수 있는 영화를 만들 수는 없을까?

저는 미야자키 씨처럼 이 영화 한 편으로 세계를 바꾸려는 생각은 하지 않습니다.

그저, 《바람이 분다》, 《가구야 공주 이야기》의 두 거장의 뒤에 다시 한 번, 아이들을 위한 스튜디오 지브리 작품을 만들고 싶습니다.

이 영화를 보러 와 주는 '안나'나 '마니'의 옆에 앉아, 슬쩍 기대는 듯한 영화를 만들고 싶습니다.

《붉은 거북》

미카엘 뒤독 더 빗(감독) 인터뷰

극장용 팸플릿(2016년)에서

전 무인도에 있는 그가 어떻게 살아남았는가 하는 이야기에는 흥미가 없었습니다.
이번 영화에서는 그 이상의 무언가를 그리고 싶었습니다.

본작을 감독하게 된 계기

2006년 11월에 스튜디오 지브리에서 메일이 왔습니다. 메일에는 두 가지 질문이 적혀 있었습니다.

첫 번째는 《아버지와 딸》은 일본에서 배급이 결정되었습니까? 꼭 저희 쪽에서 배급했으면 합니다.", 두 번째가 "장편 작품을 만들어 보지 않겠습니까?"였습니다. 우선 첫 번째 질문에 대답한 뒤, 두 번째 질문에 대해서 "대체 무슨 말이죠?"라고 대답했습니다. 이 대화가 시작이었습니다. 너무나도 영광스러운 일에 몇 달간 믿을 수가 없었습니다. 왜냐하면 전 지브리 영화의 엄청난 팬이니까요! 일주일 정도 생각한 뒤, 꼭 만나서 이야기를 나누고 싶다고 답신을 보냈습니다.

스튜디오 지브리와의 대화

2007년 2월에 런던의 자택에서 지브리 해외사업부 분들과 미팅을 가졌습니다. 우선 줄거리를 써 달라는 제안이었습니다. 장편 기획안은 없었지만 몇 가지 테마안은 있었고, 그중 하나가 남쪽 섬의 조난자였습니다. 같은 해 7월경에 줄거리를 완성하고, 몇 점의 그림을 더해 지브리에 보냈습니다. 줄거리를 보낸 뒤, 지브리에서 "재미있을 것 같으니 각본에 착수해 주십시오."라는 답신이 왔고, 각본을 쓰기 시작했습니다. 세이셸 섬의 로케이션 헌팅을 거쳐 2008년 4월에 초고를 완성하여 지브리로 갔습니다. 그 후 2010년 3월과 4월에도 일본을 방문했습니다. 세 번째인 4월에는 지브리 근처에 살면서 5월 연휴를 껴서 4주 정도 머무르며 라이카 릴(그림 콘티를 순서대로 연결한 확인·검증용 영상. 컷이 완성되면 차례차례 바꿔 넣는다.)을 완성했습니다.

남쪽 섬의 조난자의 이야기를 영화로 만들려고 생각한 이유

무인도에 있는 한 남자는 제가 계속 품고 있던 소재 중 하나였습니다. 이러한 소재는 흔하지만, 저는 전형적인 것을 좋아합니다. 단, 무인도에서 그가 어떻게 살아남았는가 하는 이야기에는 흥미가 없었습니다. 이번 영화에서는 그 이상의 무언가를 그리고 싶었습니다.

세이셸 섬의 로케이션 헌팅에 대하여

세이셸 섬은 작은 섬입니다. 저는 그곳에서 열흘간 그 지역 사람들과 생활하는 소박한 삶을 체험했습니다. 홀로 산책을 하고, 주위를 꼼꼼하게 관찰하고, 사진을 많이 찍었습니다. 제게 관광 팸플릿 같은 아름다움은 필요 없었습니다. 제 구상 속의 표류자는 표류한 땅을 사랑할 수 없습니다. 어떻게 해서든 고향으로 돌아가기를 바랍니다. 왜냐하면 그 섬은 방문자를 받아들이는 장소가 아니기 때문입니다. 그곳에는 위험과 극한의 고독, 비와 곤충들이 있을 뿐입니다.

각본 집필에 대해서

저는 각본에서 고전적인 실수를 저질렀습니다. 제 각본은 지나치게 상세했던 것입니다. 영화가 무척 길어질 것 같았습니다. 하지만 이야기의 토대는 정해져 있습니다. 그래서 저는 다음 단계인 라이카 릴을 만들었습니다. 이 작업으로 인해 저는 스토리를 영화적 언어로 변환하는 것이 쉽지 않다는 사실을 깨달았습니다. 저는 파스칼 페랑을 만나 영화 전체에 걸친 면밀한 검토를 거듭했습니다. 그녀는 제게 무엇이 문제인지를 이해시키고, 이야기를 보다 명료하고 힘 있게 만들어 주었습니다.

이 작품에서의 시간의 개념

제가 이 영화에서 그린 나무와 하늘, 구름, 섬의 장면에는 우리에게 정말 친숙하면서도 순수하고 간소한 순간이 있습니다. 그곳에는 과거도 미래도 없으며, 시간이 가만히 멈춰 있습니다. 이 영화는 직선적으로도 원형적으로도 우리에게 말을 걸어옵니다. 음악이 침묵을 돋보이게 하는 것과 마찬가지로, 시간을 가지고 시간의 부재를 이야기하는 것입니다. 이 영화는 죽음의 본질에 대해서도 이야기하고 있습니다. 인간은 죽음에 저항하고 그것을 두려워하며 싸우지만, 이는 자연스러운 일입니다. 그럼에도 우리는 생명의 순수함과 죽음에 저항할 필요가 없다는 사실을 아름답고 직관적으로 이해하고 있습니다. 영화가 그 감각을 전해주기를 바라고 있습니다.

이 작품이 지닌 신비성에 대하여

이 영화를 커다란 거북이 나오는 이야기로 만들려는 구상은 꽤 일찍부터 했습니다. 그러면서 신비성을 얼마나 유지할 것인가 하는 점에서 우리는 꽤 깊은 고민을 했습니다. 이 작품에는 대사가 없으니 말에 의존하지 않고 신비성을 잘 유지해야 했습니다. 대사가 없어서 등장인물의 숨결도 자연스럽고 더 풍부해질 수 있었습니다.

대사를 없애는 것에 대하여

처음에는 대사가 조금 있었습니다. 거의 완성한 걸 다카하타 이사오 감독에게 보여주자, 더 과감하게 대사를 전부 깎아내라는 조언을 받았습니다. 애니메이션의 완성도에 매우 만족했기 때문에, 저도 같은 생각을 하고 있었습니다. 그 뒤 스즈키 도시오 프로듀서에게도 의논했더니 '대사가 없는 편이 그림에 집중할 수 있으니 없애도 좋을 것 같다'고 말해 주어서 대사 없이 가기로 했습니다.

자연과의 공존에 대하여

시나리오가 완성되고 2년 후에 동일본 대지진이 일어났습니다. 쓰나미 장면을 빼야 할지 고민했고, 지브리와도 의논했습니다. '분명 민감한 문제이기는 하지만, 이 영화는 자연 대 인간을 그리는 것이 아니라 인간은 자연의 일부라는 점을 테마로 삼고 있으니, 이 장면은 그대로 두어도 좋을 것 같다'는 의견이 있었고, 이 이야기에는 필요한 장면이라고 저 스스로도 생각했기 때문에 그랬습니다.

음악에 대하여

대사가 없기 때문에 음악은 중요한 요소입니다. 원래는 특정한 음악 스타일 아이디어는 없었습니다. 로랑 페레즈 델 마르가 메인 테마에 가장 적합한, 무척 아름다운 선율이 포함된 악곡을 몇 가지 제안해 주어서 무척 즐겁게 들었습니다. 그는 음악을 어디에 붙일지도, 제가 생각지도 못한 장면도 포함해서 재빠르게 제안하며 올바른 길로 이끌어 주었습니다. 그에게는 정말이지 몇 번이나 놀랐습니다.

스튜디오 지브리 그리고 다카하타 이사오 감독과의 관계에 대하여

2004년에 히로시마 국제 애니메이션 페스티벌 국제심사위원의 일원으로서 일본에 갔습니다. 그때 스튜디오 지브리를 방문했고, 다카하타 이사오 감독, 스즈키 프로듀서와 만났습니다. 이번에 제안을 받았을 때, 저는 장편 애니메이션 제작은 다카하타 감독과 스튜디오 지브리의 협력이 조건이라고 부탁했습니다. 시나리오를 쓰기 시작한 뒤, 라이카 릴, 효과음, 음악에 이르기까지 다카하타 감독을 비롯해 지브리의 스태프와 의견을 교환했습니다. 스튜디오 지브리와의 의견 교환은 멋진 경험이었습니다. 그동안 편지나 메일도 거듭 오갔지만, 무언가를 강제하는 일도 없었고 늘 제 의견을 존중해 주었습니다. 다카하타 감독을 비롯한 지브리 스태프에게 감사드립니다.

다카하타 감독과의 일에 대하여

다카하타 감독과는 이 작품에서 무엇을 표현하고 싶은지를 철저하게 의논했습니다. 때때로 캐릭터의 의상 등 세부적인 점에 대해서도 의논했지만, 대부분의 시간은 스토리와 상징성, 철학적인 부분에 대해서였습니다. 때로는 서로의 문화적 차이를 깨닫기도 했습니다. 이를테면 불 장면은 저와 다카하타 감독 사이에 상징적 가치의 차이가 약간 있었습니다. 하지만 감사하게도 우리는 원래부터 사고방식의 파장이 잘 맞았기에 섬세하고 열정적인 대화가 가능했습니다. 다카하타 감독은 이 프로젝트에 최선을 다했고, 아티스틱 프로듀서로서 충분한 역할을 해 주었습니다.

※이 글은 여러 개의 인터뷰에서 발췌한 것입니다.

지브리가 가득한 셀렉션

지브리를 더욱 즐겨 봐요! 책뿐만 아니라 DVD와 CD, 레코드 등을
감상하며 지브리의 세계에 흠뻑 빠져 보면 어떨까요?
이 코너에서는 대표적인 상품을 중심으로 최신 관련 서적 등을 선별했습니다!

미야자키 하야오와 지브리 미술관

27,500엔 / 978-4-00-024893-8
이와나미쇼텐

ALL ABOUT TOSHIO SUZUKI

펴낸이/나가쓰카 아키코
4,620엔 / 978-4-04-680245-3
KADOKAWA

어디서 왔나 어디로 가나 고로는?

인터뷰/우에노 지즈코, 사진과 말/Kanyada
1,650엔 / 978-4-19-865212-8
도쿠마쇼텐

지브리 미술관 이야기

사진/Kanyada
4,180엔 / 978-4-7993-2580-3
디스커버21

지브리 더 아트 시리즈

이미지 보드를 비롯하여 캐릭터,
메카의 아트를 수록한 자료집.
2,724~3,410엔
도쿠마쇼텐

로망 앨범 시리즈

영화의 매력을 스태프 인터뷰와 자료 등을 바탕으
로 해설한 무크지.
1,257~3,300엔
도쿠마쇼텐

도쿠마 애니메이션 그림책 시리즈

영화를 읽기 쉽게 어린이용 그림책의
형태로 정리한 스토리북.
지은이/미야자키 하야오 외
각 1,870엔
도쿠마쇼텐

스튜디오 지브리
그림 콘티 전집 시리즈

그림 콘티 완전 수록. 영화를 만드는 과정과
그리지 못한 상세한 부분까지 알 수 있다.
지은이/다카하타 이사오, 미야자키 하야오 외
2,640~3,960엔

분슌 지브리 문고
시네마 코믹 시리즈

영화의 장면 사진을 사용해 만화처럼
이야기를 즐길 수 있다.
지은이/미야자키 하야오 외
1,485~2,200엔
분게이슌주

분슌 지브리 문고
지브리의 교과서 시리즈

스태프 및 여러 논자의 이야기를
통해 영화 속 세계를 해설한다.
715~1,518엔
분게이슌주

※판매 가격은 모두 소비세가 포함된 가격입니다. ※게재된 정보는 2021년 3월 29일 당시의 정보입니다. ※박스로 감싼 서적은 시리즈입니다.

※DVD의 판매처는 월트디즈니 재팬 주식회사.
Ⓑ 마크가 붙은 작품은 블루레이 디스크로도 판매합니다.
판매 가격과 특전 등이 다릅니다.
※CD와 레코드의 판매처는 주식회사 도쿠마 재팬 커뮤니케이션즈.
<아야와 마녀> 사운드트랙은 주식회사 야마하 뮤직 커뮤니케이션즈.

지브리 가 가득 COLLECTION

바람 계곡의 나우시카
5,170엔

천공의 성 라퓨타
5,170엔

이웃집 토토로
5,170엔

반딧불이의 묘
5,170엔

마녀 배달부 키키
5,170엔

추억은 방울방울
5,170엔

붉은 돼지
5,170엔

바다가 들린다
5,170엔

폼포코 너구리 대작전
5,170엔

귀를 기울이면
5,170엔

모노노케 히메
5,170엔

이웃집 야마다군
5,170엔

센과 치히로의 행방불명
5,170엔

고양이의 보은/기브리즈 에피소드 2
5,170엔

하울의 움직이는 성
5,170엔

게드 전기: 어스시의 전설
5,170엔

벼랑 위의 포뇨
5,170엔

마루 밑 아리에티
5,170엔

코쿠리코 언덕에서
5,170엔

바람이 분다
5,170엔

가구야 공주 이야기
5,170엔

추억의 마니
5,170엔

붉은 거북
5,170엔

지브리 가 가득 COLLECTION

지브리가 가득 SPECIAL
쇼트 쇼트
1992-2016
4,180엔

미야자키 하야오가 프로듀스한
1장의 CD는 이렇게 탄생했다.
4,180엔

미야자키 하야오와 지브리 미술관
4,180엔

지브리의 그림 장인 오가 가즈오전
토토로의 숲을 그린 사람.
4,180엔

지브리의 풍경
미야자키 작품이 그린 일본
미야자키 작품과 만나는 유럽 여행
5,170엔

꿈과 광기의 왕국
5,170엔

CD

스튜디오 지브리
미야자키 하야오&히사이시 조 사운드트랙 BOX
22,000엔

스튜디오 지브리
다카하타 이사오 사운드트랙 BOX
16,500엔

스튜디오 지브리의 노래
증보반
4,180엔

<아야와 마녀>
사운드트랙
2,750엔

레코드

STUDIO GHIBLI
7inch BOX
6,600엔

캐릭터 색인

이 책에 실린 스튜디오 지브리의 캐릭터를 가나다순으로 소개합니다.

이름이 같은 캐릭터는 〈 〉안에 작품명을 표시했습니다. [ ]는 상세 설명입니다.

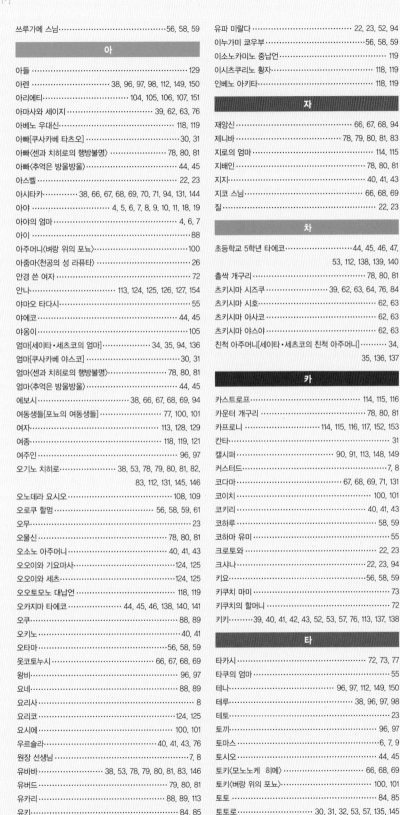

스튜디오 지브리
애니메이션 작품집

2023년 8월 10일 1판 1쇄 인쇄 2023년 8월 20일 1판 1쇄 발행

편집 고단샤 **감수** 스튜디오 지브리, 신초샤(《반딧불이의 묘》) **전체 구성·편집 협력** 이마니시 지즈코(석세스 스토리)
편집 협력 우메키 노조미(석세스 스토리), 오이다 마사루 **글** 나카지마 신스케, 고미야마 미노리, 야나기바시 간, 가쿠 다쿠토, 사이토 지카시
장정·디자인·아이콘 작성(캐릭터 관계도) 야지마 히로시, 하타나카 기미요(TOHO 마케팅 주식회사) **서명 손글씨·권두 삽화** 스즈키 도시오
포스터 협력 주간 소년 매거진 편집부 **번역** 김지영

발행인 황민호 **콘텐츠3사업본부장** 석인수 **책임편집** 손재희, 박수정 **디자인협력** 중앙아트그라픽스
발행처 대원씨아이(주) http://www.dwci.co.kr 1992년 5월 11일 등록 제3-563호
주소 서울시 용산구 한강대로15길 9-12 **전화 편집** 02-2071-2152 **영업** 02-2017-2066 **팩스** 02-794-7771
ISBN 979-11-7062-318-2 03680